信息系统安全投资管理策略：
博弈论视角

◎高 星著

东南大学出版社
SOUTHEAST UNIVERSITY PRESS
·南京·

内容摘要

本书从博弈论视角讨论了信息系统安全投资策略、安全信息共享、软件安全管理等重要问题。全书共10章,分为四大部分。"基础理论与研究现状"部分介绍企业信息系统、安全投资、安全标准、安全信息共享、黑客行为特征和软件安全管理等概念和相关研究现状,"信息系统安全投资策略"部分讨论竞争环境、信息安全标准、黑客知识扩散影响下的最优安全投资水平,"企业安全信息共享策略"部分研究预算约束、黑客攻击下的最优安全信息共享程度,"考虑信息安全的软件质量投资和商业模式策略"部分探讨不同商业模式下软件供应商质量投资水平、软件供应商开源或专有商业模式的最优选择。

本书可作为高等院校信息管理类专业高年级本科生和研究生的教材,也可供相关专业领域的科研人员参考。

图书在版编目(CIP)数据

信息系统安全投资管理策略:博弈论视角 / 高星著.
—南京:东南大学出版社,2024.12. — ISBN 978-7-5766-1786-3

Ⅰ.F272.7

中国国家版本馆 CIP 数据核字第 202473FM58 号

责任编辑:史 静　　责任校对:韩小亮　　封面设计:余武莉　　责任印制:周荣虎

信息系统安全投资管理策略:博弈论视角
Xinxi Xitong Anquan Touzi Guanli Celüe: Boyilun Shijiao

著　　者	高　星
出版发行	东南大学出版社
出版人	白云飞
社　　址	南京市四牌楼2号　邮编:210096
网　　址	http://www.seupress.com
电子邮箱	press@seupress.com
经　　销	全国各地新华书店
印　　刷	广东虎彩云印刷有限公司
开　　本	700 mm×1000 mm　1/16
印　　张	14.75
字　　数	248千字
版 印 次	2024年12月第1版第1次印刷
书　　号	ISBN 978-7-5766-1786-3
定　　价	68.00元

本社图书若有印装质量问题,请直接与营销部联系,电话:025-83791830。

PREFACE 前 言

随着物联网、云计算、大数据、人工智能等新兴技术的蓬勃发展,数字化浪潮席卷全球,信息已然成为一种核心资产,贯穿于社会生活的各个方面。从金融系统的海量交易数据,到医疗系统关乎生命健康的患者信息,信息的价值无可估量。同时,数据要素作为新时代的"石油",正在快速改变着传统产业格局,成为实现我国经济高质量发展的关键。然而,随着信息和数据的广泛应用和深度流通,信息系统安全问题也如影随形,成为影响数字经济发展的关键问题之一。

解决信息系统安全问题不能单纯依靠技术手段,还需要借助经济和管理思维。安全网络环境不仅涉及技术要素,还涉及政府、企业、安全软件供应商、黑客等利益相关者,是一个复杂的系统。作为一个新兴研究领域,信息系统安全经济学指出,企业需要运用经济学和管理学的思想和方法,根据所处网络环境中各参与方的利益分歧和冲突,确定安全投资强度,设计并优化激励策略,从而以较少的安全投入和更优的制度设计获得较高的安全水平。为了更好地理解信息系统安全经济学,本书应运而生,旨在深入剖析信息系统安全领域的关键议题,为理解和解决信息系统安全问题提供全新的思路与方法。

全书共10章,分为四部分。第一部分包括第1章和第2章,主要介绍理论基础和研究现状。首先,介绍企业信息系统、安全投资、安全标准、安全补贴等基础概念,并对安全信息共享、黑客行为特征和软件安全管理相关概念进行界定。其次,对安全投资策略的研究现状进行讨论,分析安全标准、安全补贴以及安全措施给用户带来的不便等影响;对企业安全信息共享进行综述,指出安全技术相似性、信息资产的互补替代性、网络外部性等因素的影响;从黑客的战略行为、攻击方式和知识传播等方面探讨黑客行为特征的研究现状;从软件质量投资、软件安全经济学、开源和专有软件销售模式选择等方面对软件安全管理的研究现状进行讨论。

第二部分包括第3章—第5章,主要讨论企业信息系统安全投资策略。首先,分析两家企业在竞争环境下信息系统安全投资策略的变化,探讨安全损失较低和较高时,安全投资随竞争强度、攻击强度等参数的变化规律。然后,分析信息安全标准对企业信息系统安全投资策略的影响,得出一些新颖且有趣的结果,指出企业间补偿机制并不总能解决信息系统安全投资不足的问题。最后,讨论在黑客知识扩散背景下企业信息系统安全投资策略的变化,得出结论:黑客知识扩散虽然迫使企业增加安全投资,但也可能为企业带来更高回报。

第三部分包括第6章和第7章,主要分析企业的安全信息共享策略。一方面,探讨在预算约束下,安全信息共享对信息系统安全投资策略的影响,分别研究预算约束严格和宽松两种情形下企业和黑客的最优策略选择,并分析预算约束、系统固有漏洞等关键参数的影响。另一方面,构建一个微分博弈框架,讨论了面临黑客攻击的两家竞争公司之间的动态安全投资和信息共享策略。这两家公司均能通过定价策略影响信息资产的价值。

第四部分包括第8章—第10章,主要研究开源和专有两种商业模式对竞争软件供应商的影响。首先,考虑两家竞争的专有软件供应商的质量投资问题。质量投资会影响到用户需求,进而影响负的安全外部性。分析软件质量投资随安全外部性等因素的变化。接着,研究一家开源软件供应商和一家专有软件供应商的质量投资策略。开源软件具有免费、用户创新等特点,探讨这两种不同商业模式下软件供应商的质量投资策略。最后,考虑两家软件供应商可以自由选择开源或专有商业模式,分析在安全外部性威胁下企业的商业模式选择问题。

本书相关研究工作得到了国家自然科学基金青年项目(71501041)、江苏省哲学社会科学重点项目、江苏省习近平新时代中国特色社会主义思想研究中心重点项目(24ZXZA018)、江苏省教育厅高校哲学社会科学研究重大项目(2024SJZD040)的资助,在此表示衷心感谢。本书是作者长期研究企业信息系统安全投资问题的系列成果总结。由于作者水平有限,书中难免存在不足之处,恳请广大读者批评指正。

作者
2024年7月

CONTENTS 目 录

第一部分 基础理论与研究现状

第1章 基础理论与概念 ·· 002
    1.1 信息安全投资策略 ·· 002
        1.1.1 企业信息系统 ·· 002
        1.1.2 安全投资 ·· 004
        1.1.3 安全标准 ·· 005
        1.1.4 安全补贴 ·· 007
        1.1.5 用户安全成本 ·· 009
    1.2 安全信息共享策略 ·· 011
        1.2.1 安全信息共享 ·· 011
        1.2.2 技术相似性 ·· 013
        1.2.3 信息资产 ·· 015
        1.2.4 网络外部性 ·· 019
    1.3 黑客行为特征 ·· 022
        1.3.1 黑客战略行为 ·· 022
        1.3.2 黑客知识传播 ·· 024
    1.4 软件安全管理 ·· 025
        1.4.1 软件安全 ·· 025
        1.4.2 开源软件和闭源软件 ·· 027

第2章 研究现状 ·· 032
    2.1 信息安全投资策略研究现状 ·· 033
        2.1.1 信息安全投资 ·· 033
        2.1.2 安全标准 ·· 034

2.1.3　安全补贴 …………………………………………………………… 034
　　2.1.4　信息安全措施给用户带来的不便 …………………………………… 036
2.2　安全信息共享研究现状………………………………………………………… 037
　　2.2.1　安全信息共享 ……………………………………………………… 037
　　2.2.2　技术相似性 ………………………………………………………… 038
　　2.2.3　信息资产的互补替代性 …………………………………………… 038
　　2.2.4　网络外部性 ………………………………………………………… 039
2.3　黑客行为特征研究现状………………………………………………………… 040
　　2.3.1　黑客战略行为 ……………………………………………………… 040
　　2.3.2　黑客攻击方式 ……………………………………………………… 040
　　2.3.3　黑客知识传播 ……………………………………………………… 041
2.4　软件安全管理研究现状………………………………………………………… 042
　　2.4.1　软件质量投资 ……………………………………………………… 042
　　2.4.2　软件安全经济学 …………………………………………………… 043
　　2.4.3　开源软件和专有软件的供应商战略选择 ………………………… 044

第二部分　信息系统安全投资策略

第3章　竞争环境下企业信息系统安全投资策略 …………………………… 048
3.1　问题提出 ……………………………………………………………………… 048
3.2　模型构建 ……………………………………………………………………… 050
3.3　均衡分析 ……………………………………………………………………… 053
3.4　模型扩展 ……………………………………………………………………… 056
　　3.4.1　不同安全损失 ……………………………………………………… 056
　　3.4.2　不完全可观察的投资 ……………………………………………… 059
3.5　主要结论 ……………………………………………………………………… 062

第4章　强制性安全标准下企业信息系统安全投资策略 …………………… 064
4.1　问题提出 ……………………………………………………………………… 064
4.2　模型构建 ……………………………………………………………………… 065
4.3　均衡分析 ……………………………………………………………………… 067
4.4　补偿机制 ……………………………………………………………………… 072
4.5　主要结论 ……………………………………………………………………… 074

目 录

第5章 黑客知识扩散下企业信息系统安全投资策略 ……… 076
    5.1 问题提出 ……… 076
    5.2 模型构建 ……… 077
    5.3 均衡分析 ……… 079
    5.4 黑客知识扩散 ……… 080
    5.5 数值结果 ……… 082
    5.6 主要结论 ……… 088

第三部分 企业安全信息共享策略

第6章 预算约束下安全信息共享对信息系统安全投资策略的影响
……… 090
    6.1 问题提出 ……… 090
    6.2 模型构建 ……… 091
    6.3 均衡分析 ……… 093
    6.4 补偿机制 ……… 100
    6.5 主要结论 ……… 103

第7章 竞争企业动态安全信息共享策略 ……… 104
    7.1 问题提出 ……… 104
    7.2 模型构建 ……… 107
    7.3 均衡分析 ……… 110
    7.4 合作情境 ……… 119
        7.4.1 公司在安全投资上合作时的均衡解 ……… 120
        7.4.2 公司在信息共享上合作时的均衡解 ……… 122
        7.4.3 公司在安全投资和信息共享上都合作时的均衡解 … 124
        7.4.4 非合作与合作情境间的比较 ……… 126
    7.5 主要结论 ……… 127

第四部分 考虑信息安全的软件质量投资和商业模式策略

第8章 考虑信息安全的竞争软件供应商质量投资策略 ……… 130
    8.1 问题提出 ……… 130
    8.2 模型构建 ……… 133

8.3 均衡分析 ··· 135
  8.3.1 给定软件质量的影响 ································· 135
  8.3.2 均衡市场策略 ······································· 138
  8.3.3 行业利润分析 ······································· 140
8.4 主要结论 ··· 142

第9章 考虑信息安全的专有和开源软件供应商质量投资策略 ······ 145
9.1 问题提出 ··· 145
9.2 模型构建 ··· 146
9.3 均衡分析 ··· 149
9.4 市场定位战略 ··· 152
9.5 主要结论 ··· 154

第10章 考虑信息安全的软件供应商的商业模式策略 ················ 155
10.1 问题提出 ·· 155
10.2 模型构建 ·· 156
10.3 均衡分析 ·· 158
10.4 不对称企业分析 ·· 161
10.5 主要结论 ·· 165

参考文献 ·· 166

附录A 第二部分相关附录 ·· 174
附录A1 第3章相关结论证明 ······································ 174
附录A2 第4章相关结论证明 ······································ 187
附录A3 第5章相关结论证明 ······································ 193

附录B 第三部分相关附录 ·· 201
附录B1 第6章相关结论证明 ······································ 201
附录B2 第7章相关结论证明 ······································ 208

第一部分

基础理论与研究现状

第 1 章 基础理论与概念

在当今信息和通信技术迅猛发展的时代，个人、企业、组织和国家所开展的众多活动，愈发依赖于计算机和通信网络。由于商业、政治及娱乐领域需求的多元化，电子网络中的信息系统呈现出动态化、分布化和复杂化的特点，这增加了其遭受黑客网络攻击的风险。此外，随着云计算、移动互联网、大数据处理及人工智能等新兴技术的迅速发展，诸多潜在的信息安全隐患也随之浮现。信息安全已成为全球范围内亟待解决的关键挑战之一。信息安全事件的频发不仅给企业及个人用户带来了重大损失，还对社会稳定构成威胁。根据美国联邦调查局（FBI）下属的互联网犯罪投诉中心（IC3）发布的《2022年互联网犯罪报告》，2022年该机构接收到的网络犯罪相关投诉超过 80 万起。尽管与 2021 年相比，投诉数量略有减少，但损失总额却从 69 亿美元攀升至 103 亿美元。过去 5 年内，该机构累计接收投诉达 326 万起，报告的总损失金额高达 276 亿美元。可见，信息系统的安全性对企业和普通用户而言越来越重要。为了深入剖析信息系统安全投资问题，本章将对信息系统安全投资策略的相关基本概念进行简要回顾，并从信息安全投资策略、安全信息共享、黑客行为特征以及软件安全管理等多个维度进行系统的梳理与分析。

1.1 信息安全投资策略

1.1.1 企业信息系统

信息系统是一个由多个组件构成的人机交互系统，旨在处理信息流。它融合了计算机硬件、网络通信设备、计算机软件、信息资源、用户以及相应的规章制度。值得注意的是，信息系统不仅包含数据库、软硬件等技术设施，还涵盖了技术专家和管理人员等人力资源。这一系统不仅依赖于信息技术，还涉及人的活动，共同实现信息的采集、存储、处理、传递和管理。其核心目标是支持和辅助管理人员做出高效、准确、迅速的决策，从而提升企业的管理效率和经济效益。尽管信息系统的范畴非常广泛，但本书集中探讨的是企业信息系统。企业信息系统（Enterprise

Information System,EIS)是指在企业中用于支持业务运营、管理决策和战略规划的一系列集成的信息技术系统。这些系统通过整合企业资源规划(ERP)、客户关系管理(CRM)、供应链管理(SCM)等功能,帮助企业提高效率、优化流程和增强竞争力。表1.1给出了企业信息系统的分类。

表1.1 企业信息系统分类

分类	功能
管理信息系统(MIS)	MIS(Management Information System),用于协调和监控组织内部各项活动的信息系统。它主要处理管理层所需的信息,如销售趋势、库存管理、财务数据等。MIS是为了帮助管理层做出更明智的决策而设计的
决策支持系统(DSS)	DSS(Decision Support System),通过提供数据、模型分析和实时信息来帮助管理层进行战略决策的信息系统。DSS可以帮助管理层评估不同的选择,预测结果,并基于这些信息做出决策
企业资源规划(ERP)	ERP(Enterprise Resource Planning),集成管理企业核心业务流程的信息系统。它涵盖了财务、人力资源、采购、生产和销售等方面的功能,并通过统一的数据库来管理和协调这些不同部门之间的数据
供应链管理(SCM)	SCM(Supply Chain Management),用于协调和管理企业供应链活动的信息系统。它涵盖了从原材料采购到产品销售的整个供应链过程,并通过提供准确和实时的信息,帮助企业优化供应链、提高运营效率
客户关系管理(CRM)	CRM(Customer Relationship Management),用于管理和提供个性化服务的信息系统。它通过收集、整理和分析客户信息,帮助企业了解客户需求,提供更好的客户体验,并建立和维护良好的客户关系
人力资源管理系统(HRMS)	HRMS(Human Resource Management System),用于管理和处理企业人力资源的信息系统。它涵盖了招聘、培训、绩效管理、薪酬和福利等方面的功能,帮助企业有效管理和优化人力资源
生产计划与控制系统(PPS)	PPS(Production Planning and Control System),用于管理和控制企业生产流程的信息系统。它涵盖了从原材料采购到产品出厂的生产过程,帮助企业进行生产计划、资源分配和生产进度跟踪
电子商务系统(E-commerce)	通过互联网和电子技术提供在线交易和销售服务的信息系统。它包括在线购物、在线支付、电子营销等功能,为企业提供了更广阔的销售渠道和更便捷的交易方式

随着科技的飞速发展,企业信息系统的智能化和自动化水平日益提高,系统间的集成也在不断得到加强。企业正积极拥抱新兴技术,如通过引入传感器实现数据的实时采集与分析,利用区块链技术确保数据的不可篡改性和交易的安全性,从

而大幅提升系统的功能和效率。企业信息系统的最新发展趋势主要体现在以下几个方面：

（1）智能化和自动化：随着人工智能技术的发展，EIS正在向更加智能化和自动化的方向发展。例如，Smart-EIS框架通过运行时动态构建具有EIS共同和通用特征的功能，旨在提高开发效率并降低成本。同时，它还内置了多项功能，以透明的方式为开发者提供质量保障、安全性增强、性能优化和优质的用户体验。

（2）集成和服务导向架构（SOA）：企业系统的集成是当前的一个重要趋势。通过使用业务流程管理、工作流管理、企业应用集成（EAI）、服务导向架构（SOA）、网格计算等技术，可以促进不同系统之间的有效集成，从而提高整个企业系统的性能。

（3）感知技术的应用：随着传感器技术的普及，企业可以利用这些新数据源来增加对业务环境变化的预见性和适应性，从而做出更好的决策并降低运营风险。区块链技术也被提出用于支持基于感知技术的企业系统，以实现智能知识管理。

（4）持续的信息系统和技术发展：为了保持竞争力和效率，企业需要不断地发展和改进信息系统和技术。这包括采用科学方法来计算信息系统改进措施的效果，并优化成本以证明信息系统开发的有效性。

（5）信息整合：信息整合仍然是企业面临的一个重大挑战，尤其是在复杂和异构的环境中。有效的信息整合可以帮助企业访问数据，这对于提高决策质量和业务效率至关重要。

然而，在追求技术革新和业务发展的同时，也不能忽视信息系统安全性的重要性。安全性是企业信息系统的基石，只有确保了系统的安全，才能保障企业的核心数据和业务不受侵害。因此，企业在引入新技术的同时，必须充分考虑其安全性，并采取相应的安全防护措施。

1.1.2 安全投资

根据国际标准化组织（ISO）的定义，信息系统安全涉及数据处理系统所设置的技术与管理层面的保护措施。其核心目标是确保计算机硬件、软件及数据免受偶然或恶意的破坏、篡改或泄露。随着信息技术的日新月异，信息系统安全事件日益增多，使得信息系统安全问题在全球范围内备受瞩目。无论是对于个人、组织还是整个社会，信息系统安全都显得尤为重要。

为了确保信息系统安全，企业会全面评估安全威胁与需求，并采取一系列技术手段和管理措施来保障信息系统的安全。在技术手段方面，企业可能会运用加密技术、防病毒软件、防火墙、入侵检测系统（IDS）以及虚拟专用网络（VPN）等。例如，防病毒软件能够有效检测、防护并清除恶意软件，从而提升信息系统的防御能力。防火墙则结合了多种安全管理与筛选的软件和硬件设备，为计算机网络构筑起一道保护屏障，确保用户数据与信息的安全。虚拟专用网络通过网络加密协议，在本地或异地网络间建立专有的通信线路，实现加密通信。

在管理措施方面，企业可能会采取管理控制、组织激励、法律法规以及道德伦理等多种手段。管理控制是管理人员的核心职责，包括制定安全策略、流程和标准来确保安全管理的有效性。组织激励方面，企业可以设立专门的信息安全管理机构，明确相关人员的职责，并实施有效的激励措施。企业信息系统的安全性保障是一个复杂且多层次的任务，涉及技术、管理和法律等多个方面。如何保障企业信息系统的安全性值得深入思考。

随着技术的飞速发展和数字化转型的不断推进，企业面临着前所未有的机遇与挑战。为了充分利用技术革新带来的便利与效率，同时确保信息系统的安全稳定运行，企业必须采取多层次的管理措施。这些措施包括但不限于建立完善的信息安全管理体系，实施严格的数据加密和访问控制策略，定期进行安全审计和风险评估，以及加强员工的安全意识教育和培训。图 1.1 给出保障企业信息系统安全性的主要措施。通过这些多层次、综合性的管理措施，企业可以构建一个安全可靠的信息系统环境，有效抵御外部威胁和内部风险，保护企业数据资产的安全，为企业的稳健发展提供坚实的技术支撑。

1.1.3 安全标准

安全标准是一种规范性文件，旨在通过科学、技术和实践经验的综合成果，经有关方面协商一致并由主管机关批准后发布，以确保在一定范围内获得最佳秩序。这些标准是共同使用和重复使用的，作为准则和依据。信息安全领域的安全标准主要包括国家标准和国际标准。主要的国家标准包括《信息安全技术 关键信息基础设施安全保护要求》（GB/T 39204—2022）和《信息安全技术 信息安全风险评估方法》（GB/T 20984—2022）等。这些标准通过多种方式确保信息安全。《信息安全技术 关键信息基础设施安全保护要求》提出了三项基本原则：以关键业务为核心的整体防控、以风险管理为导向的动态防护、以信息共享为基础的协同联防。该标准涵盖了分析识别、安全防护、检测评估、监测预警、主动防御、事件处置等 6 个

| 风险管理 | · 以风险管理为基础,针对可能存在的各种威胁和自身存在的弱点,采取有针对性的防范措施。
· 定期进行信息安全风险评估,根据风险级别对风险进行分类,进而采取相应的风险应对措施。 |

| 监控与审计 | · 对安全设备和系统进行实时监控和审计,确保安全事件的及时发现和处理。
· 这包括对网络流量、用户行为和系统日志的持续监控,以便及时发现异常行为或潜在的安全威胁。 |

| 定期评估改进 | · 定期评估安全维护方案的执行效果,发现存在的问题并及时改进。
· 不断更新和优化安全策略,以应对新的威胁和漏洞。 |

| 强化技术防护 | · 强化系统自身的漏洞管理,及时修补已知的安全漏洞。
· 使用先进的加密技术保护数据传输和存储过程中的安全。 |

| 人为因素管理 | · 加强员工的安全意识培训,避免使用弱密码或容易猜到的密码。
· 制定严格的访问控制政策,确保只有授权用户才能访问敏感信息。 |

| 物理环境保护 | · 保护物理设备,如服务器和存储设备,防止物理损坏或盗窃。
· 对关键基础设施进行物理隔离,减少外部攻击的可能性。 |

| 法律风险管理 | · 遵守相关法律法规,确保信息处理活动符合国家和地区的法律要求。
· 在数据处理和存储过程中,确保用户隐私权得到充分保护。 |

图 1.1　保障企业信息系统安全性的主要措施

方面,共计 111 条安全要求。这些措施旨在指导运营者对关键信息基础设施进行全面的安全管理,从而有效防范和应对各种安全威胁。《信息安全技术 信息安全风险评估方法》标准则专注于风险评估方法。该标准由国家市场监督管理总局和国家标准化管理委员会批准发布,并于 2022 年 11 月 1 日起正式实施。它代替了旧版的 GB/T 20984—2007 标准,提供了一套系统的风险评估框架,帮助组织识别、分析和评估潜在的信息安全风险,并制定相应的缓解措施。

国际上也建立了非常完善的安全标准体系。例如,《信息安全、网络安全和隐私保护 信息安全管理体系 要求》(Information security, cybersecurity and privacy protection—Information security management systems—Requirements)(ISO/IEC 27001:2022)是关于信息安全管理体系的国际标准,详细说明了建立、实施及维护信息安全管理体系的要求。在 ISO 27001 认证项目中,基于资产的风险评估被广泛应用。它主要通过识别信息资产、威胁和脆弱性三个要素,并在此基础上进行分析和量化,使用预选的风险评估方法来实现。新版 ISO/IEC 27001:2022 标准通过适用性声明(SoA)中的信息安全控制措施,运用 PDCA[计划(Plan)、实施(Do)、检查(Check)、处理(Action)]过程方法和风险管理思维(BRT),为组织提供了更强大的控制措施,以适应当今基于云的和数字依赖的商业实践,如远程工作和"自带设备"(BYOD)。《网络安全——设备与服务之间建立可信连接的安全建议》(*Cybersecurity—Security recommendations for establishing trusted connections between devices and services*)(ISO/IEC 27071:2023)是中国牵头提出的国际标准,适用于基于硬件安全模块在设备和服务之间建立可信连接的场景。

表 1.2 给出了信息系统安全领域相关标准。这些标准通过明确的安全控制措施和风险评估方法,为关键信息基础设施和其他重要系统提供了全面的保护机制。它们共同构成了信息安全领域的安全标准体系,旨在规范信息安全管理、个人信息保护、网络安全等级保护以及工业互联网平台安全等工作。

表 1.2 信息系统安全领域相关标准

类别	标准名称	实施日期
网络安全国家标准	《信息安全技术 大数据服务安全能力要求》(GB/T 35274—2023)	2024-03-01
	《信息安全技术 移动互联网应用程序(App)生命周期安全管理指南》(GB/T 42884—2023)	2024-03-01
	《信息安全技术 网络安全事件分类分级指南》(GB/T 20986—2023)	2023-12-01
	《信息安全技术 信息安全风险评估方法》(GB/T 20984—2022)	2022-11-01
	《信息安全技术 网络脆弱性扫描产品安全技术要求和测试评价方法》(GB/T 20278—2022)	2022-10-01
个人信息安全规范	《信息安全技术 移动互联网应用程序(App)个人信息安全测评规范》(GB/T 42582—2023)	2023-12-01
	《信息安全技术 个人信息安全规范》(GB/T 35273—2020)	2020-10-01
安全管理体系标准	《信息安全、网络安全和隐私保护 信息安全管理体系 要求》(ISO/IEC 27001:2022)	2022-10-25(发布)

1.1.4 安全补贴

信息安全领域的安全补贴是指政府或相关部门为了推动企业在信息安全管理体系方面的建设和投资,给予符合条件的企业一定的财政支持。安全补贴对企业发展具有多方面的积极影响。

首先,安全补贴可以激励企业投入更多资源进行信息安全技术的研发和创新。安全补贴为企业提供了额外的资金支持,降低了企业在信息安全技术研发和创新方面的经济压力。这种经济激励可以鼓励企业增加对信息安全的投入,以获取更多的补贴资金。例如,成都市2020年出台的《成都市加快网络信息安全产业高质量发展的若干政策》中提到,对独立承担国家重大安全专项的承研单位,按照其实际获得国家财政资助金总额的50%给予最高不超过1 000万元的配套补助。这将促使企业加大在新技术研究和开发上的投入,从而提升其技术水平和创新能力。政府还通过财政补助支持企业在网络信息安全、人工智能等领域的生态系统建设。例如,成都高新技术产业开发区的政策中提到,支持操作系统、数据库信创产品首次通过中国信息安全测评中心或国家保密科技测评中心等权威机构的安全可靠测评,并给予100万元的一次性奖励。这将有助于企业在相关领域的深耕和生态系统的构建。

其次,政府可以通过提供购买补贴等政策,鼓励企业购买网络安全保险,从而增强企业的风险管理能力。这种政策不仅有助于推动网络安全技术服务的发展,还能引导关键信息基础设施保护和新兴融合领域的网络安全保障。

此外,通过奖励政策,政府可以鼓励企业进行信息安全认证,从而提高其产品和服务的安全性。例如,浙江省宁波市出台的奖励政策强调了信息安全认证的重要性,并促进企业提升品牌形象和市场竞争力。北京市对服务外包企业取得的符合条件的认证及认证的系列维护、升级给予支持,额度不超过认证费用支出的50%,每家企业支持项目不超过5个,每个项目补助不超过50万元。表1.3给出一些地区企业信息安全管理补贴政策。

表1.3 一些地区企业信息安全管理补贴政策

地区	政策及相关内容	日期
北京	《北京市外经贸发展资金促进北京市服务外包发展实施方案》,对国际资质认证项目提供补贴。对服务外包企业取得以下认证及认证的系列维护、升级给予支持,额度不超过认证费用支出的50%,每家企业支持项目不超过5个,每个项目补助不超过50万元。认证包括:信息安全管理认证(ISO 27001/BS 7799)、信息技术服务管理体系认证(ISO 20000)、服务提供商环境安全性认证(SAS70)等	2018年9月

续表1.3

地区	政策及相关内容	日期
贵州	《支持工业领域数字化转型的若干政策措施》，对首次通过《信息化和工业化融合管理体系要求》(GB/T 23001—2017)升级版贯标评定的工业企业，给予20万元的奖励。对首次通过《信息安全管理体系标准》(ISO 27001)认证的企业，给予10万元的奖励。对首次通过《数据管理能力成熟度评估模型》(GB/T 36073—2018)认证并达到2级、3级、4级及以上的企业，分别给予20万元、30万元、50万元的奖励	2022年4月
江苏苏州	《关于推进软件和集成电路产业发展的若干政策》，鼓励企业开展国家信息技术服务标准(ITSS)、软件能力成熟度模型集成(CMMI)、系统集成(SI)、信息安全管理(ISO 27001)、信息技术服务管理(ISO 20000)等国际、国内资质认证工作。对通过SI、ISO 27001、ISO 20000认证的企业一次性奖励5万元，对通过ITSS、CMMI三级以上认证的企业一次性奖励20万~40万元	2016年3月
山东济南	《济南市加快软件名城提档升级促进软件和信息技术服务业发展的若干政策》，对首次通过ISO 27001(信息安全管理体系)认证的软件企业，一次性给予认证咨询费用50%奖励；对首次通过ITSS(信息技术服务标准)认证的软件企业，一次性给予最高15万元奖励	2019年7月
浙江宁波	《关于组织开展2023年度宁波市软件产业资金补助申报工作的通知》，信息安全资质认证(CCRC、ISO 20000、ISO 27001)按每个5万元的标准奖励，ITSS认证、涉密系统集成按每个10万元的标准奖励，每家企业每年最高奖励额度不超过30万元，依据相应证书直接奖补	2023年3月

信息安全领域的安全补贴政策在推动企业发展方面起到了举足轻重的作用。补贴措施有效地缓解了企业在信息安全技术研发和创新方面的经济压力，为企业提供了额外的资金支持，进而促进了新技术的研发和应用。同时，政府还通过购买补贴和信息安全认证奖励等措施，显著提升了企业的风险管理能力和产品服务的安全性。从这个角度来看，企业信息安全已经超越了单纯的技术范畴，成为一个涉及政府政策、经济激励与企业战略决策相结合的综合性问题。可以预见，在安全补贴等政策的持续推动下，企业将在信息安全领域实现更大的技术突破和创新发展，为整个社会的信息安全保障贡献更多的实践价值和经验。

1.1.5 用户安全成本

企业在提升其信息系统的防御级别时，虽然能够有效地保护用户数据和系统环境的安全性，但这样的措施往往也会给用户带来额外的操作成本和不便。随着

《中华人民共和国个人信息保护法》等相关法律法规的出台，企业需要履行更多的信息保护义务，这可能会增加企业的运营成本和复杂度，从而间接影响用户体验。例如，为了增强账户的安全性，企业可能会要求用户设置更为复杂的密码，包括最小长度限制、多种字符类型的组合等。这样的要求虽然提高了账户的安全性，但同时也增加了用户记忆和操作的难度。另外，像验证这样的额外安全措施，虽然大幅提升了账户的安全性，但需要用户花费更多的时间和精力去完成登录操作。

在信息安全建设过程中，企业可能会采取一些措施来增强网络安全，这些措施可能会导致网站访问速度变慢或出现宕机现象。例如，大流量的攻击可能会压垮企业的网络设备和服务器，导致用户访问网站的速度变慢。更严重的宕机现象不仅会造成企业业务中断，还会影响用户体验，增加用户流失，并给企业声誉带来负面影响。

当用户面对这些额外的安全成本时，他们可能会对这些措施感到不满或沮丧。如果用户觉得这些安全措施带来的不便超过了其提供的安全价值，他们可能会选择放弃使用这些服务，转而选择那些提供更高便利性的竞争企业。用户流失无疑会给企业带来间接的经济损失和声誉损害。可见，用户安全成本会对竞争企业的信息系统安全投资产生重要影响。

企业在进行信息安全投资时，应当平衡成本和效益，避免因过度投资导致的资源浪费。具体来说，可以通过以下几个步骤来实现：

（1）企业需要对当前的信息安全需求进行详细了解，并预测未来的需求。这包括创建现有产品和服务的完整清单，以及每个产品和服务的每日、每月和每年的使用情况。通过全面的需求分析，明确项目的目标、范围以及预期成果。

（2）在信息安全建设中，需要权衡安全、成本和效率三者之间的关系。实际上，信息安全是"相对的安全"，因此企业需要根据自身的实际情况和风险评估来确定合理的预算。

（3）企业应定期进行信息安全风险评估，识别潜在风险并量化这些风险的影响。

（4）合理的规划是成本控制的基础。在项目启动之初，需要对网络安全项目进行全面的需求分析，明确项目的目标、范围以及预期成果。此外，企业还需要制定有效的成本优化战略，构建适应性强的"预算场景"，并平衡各项工作，以确保预算组合能推动效率和生产力的提升。

（5）企业应定期进行信息安全的独立审核，确保其符合相关的安全策略和标准。通过技术核查，进一步确保所采用的技术和措施能够有效防范和管控信息泄漏风险。

（6）企业在进行信息安全建设时，还需要综合考虑合规要求、市场需求、技术发展趋势等多方面因素。例如，信息安全行业的投资策略会受到安全合规和内部需求的驱动，这些因素都会影响企业的信息安全投资决策。

总的来说，企业在进行信息系统安全投资时，必须全面考虑用户的安全成本和便利性需求。企业需要在保障系统安全性的同时，尽可能地降低用户的安全成本，提高系统的易用性和用户体验。只有这样，企业才能在激烈的市场竞争中保持优势，吸引并留住更多的用户。

1.2 安全信息共享策略

1.2.1 安全信息共享

在当今信息化时代，安全信息共享显得尤为重要。它不仅是企业提升安全防御能力的有效手段，还是降低信息安全成本的重要途径。2015年年初，美国微软公司发布《网络安全信息共享和风险降低框架》(*A framework for cybersecurity information sharing and risk reduction*)（简称《框架》）。在该《框架》中，可供共享的网络安全信息可分为7类，见表1.4。

表1.4 可供共享的网络安全信息

类别	内容
事件信息（incidents）	已尝试和成功的攻击，包括丢失的信息描述、使用的技术、攻击意图和影响。它涵盖各类事件，包括成功阻止的攻击以及严重的国家安全事件
威胁信息（threats）	尚未具体识别但可能具有严重后果的问题，包括指示系统已受到损害的迹象，如恶意文件、被盗的电子邮件地址、受影响的IP地址或恶意软件样本，以及有关威胁行为者的信息。威胁信息有助于运营者检测和阻止事件，从攻击中学习，并创建更好的保护解决方案
漏洞信息（vulnerabilities）	在软件、硬件或业务流程中存在的可被恶意利用的弱点
缓解措施（mitigations）	用于修复漏洞、遏制威胁以及对事件进行响应和恢复的方法。常见的形式包括修补程序、杀毒软件更新和从网络中清除恶意行为的建议

续表1.4

类别	内　容
态势感知信息（situational awareness）	使决策者能够响应事件的信息，可能需要实时遥测受利用的漏洞、活跃威胁和攻击。它还可能包含有关攻击目标和关键公共或私有网络状态的信息
最佳实践信息（best practices）	软件开发与服务部署的信息，如安全控制、开发和事件响应实践以及软件修补或有效性指标
战略分析信息（strategic analysis）	收集、提炼和分析多种类型的信息，以建立指标、趋势和预测。通常与潜在情景的预测相结合，辅助政府或私营部门决策者应对未来的风险

美国非营利性组织 MITRE 公司发布的《网络威胁信息共享指南》给出了安全信息共享网络的三种基本结构：集中式（hub-and-spoke）模型、同侪式（post-to-all）模型、混合式（hybrid）模型，见图 1.2。

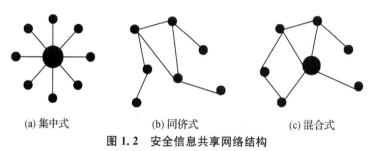

(a) 集中式　　　　　(b) 同侪式　　　　　(c) 混合式

图 1.2　安全信息共享网络结构

集中式模型有一个中央枢纽，它接收来自参与成员的数据。枢纽要么直接重新分发收到的数据给其他成员，要么提供增值服务，发送新的（和假定更有用的）信息给成员。这种模式通过中央枢纽促进信息共享，同时保护成员的身份。枢纽可能通过结合来自多个成员的信息，添加其私有数据，或对成员的数据进行额外分析来提供价值。在同侪式模型中，任何参与者都可以直接与整个成员列表共享，而不是通过一个中央枢纽。成员之间直接共享信息，信息分发快速且可以轻易扩展到许多参与者。由于没有中央枢纽，这种模式成本较低。然而，这种模型需要成员之间建立信任关系，因为它依赖于成员之间的直接信息共享。混合式模型结合了集中式和同侪式模型的特点。例如，信息交换可以使用同侪式架构交换入侵指标，同时将事件响应数据发送到集中枢纽。这种模型试图利用直接、协作的共享来处理时间敏感的数据，同时利用枢纽的能力收集、综合和分析来自多个组织的数据，并在更长的时间范围内分发发现结果。然而，建立和运行混合安排是困难的，治理这样的模型可能是一个挑战，而且相关的成本也会更高。

通过第三方平台，如计算机应急响应小组（Computer Emergency Response Team，CERT）、信息共享与分析中心（Information Sharing and Analysis Centers，ISAC）等，企业可以实时共享和学习最新的安全防御信息，这有助于企业快速识别和应对新兴的安全威胁。然而，这种信息共享并非没有风险。共享的安全信息有可能成为黑客的攻击目标，一旦被截获，黑客可能会利用这些信息来选择更有效的攻击手段，从而提高攻击效率，这对企业来说无疑是一个巨大的隐患。因此，企业在享受信息共享带来的好处的同时，也必须充分意识到其中潜在的风险。这就要求企业在参与信息共享时，必须进行全面的风险评估，制定严格的信息保护措施，以确保共享的信息不会被滥用。同时，企业还需要加强自身的信息安全建设，提高信息系统的防御能力，以应对可能出现的黑客攻击。

值得一提的是，安全信息共享与信息安全投资之间存在着一种战略互补的关系。一方面，企业在信息安全方面的投资可以为其打造更坚固的安全防线，提高抵御外部攻击的能力；另一方面，通过安全信息共享，企业可以及时了解和学习到最新的安全动态和防御技术，这有助于企业更精准地进行信息安全投资，避免资源的浪费。

总的来说，安全信息共享是一把双刃剑，既能为企业带来显著的安全效益，又可能带来潜在的安全风险。因此，企业在利用这一工具时，必须保持高度的警惕和审慎，以确保在提升安全防御能力的同时，也能有效地保护自身的信息安全。

1.2.2 技术相似性

信息安全技术主要包括信息保密技术、安全防护技术和安全基础支撑技术等。不同企业可能会采用类似或者相同的技术手段，但其核心目标是保护信息和信息系统免遭未经非授权的泄露、修改、破坏或丧失。例如，加密技术、访问控制、数据备份和恢复等都是常见的信息安全措施，这些措施在不同的企业中普遍存在。信息安全技术在不同的企业中有不同的应用场景。例如，网络安全领域越来越关注人工智能（AI）和机器学习（ML），这些技术被广泛应用于识别和预测网络威胁，以增强早期检测系统。生成式 AI 也在重塑安全行业，其利用与防护成为热点技术。这些技术在不同企业中的应用可能会有所不同，但其基本原理和目标是一致的。表 1.5 给出了新兴加密技术在不同行业中的应用。

表 1.5 新兴加密技术在不同行业中的应用

行业	应用
金融行业	模块化技术和简洁非交互式知识论证(SNARK)可用于构建更安全、更高效的区块链平台,支持金融交易的透明度和安全性
电子商务行业	使用强大的加密算法对客户数据进行加密,采用端到端加密技术,确保数据在传输和存储过程中的安全性
移动应用和物联网	通过设备管理、加密、应用审计、虚拟专用网络(VPN)等技术和策略,确保移动环境中的数据安全
制造业	数字机器身份和供应链安全的需求凸显,加密敏捷性成为主流,确保设备和数据的安全性

不同企业在信息安全技术的发展趋势上也有一定的相似性。例如,Gartner 公司的研究表明,生成式人工智能(生成式 AI)、持续威胁暴露、第三方风险、隐私驱动的应用和数据解耦等因素推动了 2024 年主要网络安全趋势。这些趋势在不同企业中都得到了广泛关注和应用,如生成式 AI 的全民化时代到来,预计到 2026 年,将有超过 80% 的企业使用生成式 AI 的 API 或模型,或在生产环境中部署。表 1.6 给出了人工智能和机器学习在网络安全中的应用。

表 1.6 人工智能和机器学习在网络安全中的应用

类别	具体应用案例
高级数据分析	人工智能的高级数据分析功能正在越来越多地应用于识别和预测网络威胁,以增强早期检测系统。例如,深度学习模型可以通过分析网络流量中的模式和异常行为,快速准确地检测出潜在的网络攻击
未知恶意代码检测	有效识别和防御未知的恶意代码,从而提高网络安全防护能力
视频图像检测与鉴定	识别和鉴别深度伪造视频图像,防止虚假信息的传播
实时攻击检测	利用机器学习算法分析来自各种来源的海量数据集,人工智能不仅可以检测实时攻击,还可以通过识别表示恶意活动的模式和异常来预测未来威胁。这种能力使得网络安全防护更具前瞻性和有效性

国家标准如《信息安全技术 个人信息安全规范》(GB/T 35273—2020)和《信息安全技术 网络安全等级保护基本要求》(GB/T 22239—2019)为企业提供了统一的技术标准和规范。这些标准在不同企业中的应用可能会有所不同,但其基本要求和目标是一致的,即确保信息安全和合规性,确保企业在信息安全技术投资方面的相似性。

企业安全信息共享的有效性与其技术相似性之间存在着紧密的关联。当企业间采用相同或高度相似的技术平台,例如都使用 Linux 操作系统时,它们之间的安全信息共享就显得尤为重要且有价值。原因在于,相似的技术环境往往意味着这些企业会面临类似的安全威胁和漏洞挑战。因此,当它们选择共享安全信息时,这些共享的内容往往更具针对性和实用性,能够帮助彼此更好地了解和应对潜在的安全风险。技术相似性带来的不仅仅是安全信息共享的便利,它还能够在某种程度上提升企业的整体防御能力。当多家企业使用相似技术时,它们可以更加迅速地识别和应对那些共同面临的安全威胁。通过共享最佳实践、安全补丁以及防御策略,这些企业能够联合起来,共同加强自身的安全防护,从而在一定程度上提高抵御黑客攻击的能力。

然而,技术相似性也带来了一定的潜在风险。当企业信息系统的技术架构高度相似时,它们很可能也会共享一些相同的软件漏洞。这意味着,一旦黑客发现并利用了这些共享的漏洞,他们就有可能同时攻击多家使用相似技术的企业。此外,根据 Wu 等(2021)的研究,安全技术的相似性不仅直接提升了企业的综合防御能力,但同时也可能通过增强黑客的学习能力而间接助长了其攻击能力。黑客在攻击一家企业的过程中,可以学习到相关的安全知识,并利用这些知识更加有效地攻击其他技术相似的企业。

因此,虽然技术相似性为企业安全信息共享提供了便利,有助于提升整体防御能力,但企业在享受这些好处的同时,也必须高度警惕由此可能引发的安全风险。企业需要采取相应的防护措施,加强自身的信息安全建设,以确保在提升安全防御能力的同时,也能有效地保护自身的信息安全。

1.2.3 信息资产

信息资产指的是企业拥有或控制的能够为企业带来未来经济利益的信息资源。这些资源不仅参与企业的各项经济活动,还能有效减少和消除这些活动中的风险,为企业的管理控制和科学决策提供了有力的依据,并有望为企业创造可观的经济利益。

企业信息资产作为现代企业的重要资源,具有共享性、时效性和高附加值的特性。有效利用和管理这些信息资产,不仅能显著提升企业的业务运营效率,还能为企业带来新的利润增长点,甚至助力企业拓展新的市场。同时,高科技企业还可借助社会化信息资源,重新开发信息资产的价值,将其作为商业化产品进行运营,从而开创如搜索引擎、网络咨询、智能采编与出版、内容付费、风险评估等新型业务模式。因此，企业信息资产在现代企业中占据举足轻重的地位。企业关注信息资产管理的原因众多，图1.3是一些核心因素。

图1.3 企业关注信息资产管理的核心因素

（1）保护关键业务信息：信息资产是企业运营的核心，包括客户数据、交易记录、产品详情、研发资料等。这些信息对企业的日常运作至关重要，一旦丢失或泄露，可能导致业务中断或重大损失。

（2）风险管理：随着信息技术的广泛应用，企业面临的信息安全风险也日益增加。黑客攻击、数据泄露、恶意软件等威胁都可能对企业的信息资产造成损害。通过有效的信息资产管理，企业可以降低这些风险，保护自身免受潜在损失。

（3）提升运营效率：良好的信息资产管理有助于企业更高效地利用和检索关键信息，从而提升运营效率和决策速度。当企业能够快速、准确地获取所需信息时，就能更迅速地响应市场变化，抓住商业机会。

（4）满足法规和合规要求：许多行业都受到严格的数据保护和隐私法规的监管。通过加强信息资产管理，企业可以确保自身符合这些法规要求，避免因违规而面临的法律风险和财务处罚。

（5）支持业务创新和增长：信息资产不仅包含企业的当前运营数据，还可能蕴含未来业务创新和增长的机会。通过对这些信息的深入分析和挖掘，企业可以发现新的市场趋势、客户需求和产品改进点，从而推动业务的持续发展和创新。

（6）维护企业声誉和客户关系：信息资产的泄露或滥用可能对企业的声誉造成严重影响，甚至导致客户信任的丧失。通过加强信息资产管理，企业可以保护客户隐私和商业机密，维护与客户之间的信任关系。

信息资产之间的关系对于企业制定有效的安全策略具有至关重要的作用。企业在制定安全决策时，首要目标是保护其信息系统中的信息资产不受损害。这些资产可能包括敏感数据、知识产权、商业秘密等，它们的保护对于企业的长期发展和竞争优势至关重要。基于企业运营支撑维度，企业信息资产可以分为市场服务类、生产服务类、外部资讯与宏观政策类、经营决策类等四大类别，见表1.7。这些类别的信息资产共同构成了企业运营的重要支撑体系。

表1.7 企业信息资产类别（基于企业运营维度）

类别	具体内容
市场服务类	主要涉及与市场营销、客户服务等相关的信息，如市场调研数据、客户资料、销售策略、品牌宣传材料等。这些信息对于企业把握市场动态、了解客户需求、提升服务质量和品牌形象至关重要
生产服务类	主要与生产流程、工艺技术、设备管理等相关，包括生产计划、工艺流程图、设备维护记录等。这些信息对于保障生产顺利进行、提高生产效率、降低生产成本具有重要作用
外部资讯与宏观政策类	主要涉及行业动态、政策法规、竞争对手分析等信息，如行业政策变化、法律法规更新、竞争对手的战略调整等。这些信息有助于企业及时应对外部环境变化、把握发展机遇、规避潜在风险
经营决策类	主要包括企业财务数据、经营分析报告、战略规划文档等，它们为企业高层管理者提供决策支持，帮助企业制定合理的发展战略和经营计划

基于信息资产的呈现形式，一般性信息资产可以分为数字资产、知识资产以及实物资产的信息化表示等类别，见表1.8。

表1.8 企业信息资产类别（基于呈现形式）

类别	具体内容
数字资产	这类资产主要以数字化的形式存在，包括但不限于数字版权、虚拟货币、域名、虚拟物品等。在数字经济的快速发展背景下，数字资产的重要性日益凸显，它们具有显著的经济价值
知识资产	知识资产包括专利、商标、版权、商业秘密等知识产权。这些资产是企业在市场竞争中获取竞争优势的关键，同时也是推动企业创新和发展的基础
实物资产的信息化表示	虽然实物资产本身不属于信息资产，但它们的信息化表示（如电子化的库存记录、设备信息、房地产数据等）可以视为信息资产的一部分。这些信息化表示有助于企业更高效地管理实物资产，提升运营效率

需要注意的是，虽然人力资产（如员工、管理人员等）对企业至关重要，但他们

本身并不直接构成信息资产。然而，与人力资产相关的信息化数据（如员工档案、绩效记录等）则可以视为信息资产的一部分。

另外，根据 ISO/IEC 17799 的标准，常见的信息资产还包括数据与文档、书面文件、软件资产以及物理资产等。这些都可以基于它们的呈现形式进行归类。例如，数据与文档、软件资产可以归为数字资产类别，而书面文件则可能包含知识资产和实物资产的信息化表示。

在信息资产的关系中，互补和替代是两种常见的类型。互补关系指的是两家企业的信息资产在联合时具有很高的价值，但单独一家企业的信息资产对黑客来说价值较低。这种关系在供应链系统中尤为常见，如大型商用飞机制造商与其子系统供应商和部件供应商之间的合作。黑客若想要获取整个飞机的设计信息，就必须同时攻破所有参与设计的企业，因为任何单一企业的信息都不足以提供完整的价值。替代关系则存在于两家企业的信息资产具有相似价值的情况下。在这种情况下，黑客只需攻破其中一家企业，就可以获得这些相似的信息资产价值。例如，在电子商务活动中，购物网站和第三方物流企业可能共享客户的敏感信息。如果黑客攻破了其中任何一个系统，他们就可以获取到这些客户信息，包括姓名、电话号码和地址等。因此，这些企业的信息资产对黑客来说是可替代的。

信息资产的这些特征对黑客的利益和攻击动机产生深远影响，并进而影响企业与黑客战略互动中的信息安全决策。了解并利用这些信息资产的关系，企业可以更有效地制定安全策略，以应对潜在的安全威胁。例如，在互补关系中，企业可以通过加强合作与信息共享来提高整体的安全防御能力；而在替代关系中，企业则需要更加关注自身的安全防护措施，以防止黑客利用这种可替代性进行攻击。

建立一个有效的企业信息资产管理体系需要综合考虑多个方面，包括组织架构、技术实施、流程优化等。以下是详细的步骤和策略：

（1）建立数据治理框架：制定清晰的数据治理政策和标准，确保数据的质量和安全性。建立数据治理委员会，负责监督和执行数据治理政策。

（2）采用专业的 IT 资产管理系统：使用如 Asset Explorer 这样的 IT 资产管理（ITAM）系统，可以帮助企业主动管理整个 IT 资产库，提供资产自动发现、资产跟踪、配置管理、软件许可管理、软件使用监控、采购与合同管理等功能。这些系统能够对资产的整个生命周期进行全程管理，从而帮助企业全面掌握资产的分布及其运行状态。

(3）遵循国际最佳实践：参考国际信息技术资产管理者协会（IAITAM）提供的《IAITAM 最佳实践库（IBPL）》，该库定义了 12 个关键过程域（KPA），并对每一部分的内容进行了详细介绍，从而帮助企业提升 ITAM 的管理水平。

（4）实施综合性的资产管理策略：企业资产管理策略应涵盖预算管理、优化配置、维护保养、风险管理、信息化管理、绩效评估、处置、供应链协同和知识管理等多个方面。根据自身的实际情况和发展需求，选择合适的资产管理策略，并持续优化和完善，以实现资产价值的最大化。

（5）强化信息安全管理：遵循 ISO/IEC 27001 信息安全管理标准，确保信息资产的安全性和合规性。持续对信息资产进行跟踪和维护，确保其安全运营。

（6）分类与管理信息资产：对信息资产进行分类和管理，是企业面向"数字企业"运营能力建设的基础，也是企业科技风险评估的基础。通过对数据资产的深入挖掘和分析，提升企业决策效率与准确性，从而制定出更加精准的营销策略和产品方案。

（7）持续优化和改进：定期评估和审查现有的资产管理流程，发现问题并及时解决。引入新的技术和工具，不断提升资产管理的效率和效果。建立有效的企业信息资产管理体系，需要全面综合考虑多个层面，这其中包括构建合理的组织架构以确保各级职责明确、协作顺畅，采用先进且合适的技术实施手段来保障信息安全与高效利用，以及不断优化相关流程以提升信息处理能力和应对突发状况的灵活性，这些方面的综合布局和精细化管理是构筑稳固信息资产管理体系的基石。

总之，企业信息安全和信息资产管理是一个系统性的工程，需要企业从顶层设计到具体实施各个环节都做好规划和执行。通过制定和实施科学合理的信息安全策略，企业可以有效地保护其信息资产，减少和消除经济活动中的风险，为企业的管理控制和科学决策提供合理依据，并预期给企业带来经济利益。

1.2.4　网络外部性

企业信息安全管理体系的设计和实施是保障企业信息系统安全的基础。一个完善的信息安全管理体系应包括管理制度、技术标准和专项治理三部分，见图 1.4。这种体系不仅符合法律法规要求，还能维护企业的声誉、品牌和客户信任。一个健全的信息安全管理体系能够提升企业在网络中的整体价值，从而产生正向的网络外部性。

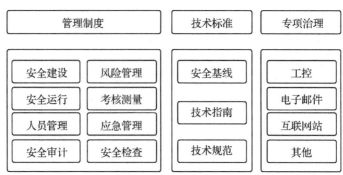

图 1.4　网络安全管理体系

网络外部性强调的是连接到一个网络的价值取决于已经连接到该网络的其他人的数量。在数字经济中，企业通过构建和维护信息安全管理体系，可以吸引更多的合作伙伴和客户，这些合作伙伴和客户的加入进一步增强了企业的网络外部性。例如，一个拥有高级别信息安全认证（如 ISO/IEC 27001）的企业，其信息安全管理体系的健全性会使其在市场上更具吸引力，从而带来更多的业务机会和经济效益。

网络外部性是计算机和通信网络的一个核心特性，对信息系统安全产生了深远影响。随着企业或政府部门信息系统的日益复杂化，不同系统间的外部互联性愈发显现。这种互联性带来的影响是双面的。一方面，它确实为企业带来了便利与效率，但同时也引入了网络攻击的传染风险。当黑客成功侵入一家企业的信息系统后，由于各企业信息系统间的紧密互联，黑客可能利用这一桥梁，更轻易地攻击其他相关联的企业信息系统。这种"连锁反应"式的安全风险，使得单一企业的安全漏洞可能对整个互联网络构成威胁。另一方面，外部互联性也并非全然是坏事。它在一定程度上也可能提升企业的整体防御能力。当多家企业通过信息系统互联时，它们的安全投资往往会形成合力，对潜在的黑客攻击产生更强的威慑作用。这种集体防御的态势，有时能让黑客望而却步，从而降低被攻击的风险。因此，企业在进行信息系统安全投资时，必须全面考虑外部互联性所带来的双重影响。既要加强自身的安全防护，减少因互联而可能引发的安全风险，同时也要积极寻求与其他企业的合作，共同构建更为强大的安全防线。这样，才能在充分利用外部互联性带来的便利的同时，有效地保障自身的信息安全。

此外，政府和行业管理者应采取积极措施，引导企业通过信息系统安全投资，产生正的网络外部性：

（1）制定和完善网络安全政策法规：国家应不断完善网络安全战略，明确保障网络安全的基本要求和主要目标,并提出重点领域的网络安全政策、工作任务和措施。例如,2022年6月,国务院发布了《国务院关于加强数字政府建设的指导意见》,明确了数字政府建设的七方面重点任务,包括构建协同高效的政府数字化履职能力体系、全方位安全保障体系等。

(2)发布和推广网络安全标准:国家和行业标准是网络安全管理的重要工具。近年来,中国发布了大量的网络安全标准,如2023年发布的57项国家标准和86项行业标准。这些标准为各行业提供了具体的技术要求和实施指南,帮助企业提升网络安全水平。

(3)加强数字政府和数字经济的综合防御体系建设:政府应大力加强数字政府网络安全综合防御体系建设,为数字政府和数字经济保驾护航。这包括构建科学规范的数字政府安全保障体系,确保数字政府在运行过程中的数据安全和系统稳定。

(4)推动标准化工作:标准化是提升网络安全水平的关键手段。国家标准化管理委员会及行业主管部门应继续指导和推动网络安全标准化工作,促进网络安全产业的高质量发展。例如,工信部印发了《电信和互联网行业数据安全标准体系建设指南》,旨在建立电信和互联网行业数据安全标准体系,满足行业数据安全保护需要。

(5)协调使用国家权力工具:政府必须协调使用国家权力所有工具来保护国家安全、公共安全和经济繁荣。这包括通过法律法规、政策指导、技术支持等多种手段,确保企业在网络环境中的信息安全。

(6)增强公众意识,提升参与度:政府和行业管理者应通过宣传教育活动,提高公众对网络安全的认识和重视程度。例如,中央网信办举办的国家网络安全宣传周新闻发布会,就是一个很好的平台,用于普及网络安全知识,增强公众的自我保护意识。

政府和行业管理者通过有效引导正网络外部性,能够在多个层面产生积极影响。首先,这有利于保护企业的核心信息资产,防止关键数据和知识产权被非法获取或滥用,从而保证了企业的竞争力和创新力。其次,通过加强网络安全管理和监控,及时应对网络威胁和攻击,有力地维护了国家安全和公共安全,减少了因网络安全事件引发的社会不稳定因素。最后,一个安全稳定的网络环境可以吸引更多国内外投资,促进电子商务、在线服务等新兴产业的发展,为经济的持续繁荣注入新的活力。因此,政府和行业管理者的这些努力不仅保障了网络安全,还为经济社会的全面进步奠定了坚实基础。

1.3 黑客行为特征

1.3.1 黑客战略行为

黑客战略行为是指黑客为了实现其目标(如数据窃取、系统破坏等)而采取的一系列策略和行动。这些行为通常涉及利用网络漏洞、社会工程学、恶意软件等手段进行入侵和窃取。黑客的网络攻击对企业的信息系统安全构成了严重威胁。他们利用工具和技术,通过网络对信息系统进行攻击和入侵,旨在窃取企业内部的重要数据以牟利。黑客的网络攻击通常分为五个步骤:隐藏、踩点、攻击、置后门、消除痕迹。

(1)在隐藏阶段,黑客会巧妙地掩盖自己的行踪,利用其他计算机作为跳板对目标计算机发动攻击,以降低被追踪的风险。

(2)进入踩点阶段,黑客会搜寻并分析潜在的攻击目标,收集目标的域名、IP地址、操作系统类型以及存储的数据资料等信息。

(3)攻击阶段是黑客行动的关键,他们会发动网络攻击以夺取目标主机的控制权,进而修改系统并窃取用户的隐私信息。

(4)随后,在置后门阶段,黑客会在目标主机中安装后门程序,以便在目标更改账户信息后能够重新控制主机。

(5)最后,在消除痕迹阶段,黑客会仔细清除所有可能暴露他们行踪的痕迹,如删除登录时的 IP 地址记录、修改文件和属性的日志记录等,以逃避目标主机用户的追踪。

黑客在定位目标时,通常会选择安全漏洞最多或拥有最多攻击工具的主机进行渗透。他们会通过各种手段,如电话转接技术、钓鱼邮件等,来隐蔽自己的身份并成功入侵系统。随着技术的发展,黑客攻击越来越自动化和工具化。自动化程度的提高使得攻击速度和规模不断扩大。例如,黑客会利用自动化脚本和工具,如暴力破解工具、下载器和加壳工具等,来提高攻击效率。黑客不断开发新的攻击工具和方法,以应对现有的防御措施。例如,基于人工智能的脚本化社会工程学攻击是一个新兴的威胁,它利用 AI 技术来模拟人类行为,增加了防御难度。此外,生成式人工智能也可能被用于网络活动。

黑客的网络攻击方式多种多样,主要可以分为以下几类:

(1) 邮件攻击:这是最常见和普遍的一种攻击方式。黑客通过发送垃圾邮件来传播病毒、进行欺诈等恶意行为,主要是针对企业进行攻击。

(2) 拒绝服务攻击(DoS/DDoS):这种攻击通过大量请求使目标系统无法正常响应,从而瘫痪网站或服务。

(3) 中间人攻击(MITM):黑客在两个通信方之间秘密地窃听、修改或重放通信内容,以获取敏感信息。

(4) 跨站脚本攻击(XSS):黑客利用网站漏洞将恶意代码植入网页中,使用户浏览时执行这些代码,从而窃取用户信息或控制用户设备。

(5) SQL 注入:黑客通过在输入字段中注入恶意 SQL 语句,绕过后端验证机制,获取数据库中的敏感信息。

(6) 网络钓鱼:黑客通过伪装成可信的电子邮件或网站,诱骗用户提供个人信息,如银行凭证、密码等。

(7) 勒索软件攻击:黑客加密用户的文件,并要求支付赎金才能解锁。

(8) 特洛伊木马:黑客通过伪装成合法软件,安装在用户设备上,窃取敏感信息或控制设备。

(9) 零日漏洞利用:黑客利用尚未被发现的安全漏洞进行攻击,这类漏洞通常不需要任何用户交互即可被利用。

(10) 供应链攻击:黑客通过篡改软件供应链中的组件,植入恶意代码,从而影响最终用户的系统安全。

(11) API 攻击:黑客利用 API 的安全漏洞,非法访问信息系统和网络。

(12) DNS 攻击:黑客通过篡改 DNS 解析结果,将用户重定向到恶意网站,从而窃取敏感信息或进行其他恶意活动。

(13) 加密劫持(cryptojacking):黑客通过在用户设备上运行恶意脚本,强制用户进行加密货币挖矿,而用户可能毫无察觉。

这些攻击手段各有特点,但共同目标是窃取敏感信息、破坏系统稳定性或获取非法利益。根据攻击目标的选择,黑客的攻击类型可以分为随机攻击和定向攻击。随机攻击是指黑客没有特定的目标,而是通过广泛的方式进行攻击,希望能够成功入侵多个系统或获取大量数据。例如,黑客可能会利用网络钓鱼、垃圾邮件等手段进行广泛传播,试图从中找到可利用的目标。这种攻击通常不针对特定的个人或组织,而是寻求最大化的影响范围和数据获取量。定向攻击则是指黑客有明确的目标,专门针对某个特定的个人、组织或系统进行攻击。这种攻击通常需要较高的技术水平和资源投入,因为黑客需要对目标进行深入研究,并开发专门的恶意软件或策略来实现其目的。定向攻击的目的是直接获取机密数据或者破坏特定目标的网络安全。例如,LockBit组织是通过RaaS模式(Ransomware as a Service,勒索即服务)运营的攻击组织,采用了一种双重勒索策略,即"威胁曝光企业数据+加密数据勒索"。该组织主动采取了传播和PR活动,面向Windows、Linux、macOS,以及VMware虚拟化平台等多种主机系统和目标平台研发勒索软件,其生成器通过简单交互即可完成勒索软件定制。

黑客的战略性体现在他们精心策划和执行网络攻击的整个过程中。黑客的战略性攻击不仅使得他们的行动更加隐蔽和难以预测,还给企业的信息安全带来了空前的挑战和威胁。在这样的背景下,企业信息安全投资显得尤为重要和迫切。企业必须正视黑客战略攻击带来的严峻挑战,积极投入资源加强信息安全建设,为自身的长远发展筑牢安全基石。

1.3.2 黑客知识传播

黑客知识涵盖了多个方面,包括但不限于网络安全、编程技能、系统渗透技术、法律和伦理问题等。黑客知识不仅关乎技术,还涉及社会文化、心理学以及伦理学等多个层面。黑客知识本身并不具有道德属性,它可以被用于合法或非法目的。

黑客知识的传播主要通过多种渠道和平台进行,包括在线教育平台、专业培训机构、社区论坛等,这些平台提供了大量网络安全和黑客技术课程。黑客知识的传播通过多种渠道和平台进行,既有系统的专业培训,包括渗透测试、漏洞利用、恶意软件分析等多个领域,也有丰富的自学资源。这些资源不仅涵盖了理论知识,还包括了大量的实战训练和实际操作经验,使得学习者能够快速掌握并应用黑客技术。虽然黑客之间的知识共享在某些情况下可能有其积极的一面,但它通常涉及法律和伦理的问题。黑客行为通常被视为非法的,因为他们分享的知识可能会被用于非法目的,如进行网络攻击。这就需要相关机构和组织在鼓励知识共享的同时,也要考虑如何防止这些知识被滥用。

黑客社区的知识共享行为是一种复杂的社会现象,它不仅受到技术和经济因素的影响,还受到社会心理和组织行为的驱动。从技术与经济角度看,黑客通过分享攻击方法、漏洞信息等，可以提高自己的竞争优势，从而获得更高的收益。这种基于技术和经济利益的动机促使黑客之间进行信息共享。此外，随着信息安全投资的增加，黑客需要不断更新他们的攻击技巧以适应新的防御措施，这也促进了知识的传播。从社会心理角度，黑客社区中的个体可能因为对声誉的追求而愿意分享知识。声誉不仅可以提高个人在黑客社区中的地位，还可以吸引更多的关注和资源。当一个黑客通过分享高质量的攻击信息获得了高度评价时，他可能会继续分享更多的知识，以维持或提升自己的声誉。在一些情况下，黑客之间的信息共享可能是出于团队合作的需要。例如，当两个黑客计划共同攻击同一个目标时，他们可能会共享关于目标系统的漏洞信息，以提高攻击的成功率。

对于企业来说，了解黑客的知识传播行为对于制定有效的防御策略至关重要。通过分析黑客如何共享知识，企业可以更好地预测潜在的威胁，并采取相应的防御措施。

1.4 软件安全管理

1.4.1 软件安全

软件质量不仅仅是功能性的满足，更重要的是其在面对各种安全威胁时的表现和能力。从安全角度看，软件质量主要体现在其能够抵御各种恶意攻击并确保数据的完整性、可用性和隐私保护。企业通过遵循相关的安全标准和提高信息安全投资水平，可以显著提高软件的整体安全性免受潜在的风险和损失。

具体来说，软件需要具备足够的防御能力，以抵御外部攻击，如病毒、木马、DDoS攻击等。这包括对软件进行定期的安全测试和更新，以修补已知的安全漏洞。其次，软件应符合相关的法律法规和行业标准，如（ISO/IEC 5055）、《信息技术 软件安全保障规范》（GB/T 30998—2014）等，这些标准提供了关于软件安全性的具体要求和指导原则。同时，软件应具备审计功能，能够记录和追踪所有操作日志，以便于事后分析和问题诊断。此外，实时监控也是必要的，以便及时发现并响应潜在的安全威胁。在用户授权和访问控制方面，软件应支持强大的访问控制机制，确保只有授权用户才能访问敏感信息或执行特定的操作。这通常通过身份验证和权限管理系统来实现。并且，软件应具备良好的错误处理机制，能够在出现故障时自动恢复服务，同时对用户的影响最小化。这包括备份数据和系统状态，以及快速恢复策略。

安全开发生命周期(SDLC)是一种全面考虑安全的软件开发方法。它涵盖了规划、设计、开发、测试、部署和维护等不同阶段,确保安全性贯穿于整个软件开发过程中。作为一种全面融入安全考量的软件开发方法论,其核心在于确保软件开发的每一个阶段,从规划到维护,均严密地贯彻安全性原则。具体来说,每个阶段的核心要点如下:

(1) 需求分析阶段,企业应当与客户进行深入交流,精准捕捉需求与期望,并将其转化为具有明确规格的需求说明书。应当着重明确安全需求,同时进行风险评估,以识别并应对潜在的安全威胁和漏洞。

(2) 设计阶段,企业应当设计软件的整体架构和各个模块,并制定出详尽的设计文档。此阶段强调软件的可扩展性、可维护性以及安全性。通过引入安全设计原则,如最小权限原则和安全隔离原则,为软件打造坚实的安全基石。同时,对设计文档进行严格的安全审查,以消除可能的安全隐患。

(3) 编码阶段,企业开发人员应根据设计文档精心编写软件代码。此阶段的关键在于保证代码的质量,包括其可读性、可维护性和可测试性,同时严守代码的安全性。企业应当采用安全的编程技术和实践,例如输入验证、错误处理和加密技术,以防范诸如SQL注入、跨站脚本攻击(XSS)等常见安全漏洞。

(4) 测试阶段,企业应当对软件项目进行全面的测试,涵盖单元测试、集成测试和系统测试等环节。此阶段的目的是确保软件的质量和稳定性,同时再次验证其安全性。企业可以通过引入渗透测试、模糊测试等安全测试方法和技术,对软件进行深度安全检测,以发现并处理潜在的安全隐患。测试结果应当经过严格的安全评估和分析,从而制定相应的安全修复和加固措施。

(5) 部署阶段,企业应当将软件项目平稳地部署到生产环境中。此阶段的关键在于确保部署流程的可靠性和自动化水平,同时不忘贯彻安全性原则。企业应当对部署环境进行全面的安全评估,以确保无任何安全风险。在部署过程中,企业需要严格使用安全的配置和设置,例如采用安全的通信协议和加密技术来存储敏感数据。

(6) 维护阶段,企业需要为软件项目提供持续的维护和支持服务,以确保其稳定运行,并及时修复可能出现的安全漏洞。在此阶段,企业应当对软件进行持续的安全监控和审计,以便及时发现并处理安全事件。同时,企业还需要定期对软件进行安全更新和补丁升级操作,以消除已知的安全隐患。

在当今高度数字化的环境中,软件安全性已成为衡量任何软件开发项目成功与否的关键性指标。随着技术的迅猛发展,软件应用的广泛普及,漏洞以及数据泄露等安全问题层出不穷,这些问题一旦发生,可能会给个人、企业乃至整个社会带来灾难性的后果。因此,软件质量安全管理显得尤为重要。它涉及软件生命周期的每一个环节,从需求分析、设计、编码、测试到部署和维护,都需要严格遵循安全原则和标准,确保软件的可靠性、稳定性和安全性。通过实施严格的质量安全管理体系,企业可以有效防范潜在的安全风险,保护用户数据的安全,提升软件的整体质量和竞争力,为数字化时代的可持续发展提供坚实的技术支撑。

1.4.2 开源软件和闭源软件

开源软件和闭源软件是两种不同的软件开发模式,它们在所有权、分发方式和使用限制等方面有显著的区别。

开源软件(Open Source Software,OSS)是指其源代码被公开并且可以自由使用、修改和分发的软件。开源软件的核心特点包括:

(1) 开放性:软件的源代码对所有人开放,任何人都可以查看、修改和分发。

(2) 自由使用:用户可以免费使用软件,并且可以根据需要进行二次开发。

(3) 社区驱动:开源软件通常由一个庞大的社区支持,用户和开发者共同贡献代码和反馈,以推动软件的改进和创新。

闭源软件(Proprietary Software)是指其源代码不公开,仅由软件所有者控制的软件。闭源软件的主要特点包括:

(1) 所有权控制:软件的所有者拥有对软件的完全控制权,可以决定是否允许他人使用该软件,以及如何收费。

(2) 使用限制:用户在使用闭源软件时可能会受到一些限制,例如必须购买许可证才能使用。

(3) 商业模式:闭源软件厂商通过销售许可证来盈利,通常采用封闭的商业模式,不鼓励用户进行二次开发或修改。

总的来说,开源软件厂商和闭源软件厂商在软件开发和分发模式上有着根本的不同。开源软件强调开放性和社区合作,而闭源软件则侧重于商业利益和控制权。选择哪种类型的软件取决于企业的具体需求和战略目标。

人们常常对开源软件有些误解,笔者在此进行区分:

(1) 开源软件不等于免费软件:开源软件和免费软件是两个不同的概念。开源软件指的是开源代码的软件,其源代码是公开的,允许用户查看、修改和重新分发。而免费软件则是指用户可以免费使用的软件,但并不意味着其源代码必须公开。因此,开源软件并不等同于免费软件。虽然很多开源软件是免费提供的,但也有一些开源软件是收费的,或者在使用、修改、分发方面有一定的限制。

(2) 开源软件不意味着可以随便使用:虽然开源软件的源代码是公开的,但并不意味着可以随意使用。开源软件同其他计算机软件一样,受著作权法、计算机软件保护条例的保护。修改和发行开源软件仍然要受到版权法或者开源软件许可证的制约。开源软件的使用者在使用开源软件时要遵守开源许可证的内容,这些许可证相当于一份份的许可合同,对使用者的权利和义务进行了规定。因此,不能随意地使用开源软件,需要遵守相关的法律法规和许可证要求。

(3) 开源软件不一定比闭源软件安全:虽然开源软件的源代码是公开的,可以接受全球开发者社区的审查和输入,从而有助于发现并纠正问题,但这并不意味着开源软件本质上比闭源软件更安全。开源软件的安全性取决于开发者的技术水平、社区的活跃度和响应速度等多个因素。同时,由于开源软件的源代码是公开的,也可能会吸引恶意攻击者的注意。因此,不能简单地认为开源软件就比闭源软件更安全,而是需要根据具体情况进行评估和选择。

总的来说,对于开源软件的认识需要避免上述误区,正确理解开源软件的概念和特点,才能更好地利用开源软件的优势并规避潜在的风险。

开源软件由于其开放性和广泛使用,容易引入安全漏洞。根据应用安全公司Synopsys的调研,经过评估的代码库中,84%包含漏洞,其中74%包含高风险漏洞,包括已被积极利用的远程代码执行漏洞。此外,Verocode的研究表明,在开源组件仓库中,70.5%的代码库存在安全漏洞,这些漏洞风险46.6%是其他开源项目直接或间接引进所导致的。

开源软件中高风险漏洞的具体类型和常见来源可以从多个角度进行分析。根据不同的研究和报告,笔者总结了一些主要的高风险漏洞类型及其来源,见表1.9。

第1章　基础理论与概念

表1.9　开源软件中高风险漏洞的具体类型

类别	具体描述
远程代码执行漏洞	例如，Webmin在2019年被发现存在一个高风险的远程命令执行漏洞，该漏洞是"恶意代码注入受损的基础架构中"导致的。Struts2也曾出现过远程命令执行漏洞，这类漏洞通常源于设计缺陷或配置错误
缓冲区溢出漏洞	缓冲区溢出漏洞是由于程序尝试读取或写入超出其预先分配的缓冲区时发生的。这类漏洞可能导致内存破坏，从而允许攻击者执行任意代码
SQL注入漏洞	SQL注入是一种常见的安全威胁，攻击者可以通过这种方式插入恶意SQL语句来获取数据库中的敏感信息
跨站脚本（XSS）漏洞	XSS漏洞允许攻击者在用户浏览器中执行脚本，从而窃取用户信息或控制用户浏览器
弱口令漏洞	弱口令漏洞是使用了容易猜测的密码或默认密码，导致账户被轻易破解的情况
HTTP报头追踪漏洞	这类漏洞允许攻击者通过伪造HTTP请求来绕过安全措施，获取敏感信息

闭源软件的源代码通常是保密的，只有开发人员或拥有它的组织才能访问。这种保密性可以防止恶意攻击者获取和利用源代码中的漏洞。然而，这也意味着所有的安全问题和漏洞都需要由供应商来识别和修复，这可能导致响应速度较慢。闭源软件的安全性很大程度上取决于供应商的能力和态度。供应商需要定期进行安全审计和更新，以确保软件的安全性。用户在使用闭源软件时，需要遵循供应商定义的许可证条款和条件。这包括不修改或分发软件，以及在遇到安全问题时及时联系供应商进行修复。此外，用户还需要进行适当的配置和管理，以减少潜在的安全风险。

开源软件与闭源软件在安全响应速度和透明度方面存在显著差异，见表1.10。开源软件在安全响应速度和透明度方面具有明显优势，而闭源软件则在这两方面存在一定的劣势。

不过，开源软件和闭源软件在技术上已经开始相互借鉴和融合。例如，许多闭源公司开始采用开源开发方法和产品，而开源公司也逐渐采取传统的商业模式来从开源软件中创收。这种互补性使得两者在实际应用中更加灵活和高效。

表 1.10　开源软件与闭源软件在安全响应速度和透明度方面的差异

类别	开源软件	闭源软件
安全响应速度	• 开源软件的安全漏洞更容易被发现和修复,因为许多专业人士持续监控和审查代码 • 开源社区通常能够在短时间内响应并解决安全问题,这种响应速度往往超过了单个企业或组织 • 开源社区由项目维护者和贡献者组成,他们通过快速检测和修补、积极维护和知识共享,在风险管理中发挥着至关重要的作用 • 开源软件的警报系统也在不断改进,例如 GitHub 上的严重等级漏洞的解决率在一天内接近 20%,并且随着时间的流逝,该解决率不断提升	• 闭源软件的安全响应速度通常较慢,因为其代码和内部结构不公开,难以被外部人员及时发现和修复漏洞 • 闭源软件的安全问题需要依赖单一企业或组织的内部资源和流程来处理,这可能导致响应速度较慢
透明度	• 开源软件的透明度是其最大的优势之一。所有用户都可以访问源代码,分析其功能和潜在的安全漏洞 • 开源社区的管理者必须意识到社区有五个层次的透明度,这对于建设繁荣发展的开源社区来说至关重要 • 开源软件的透明度不仅在于编程语言,还渗透到各个级别的开源社区中,激发了全球开发人员之间的合作和交流	• 闭源软件的透明度较低,因为其源代码和内部结构不公开,用户无法直接分析其安全性 • 闭源软件的安全问题需要依赖单一企业或组织的内部资源和流程来处理,这可能导致其在透明度方面无法与开源软件相媲美

在商业模式上,开源软件和闭源软件的界限逐渐模糊。一些开源项目通过捐赠、赞助或许可协议等方式实现盈利,而一些闭源软件也开始提供开源版本,以吸引更多用户和贡献者。这种模式的融合不仅提高了软件的可用性和普及率,还增强了其市场竞争力。

在法律层面上,开源软件与闭源软件之间的竞争和合作并存。例如,甲骨文与谷歌的长期诉讼显示出两者之间存在激烈的竞争,但同时也有合作的可能性。随着法律环境的变化和开源精神的普及,两者之间的合作将越来越频繁。

开源软件与闭源软件的融合趋势表现在技术、商业、法律和市场等多个方面。这种融合不仅提高了软件的灵活性和创新能力,还为企业提供了更多选择和机会。未来,随着技术的进步和市场需求的变化,这种融合趋势将继续深化和发展。

企业需深刻认识到,无论是开源软件还是闭源软件,安全性问题都不容忽视。

开源软件虽然具有透明性和社区支持的优势，但也存在潜在的安全风险，如恶意代码的注入或未经审核的修改。闭源软件则可能因封闭性而导致安全漏洞难以及时发现。因此，企业必须采取相应措施来降低这些风险，包括定期进行安全审查，及时更新补丁，以及确保软件来源的可靠性。

  展望未来，开源软件与闭源软件将并行不悖，共同推动信息技术的发展。企业应保持灵活性和前瞻性，不断适应和把握这两种软件模式的发展动态，以应对技术变革带来的挑战。通过综合利用开源软件与闭源软件的各自优势，企业可以在保障系统安全性的同时，实现技术创新和业务发展的双赢。

第 2 章　研究现状

　　企业的信息系统安全投资和安全信息共享问题是信息安全经济学研究领域的重要分支,近年来逐渐引起了国内外学者的强烈关注。由于企业信息系统所处的网络环境是一个庞大复杂的经济社会系统,必须充分考虑各方利益相关者的行为动机对信息系统安全的影响,同时还需要权衡安全信息共享、黑客战略行为和安全软件管理等多个方面的因素,这是一个高度复杂且需要综合考虑多方面因素的决策问题。

　　信息安全旨在保护对企业十分重要的信息资产。虽然有一些关于配置防火墙和入侵检测系统的技术解决方案的文献(Cavusoglu et al.,2004;Cavusoglu et al.,2005;Cavusoglu et al.,2008),但仅仅通过配置这些技术工具很难充分实现安全的网络环境。

　　当前的研究与信息安全经济学密切相关,信息安全经济学是一个蓬勃发展的研究领域,受到学术界和产业界越来越多的关注(Anderson et al.,2006)。一些学者寻求信息安全的经济解决方案。例如,Gao 等(2022)以及 Li 等(2021)讨论了相互依赖、强制性标准和可替代关系对企业信息安全投资的影响。Gal-Or 等(2005)、Gordon 等(2003)、Hausken(2006,2007,2008)、Liu 等(2011)、Wu 等(2022a)研究了企业间的信息安全共享问题。Lee 等(2013)、Cezar 等(2014)、Hui 等(2019)、Wu 等(2021)分析了信息安全业务外包的合同设计。Mookerjee 等(2011)研究了黑客行为。August 等(2006,2011,2019)考虑了用户安装软件补丁的动机。

　　过往研究为我们理解和解决信息安全问题提供了丰富的理论和实践基础。本章将对这些领域的研究进展进行总结,探讨它们对信息安全经济学的贡献,并分析未来可能的研究趋势。通过深入了解这些领域的研究,我们可以更好地应对信息安全挑战,为企业和个人提供更有效的保护措施。

第 2 章 研究现状

2.1 信息安全投资策略研究现状

2.1.1 信息安全投资

信息安全投资的讨论较为广泛。Gordon 等(2002)早先利用决策理论模型研究了单家企业的信息安全投资,发现企业不应该总是对具有最高脆弱性的信息系统进行最大投资,企业将安全投资重点放在具有中等脆弱性的信息资产上会更有利可图。Gao 等(2015a)比较了不同安全漏洞概率函数下的信息安全投资决策,发现一些结果是稳健的。Gao 等(2016a)研究了动态网络环境下竞争企业不同决策模式下的信息安全投资。Dey 等(2022)分析了对组织内部的员工进行教育和惩罚的安全投资,发现教育和惩罚可能是战略互补或替代。Krutilla 等(2021)对 Gordon 和 Loeb 的模型进行了扩展,增加了网络安全资产折旧率和安全投资回报率。Kankanhalli 等(2003)对信息系统安全投资进行了研究,其中分析了行业性质和企业规模因素的影响。Gal-Or 等(2005)使用博弈论模型研究了竞争性企业的安全信息和信息共享决策,发现安全信息共享的价值会随着产品的可替代性而增加。Gao 等(2015b)利用 Gordon 和 Loeb 修订的违约概率函数,研究了如何确定两家企业之间的安全投资和信息共享。Li 等(2021)讨论了互补企业和可替代企业的信息安全投资。Gao 等(2016a)利用微分博弈论讨论了两家竞争企业的动态安全投资策略。Gao 等(2016b)分析了两家竞争企业在不同市场结构下的安全投资和信息共享决策。Tosh 等(2018)通过建立信息安全信息交换的演化博弈模型,指出了企业更愿意采取信息共享的演化稳定策略。

Gordon 等(2002)在他们的开创性研究中指出,企业不一定要为脆弱性最高的信息系统投入最多的安全资金,因为它可能会遭受黑客最频繁的网络攻击。这一发现在一定程度上说明,信息安全失败的根本原因在于利益相关者的激励机制不一致。Cavusoglu 等(2008)引入了战略黑客,构建了黑客与公司之间的博弈,分析了黑客的行动时机对公司信息安全投资的影响。Hausken(2006)研究了黑客的收入和能力如何影响企业的信息安全投资。值得注意的是,实物期权技术、风险价值法(Wang et al.,2008)、层次分析法(Bodin et al.,2005)和经验法都被用来研究信息安全投资。

2.1.2 安全标准

目前,已有一些关于信息安全标准的研究。由于互联网带来的社会价值与电信公司的收入之间存在差距,网络安全的投资不足以导致市场失灵。Garcia 等(2007)通过建立博弈论模型,分析了安全标准能有效提高竞争企业的安全投资水平的结果。他强调了网络攻击的经济后果,并暗示了监管的必要性,尤其是在安全标准方面。

随着信息技术的快速发展,管理安全服务(MSS)已成为确保网络和系统安全的重要手段。在 MSS 中,服务提供商与客户之间的协作对于保护质量的提升至关重要。近年来,学者们开始关注如何通过合同设计来优化这种协作关系,进而提高整体的安全防护效果。Hui 等(2012)创新性地设计了两种合同:基于阈值的责任合同和可变责任合同。这两种合同的核心思想是将服务提供商和客户双方的责任与保护质量紧密结合,从而激励双方共同努力提升安全防护水平。研究结果显示,当违约后的投资付出验证可行时,这两种双边责任合同能够达到最优效果。更重要的是,在 MSS 提供商承担有限责任的情况下,这两种合同比多边合同更为高效。在强制性安全要求下,管理安全服务提供商会更加努力地工作以达到标准,从而为客户提供更好的服务。这一发现为 MSS 领域的合同设计提供了新的思路,即通过明确双方的责任和义务,可以有效促进合作并提高整体的安全防护质量。

在信息安全领域,强制性安全标准被广泛应用于确保企业建立最低限度的安全控制措施。这些标准旨在通过规定一系列必须遵守的安全要求,来提高整个系统的安全性。然而,信息安全领域的特点在于其包含多重交织的安全控制措施,并非所有措施都能通过标准进行规范。Lee 等(2016)深入探讨了强制性信息安全标准与企业实际安全性之间的复杂关系。其中企业拥有两种安全控制措施,这些措施以串行或并行的方式相互连接。其中一项措施直接受到安全标准的监管,而另一项则不受监管。该研究揭示了一个重要发现:更高的安全标准并不一定会导致企业安全性的提升。此外,在串行和并行两种配置中,导致企业安全性受损的条件存在显著差异。研究还发现,如果企业遵守标准可以在发生安全漏洞后减轻责任,那么这种责任的减轻反过来会削弱标准与企业安全性之间的联系。

2.1.3 安全补贴

信息安全补贴是政府部门常用的激励措施,旨在鼓励企业进行足够的投资。

网络安全在当今数字化时代至关重要,但私营企业往往因各种原因而在网络安全方面投资不足。为了解决这一问题,政府经常会出台各种激励或监管政策,以促进私营企业在网络安全方面的投入。Png 等(2009)考虑了政府部门的安全补贴,通过促进企业在信息安全方面的预防措施来降低安全投资成本。Png 等(2009)首先建立了一个基于经济学原理的分析框架,用于评估政府激励/监管措施对私营企业网络安全投资行为的影响。分析结果显示,政府政策的成功与否在很大程度上取决于企业当前的投资策略以及其对未来投资的态度和能力。

Zhuang 等(2007)通过构建一个包含时间依赖性威胁和多个代理人的复杂模型,深入剖析了相互依赖的安全问题中资源分配的优化问题。研究揭示了短视代理人的存在可能会影响到具有远见代理人的安全投资决策,使得原本符合其利益的投资变得不再可取。文章详细讨论了"投资临界点效应"和"投资级联效应",并深入探索了如何有针对性地提供安全投资补贴,以实现"投资临界点效应"的最佳效果。Zhuang(2010)则进一步指出,向容易做出错误选择的代理人提供补贴,可以增强社会最优均衡的稳定性,并降低总的社会成本。Kunreuther(2003)关注了相互依赖的安全问题,揭示了集体行动中的困境,即个体在决定是否投资于安全防护时,会受到其他个体选择的影响。特别值得注意的是,随着未受保护代理人数量的增加,投资于保护的动机可能会趋近于零,这反映了一种"搭便车"的心理。在此基础上,文章还探讨了多种政策和机制在内部化这些问题所特有的负外部性方面的作用。这些政策和机制包括保险、责任、罚款和补贴、第三方检查、法规以及协调机制。论文分析了这些工具如何影响代理人的投资决策,并讨论了它们在促进社会最优安全投资水平方面的潜力。

网络安全风险管理的复杂性源于多个因素,包括安全漏洞风险的相关性、向保险公司证明损失的难度,以及保险公司和外部机构无法直接观察到企业的自我保护努力。Ogüt 等(2011)考虑到安全保险公司无法观察企业的自我保护安全措施,研究了安全补贴的效果,深入分析了在这些限制条件下,企业应如何调整其自我保护和保险投资策略。研究进一步探讨了政府应如何介入以引导企业达到社会最优投资水平。研究指出,干预政策的有效性取决于保险公司能否核实企业的自我保护水平。如果保险公司能够观察到企业的自我保护措施,并根据这些措施设计相应的保险合同,那么自我保护和保险就会形成互补关系。在这种情况下,政府可以通过对自我保护提供补贴来激励企业达到社会最优的自我保护和保险投资水平。

这一策略的有效性凸显了政策在引导企业行为方面的重要作用。然而，如果企业的自我保护措施对保险公司是不可观察的，那么自我保护和保险就会成为替代品。在这种情况下，政府应通过对保险费征税来实现社会最优结果。这一建议表明，政府的税收政策可以作为调整企业网络安全投资策略的重要工具。

2.1.4　信息安全措施给用户带来的不便

信息安全措施给用户带来的不便引起了一些关注。Besnard 等学者指出，安全性的提高通常伴随着系统复杂性的增加。尽管当前的信息系统提供了广泛的安全功能，但用户往往无法充分从中受益。这主要是因为用户在使用这些安全功能时面临诸多困难———一是用户发现难以找到相关的安全选项。二是用户在理解安全选项时也遇到挑战，以 Microsoft Word 为例，其安全设置通常缺乏必要的解释和说明，导致用户难以做出明智的选择。这种信息的匮乏使得用户即使想要提高安全性，也感到无从下手。三是即使用户能够找到并理解安全选项，他们在最终使用这些功能时仍然可能遇到困难。由于技术的复杂性，用户可能会发现自己无法正确地配置和使用这些安全功能，从而无法达到预期的安全效果。这些问题给普通用户和小型企业用户带来了显著的不便。与大型企业不同，这些用户通常没有实质性的 IT 支持或帮助台可以求助，因此他们在面对复杂的安全设置时更容易感到困惑和无助。综上所述，信息安全措施虽然重要，但如果设计得不太好，就会给用户带来诸多不便。为了提高信息系统的整体安全性，需要更多地关注用户体验，确保安全功能既强大又易于使用。

Furnell(2005)着重探讨了安全性功能在终端用户应用中的可用性问题及其重要性。随着潜在威胁的日益增多，提升终端用户系统和应用的安全性显得愈发关键。然而，实现这一目标所面临的一个显著障碍，是所提供的安全特性的可用性。尽管现在许多终端用户应用都提供了相关的安全功能，但如果用户无法有效地利用这些功能，那么这些安全措施的实际效益将大打折扣。文章研究了信息系统安全的理想水平与用户可用性之间的潜在冲突，分析了用户在使用信息安全系统过程中可能出现的不便，强调了保护普通用户的重要性。Liu 等(2015)研究了两个云计算服务提供商竞争下，安全限制导致的用户不便的影响。文章聚焦于云计算服务的外部面向(客户端)安全性，这是一个相对于以往更多关注内部面向(公司侧)信息技术(IT)安全的新颖视角。文章通过构建经济模型，深入探讨了系统可用性与客户端安全限制之间的权衡问题，进而分析了不同市场模型下的客户端安全策略。

2.2 安全信息共享研究现状

2.2.1 安全信息共享

Gordon 等(2003)基于 Gordon-Loeb 模型,从社会福利的角度分析了信息共享的影响。当企业之间共享安全信息时,它们可以各自减少在信息安全活动上的投入,却能实现更高水平的信息安全。这是因为信息共享有助于企业及时发现并应对安全威胁,从而提高整体的防御能力。此外,信息共享还能使企业以更低的成本达到原本在孤立状态下所需的信息安全水平,从而为企业节省开支。然而,信息共享并非没有挑战。在缺乏适当激励机制的情况下,企业可能会试图"搭便车",即依赖其他企业的安全投入而自身不愿做出贡献。这种行为会导致信息安全领域的投资不足,从而降低整体的信息安全水平。因此,设计合理的激励机制至关重要,以确保企业能从信息共享中获益,并促进社会福利的整体提升。

安全信息共享被广泛讨论。Gal-Or 等(2005)讨论了差异化二元垄断博弈中的安全信息共享,并表明这种信息共享在竞争更激烈的行业中更有价值。从实物期权的角度,Gordon 等(2015)发现,当信息共享达到一定程度时,信息系统安全投资的不确定性会降低。Gao 等(2015b)分析了不同决策情况下两家企业在不同安全漏洞概率下的信息共享与安全投资均衡。Gao 等(2016a)利用微分博弈论讨论了信息共享背景下两家竞争企业的动态安全投资策略。Gao 等(2016b)比较了不同市场结构下竞争企业的信息共享决策。Tosh 等(2018)通过构建演化博弈模型研究了企业间信息共享计划的激励机制,发现可以诱导组织采取参与安全信息共享的进化稳定策略。Wu 等(2017)考虑了不同安全和商业环境下的信息共享和安全投资。Wu 等(2022b)发现,对于业务共享型企业,当业务共享程度较低时,信息共享对安全投资起战略替代作用,反之则起战略互补作用。Li(2022)运用演化博弈论对信息共享平台形成了更好的理解,并提出了一些促进平台信息共享效率的建议。Fedele 等(2022)讨论了独立和竞争企业的网络安全投资问题,这些企业由于技术相互依存而共享安全信息。他们指出,由于安全信息共享,均衡安全投资低于社会有效投资。

虽然 Gal-Or 等(2005)在静态价格竞争下建立了自己的模型,但他们仍然忽略了黑客的经济动机和企业间的部分合作。Bandyopadhyay 等（2010）和 Gao 等（2013a,2013b）使用微分博弈方法研究了动态安全投资，但他们都没有考虑定价或定向攻击。本书研究了在竞争环境中，当考虑目标攻击时，安全投资与信息共享之间的动态互动，这有助于理解信息安全经济学中竞争对手和黑客的影响。

2.2.2 技术相似性

过往学者对信息安全管理中技术相似性展开了一些研究。信息网络中的软件漏洞主要来源于安装在网络节点上的软件。当多个网络节点安装了相同的软件堆栈时，这些节点间会共享软件漏洞，从而可能导致多个节点同时发生故障，进而增加修复时间和降低网络的可用性。Chen 等（2011）开发了一些模型，用于评估信息网络因受到利用多个网络节点共享软件漏洞的攻击而导致失败的风险。随着企业和其他机构为追求规模经济效益而广泛采用通用软件，软件单一文化现象逐渐凸显。这种现象导致网络上所有系统都暴露于相同的软件漏洞之下，进而增加了相关计算机系统故障的风险。Temizkan 等（2017）建立了一个网络软件多样性的组合优化模型，试图找出最能提高网络安全的最优软件分布。

Gao 等（2022a,2022b）研究了在不同市场结构下，技术相似性如何影响软件供应商的质量投资。技术相似性是一个核心要素，它通过促进技术溢出提高了质量投资的效率，但同时也因共享更多的漏洞而加剧了安全威胁。Wu 等（2021）考虑了技术相似性对违约相互依赖的影响，分析了具有互补性和可替代性信息资产的企业的安全投资。技术相似性对互补性企业和可替代性企业的投资激励产生了截然不同的影响：它增强了互补性企业的投资意愿，却抑制了可替代性企业的投资动力。

Liu 等（2011）和 Wu 等（2021）都讨论了互补企业和可替代企业的信息安全决策。Liu 等（2011）考虑了技术相似性对信息共享的积极影响，而 Wu 等（2021）则分析了技术相似性对违约相互依赖的消极影响。注意到 Liu 等（2011）和 Wu 等（2021）分别忽视了技术相似性的负效应和正效应，本书在构建关于安全信息共享的模型时纳入了这两种效应，以全面研究技术相似性的作用。

2.2.3 信息资产的互补替代性

当前有关信息安全经济学的文献讨论了信息资产的互补性和可替代性。Liu 等（2011）分析了互补和可替代信息资产如何影响两家公司的安全决策。在互补性情况下，企业自然倾向于共享安全知识，无需外部激励。然而，这种自发的共享行为并未达到最优投资水平。为解决这一问题，研究提出了协调机制，通过奖励企业增加投资来提升其投资水平至最优状态。相反，在可替代性情况下，企业容易陷入"囚徒困境"，即在均衡状态下不选择共享安全知识，尽管共享对双方都有利。此时，社会规划者的介入显得尤为重要，但即便在社会规划者的建议下，企业的投资水平仍然可能偏离最优。

此外，Gao等（2014）讨论了互补信息资产如何影响两家公司和一个战略黑客的安全决策。这些企业的信息资产的互补性，具体体现在它们的信息资产组合起来具有显著价值，而单一企业的信息资产对攻击者来说则没有价值。这一设定构成了研究的基础和独特性。Wu等（2017）研究了具有互补性和可替代性信息资产的企业的外包决策。当信息的互补性程度较高时，安全管理服务提供商（MSSP）倾向于提供退款较低的合同并执行较低的安全投资水平；而当信息的可替代性程度较高时，MSSP则更倾向于提供退款较高的合同并执行较高的安全投资水平。Wu等（2021）展示了在安全相互依存的情况下，互补和可替代信息资产如何影响两家公司的安全投资。研究首先发现，区分互补性和可替代性信息资产至关重要，因为这两者对企业投资激励的影响截然不同。就信息资产性质引起的风险相互依赖性而言，高互补性和高可替代性均会抑制企业的投资激励，但背后的原因却有所不同。Li等（2021）分析了具有可替代和互补信息资产的多家企业的安全投资。在合作情况下，企业的信息安全水平高于非合作情况。

2.2.4 网络外部性

网络中的外部性（相互依存）对企业信息安全投资有着重要作用。Gordon等（2002）首次使用决策理论模型来优化单家企业的信息安全投资。Gordon等（2015）在其模型中进一步加入了外部性（相互依存）的考虑。Kankanhalli等（2003）探讨了影响企业信息系统安全投资的因素，并进一步分析了行业性质和企业规模的影响。Kunreuther等（2003）以及Hausken（2008）基于博弈论模型研究了信息系统安全相互依赖的企业间安全投资的纳什均衡。Wu等（2015）分析了攻击类型和网络脆弱性对企业信息安全投资的影响。Fedele等（2022）分析了互联计算机系统或/和竞争性产品市场背景下相互依存的网络安全问题。由于互联互通的特点，供应链信息安全投资成为研究热点。

2.3 黑客行为特征研究现状

2.3.1 黑客战略行为

企业在制定信息安全决策时考虑黑客的战略行为是合理的。Hausken(2006)深入探讨了网络战争中企业在面对外部威胁时的安全投资决策过程,文章将外部代理人描述为黑客或犯罪者,他们意图突破企业的安全防线以获取资产。虽然模型以网络战争为背景,但它适用于所有意图侵占企业资产的外部敌对代理人,如恐怖分子、犯罪集团、盗贼以及各种从事资产占用的机构、企业或其他行为者。Cavusoglu 等(2008)构建了一种包含战略黑客的博弈论方法,以发现这种方法在选择信息安全投资时的优势。Gao 等(2013b)分析了黑客在网上论坛传播安全知识时的攻击力度。Hausken(2008)提出了一个动态过程,在这个过程中,黑客从一个时间段向下一个时间段发起攻击。Levitin 等(2012)研究了当黑客对每次攻击的结果观察不完全时的持续攻击策略。Bandyopadhyay 等(2014)使用差分博弈模型研究了两家公司与一名黑客之间的战略互动。Png 等(2009)以及 Gao 等(2015a)分别讨论了在随机攻击和定向攻击两种攻击类型下,黑客对一家企业和两家竞争企业的攻击行为。Gao 等(2014)研究了两家互补企业在战略黑客面前的安全投资和安全信息共享决策。Hausken(2007)考虑了一个黑客对两个共享安全信息的公司的攻击行为。Gao 等(2022a)考虑了竞争企业在战略黑客影响下的信息安全外包问题。然而,这些研究没有考虑共享信息资产环境下的安全标准和用户不便。

黑客行为非常重要,因此在信息安全经济学中被广泛讨论。Gao 等(2015b)考虑了在战略黑客存在的情况下,其他安全漏洞概率函数对安全投资和信息共享的影响。Gao 等(2016b)研究了市场结构对有战略黑客的两家竞争性公司安全投资的影响。Wu 等(2021)分析了考虑到战略黑客的企业安全外包决策。Wu 等(2021)讨论了技术相似性对战略黑客安全投资的影响。Wu 等(2022a)讨论了数据共享企业面对战略黑客的安全投资和信息共享决策。

2.3.2 黑客攻击方式

信息安全经济学领域另一个有趣的领域是分析黑客对信息安全投资的网络攻击模式:有针对性的攻击和大规模攻击。Png 等(2009)发现,应加大力度防范大规模攻击,而不是有针对性的攻击。Mookerjee 等(2011)研究了大规模攻击和针对性攻击对安全系统辨别能力的影响。Huang 等(2013)研究了企业应如何在大规模攻击和有针对性攻击之间分配有限的信息安全预算,认为企业应将重点转向安全漏洞潜在损失大的有针对性攻击。Dey 等(2012)研究了两种网络攻击对安全软件市场的影响。Kim 等(2011)研究了大规模攻击和有针对性攻击对恶意软件解决流程的影响。August 等(2006,2011)分析了用户在网络环境中大规模攻击下的安全投资动机和安全事件责任政策。

Liu 等(2011)分析了两家具有可替代信息资产的企业的安全投资和信息共享决策,但没有考虑黑客的战略行为和信息共享的泄露成本。然而,随着黑客网络攻击技术和知识的普遍提高,越来越多的黑客在发起网络攻击时变得具有战略性。企业进行安全防御的主要目的是防止其信息系统被成功攻击,因此,在缺乏黑客行为的情况下,对安全决策的分析是不完整的。此外,安全信息共享会带来泄密成本,这种独特性不容忽视。Gao 等(2014)在考虑攻击者行为和泄密成本的基础上,讨论了两家信息资产互补企业的安全投资和信息共享问题。对于互补的两家公司,只有当两家公司的信息系统都被成功攻破时,黑客才能获得收益,但如果只有一家公司的信息系统被破坏,黑客就得不到任何收益。在此背景下,本书考虑了可替代企业的博弈情形,与互补企业形成了鲜明的对比。不同信息资产关系之间的利益相关性各不相同,这意味着企业的安全决策(包括安全投资)以及黑客的网络攻击决策也会发生变化。

2.3.3 黑客知识传播

值得注意的是,本书还与 Mookerjee 等(2011)和 Gao 等(2013a,2013b)讨论了另一种黑客行为——黑客知识传播行为。Mookerjee 等(2011)讨论了企业的辨别能力(区分攻击和正常使用的能力)如何随着黑客知识的传播而变化。研究指出,企业可以通过增加系统的辨别能力来提高检测效果,而这需要通过增加投入来实现。然而,辨别能力会随时间推移和环境变化而降低,同时还有可能因突发冲击而急剧下降。此外,随着黑客群体内部安全知识的传播,黑客的知识水平提高,进而增加了企业的成本。一个有趣的发现是,在某些条件下,黑客之间传播安全知识并不会给他们带来好处。但在其他情况下,由于企业必须在知识传播的情况下降低检测率,黑客因此会获得利益。

Gao 等(2013a)比较了古诺竞争和伯特兰竞争下的动态安全投资,研究构建了一个微分博弈模型,其中黑客通过传播安全知识来提高自身技能,而企业则通过安全投资来抑制这种知识的传播。研究发现,提高抑制知识传播的效果并不一定导致更高的投资,因为这可能会损害某家企业的市场份额。同时,该研究还发现,在古诺竞争下,企业的投资通常高于伯特兰竞争,这表明在古诺竞争环境下,投资更为有效。Gao 等(2013b)分析了一家致力于保护其信息资产的企业与试图盗用这些信息资产的黑客之间的动态交互。在这个框架中,黑客随着时间的推移在黑客群体中传播安全知识。研究发现,在同时行动的微分博弈中,黑客的投资最多,而在顺序行动的微分博弈中,作为领导者的企业投资最多。此外,数值分析表明,在均衡状态下,知识的传播并不一定会使黑客受益或使企业受损。

与 Mookerjee 等(2011)和 Gao 等(2013b)只讨论一家公司的安全投资不同,本书考虑了两家竞争公司的安全投资。虽然 Gao 等(2013a)考虑了竞争问题,但他们没有讨论黑客对信息资产评估的影响和执法的影响,本书对此进行了细致分析。同时,本书还考察了两家公司的长期利润,而这是 Gao 等(2013a)所不具备的。需要注意的是,在这些研究中,黑客知识传播的过程是用动态控制和微分博弈的方法来模拟的,因为这些方法适合描述知识传播随时间的变化。事实上,微分博弈已被广泛应用于安全投资、安全信息共享和安全外包等问题。

2.4 软件安全管理研究现状

2.4.1 软件质量投资

软件质量是指软件产品在满足用户需求和期望方面的能力。软件质量是一个多维度的概念,它不仅关注软件产品本身的特性和性能,还包括软件开发过程的管理和控制,以及对符合标准和规范的遵循程度。这些因素共同决定了软件产品能否满足用户的实际需求和期望。通常,为了提升用户体验、增强企业竞争力、满足法规要求以及实现长期财务回报,企业在软件开发和维护过程中不断追求高标准的质量保证。

软件质量投资是当前研究的热点方向。软件作为信息产品的一种,也存在盗版问题。因此,信息系统领域的一些学者研究了这一特殊性对软件供应商质量投资动力的影响。尽管人们普遍认为盗版会降低软件质量投资的积极性(Novos et al.,1984),但一些研究在不同的市场环境下对这一观点提出了疑问。Lahiri 等

(2013)的研究表明,对于垄断性软件供应商而言,这一传统观点并不总是正确的,因为在某些情况下,供应商生产更高质量的产品以激励消费者放弃盗版,会更有利可图。Jain(2008)指出,在竞争性市场中,盗版有时会促使厂商提高软件质量,因为对价格敏感的消费者可能会选择盗版,从而减少价格竞争,同时还要考虑网络外部性。Jaisingh(2009)通过假设更严格的盗版政策意味着终端消费者使用盗版软件的感知成本增加,证实了 Lahiri 等(2013)以及 Jain(2008)的研究结果。Purohit(1994)的研究表明,新进入者的盗版行为有时会诱使在位者提高新版信息产品的质量,因为在这种情况下,供应商跃过旧版或搁置新版的动力较小。

除了盗版,还有一些关于心理因素和信息因素对软件质量投资影响的研究。例如,Hui 等(2008)的研究表明,当客户对软件质量的不确定性产生反感时,软件供应商倾向于提高软件质量。Cho 等(2013)发现,即使客户不了解软件质量,他们也会相信供应商会在软件质量上加大投入。

作为一个新兴的研究方向,信息安全经济学侧重于经济解决方案而非技术解决方案。目前关于安全问题对软件质量投资影响的相关研究较少。本书在研究软件质量投资的同时,重点关注了安全问题,而不是盗版、不确定性规避或边界理性。本书发现,虽然安全顾虑的影响机制与盗版、不确定性规避或边界理性明显不同,但也能得到一些类似的结果。例如,与盗版、不确定性规避或边界理性一样,安全顾虑也是电子商务和信息系统中的阴暗面,但有时可能通过作为减少价格竞争的协调手段而使竞争厂商受益。

2.4.2 软件安全经济学

软件安全经济学是一门发展迅速的学科,它综合考虑经济和社会的各种因素,运用经济学和管理学的思想和方法,研究网络环境中各参与方的利益冲突,并最终讨论安全投资强度,设计和优化管理策略(Anderson et al.,2006)。

软件安全的投资决策旨在降低被成功攻破的概率,是一个被广泛研究的分支。信息安全投资决策可以由企业(需要软件的消费者)、软件供应商或两者共同做出。从企业角度出发,讨论了软件脆弱性(Gordon et al.,2002)、风险态度(Huang et al.,2008)、安全外部性(Kunreuther et al.,2003;Bandyopadhyay et al.,2010)、安全信息共享(Gordon et al.,2003;Gal-O et al.,2005)和信息资产关系(Gao et al.,2014,2015a;Liu et al.,2011)。从软件供应商的角度,研究了消费者补丁激励、责任政策和软件产品安全的云结构(August et al.,2006,2011,2014,2019)。最后,在信息安全外包战略中,企业和供应商的共同考量很常见,其中讨论了投资激励、双重道德风险和双边合约(Cezar et al.,2014;Lee et al.,2013;Hui et al.,2019)。

软件安全投资的目的是挫败来自黑客的攻击,因此了解黑客行为对软件安全至关重要。根据攻击目标的特定性或随机性,黑客的攻击模式主要可分为有针对性的攻击和一般的大规模攻击。本书分析了这两类黑客攻击对安全软件市场(Dey et al.,2012)、安全投资(Png et al.,2009;Gao et al.,2015a)和投资分配(Huang et al.,2013)的影响。除攻击模式外,还讨论了黑客通过论坛和网站的学习行为(Gao et al.,2013b;Mookerjee et al.,2011)。

现有关于软件质量投资和软件安全经济学的研究主要利用博弈论模型来推导企业的安全投资决策过程以及企业与其他参与者(如竞争对手、消费者、黑客)之间的相互作用。尽管如此,还有其他方法来描述安全威胁的其他特征,如差分博弈(Bandyopadhyay et al.,2014;Gao et al.,2016b)、风险价值方法(Wang et al.,2008)、分析层次法(Bodin et al.,2005)、经验方法(Chai et al.,2011;Cavusoglu et al.,2004;Campbell et al.,2003)。与其他方法相比,博弈论模型可以深入刻画参与者之间的战略互动和利益依赖关系,并最终清晰揭示研究问题的管理机制。

本书安全软件管理章节讨论了安全问题和技术多样化对软件质量投资的影响。软件安全投资可直接降低消费者的安全顾虑,而软件质量投资则会间接影响消费者的安全顾虑。软件质量的提高可以改善软件产品的性能,从而促使更多的消费者进行购买,但这同时也会因安全顾虑而产生更大的负外部性。因此,竞争性厂商在软件质量投资决策上的权衡更为复杂。本书研究了两家竞争性软件供应商的质量投资决策,其中考虑到了大规模攻击造成的安全问题。虽然与大多数有关安全顾虑的文献一样,本书的研究方法仍然是标准的博弈论,但本书考虑了几个新颖的关键因素,如技术多样化和市场定位,这些因素与安全顾虑密切相关。需要注意的是,尽管 Chen 等(2011)和 Temizkan 等(2017)讨论了技术多样化作为缓解信息安全的一种方式,但他们没有分析技术多样化对两家竞争厂商的质量投资决策的影响。

2.4.3 开源软件和专有软件的供应商战略选择

开源软件和专有软件的供应商战略选择被广泛关注。在垄断环境下,Economides 等(2006)讨论了专有技术平台对平台直接用户和对提供互补应用公司的最优双面定价策略。Caulkins 等(2013)研究了软件开源前保持闭源的最佳时间段。Haruvy 等(2008)研究了软件供应商在开源代码和闭源代码之间做出选择时的最优开发决策,其中考虑了产品质量、网络规模和雇佣策略。August 等(2013)分析了当后续贡献者采取战略投资时,原创者在开源软件和专有软件之间的选择。Tesoriere 等(2017)提出了一个动态模型,在该模型中,企业会选择为创新申请专利还是使用开源许可。Suh 等(2019)通过一个阶梯型技术的动态模型讨论了企业是使用开源技术还是进行创新的决策。Llanes(2019)分析了在有用户创新的不完全竞争市场中企业开放技术的动机,并考虑了开放性决策在协作性和可挪用性之间的权衡。与这些研究不同的是,本书讨论了开源软件和专有软件供应商之间的竞争策略。

部分学者关注了开源软件厂商和专有软件厂商之间的竞争。通过分析由开源软件、开源软件的商业版本和专有软件组成的软件竞争市场,Sen(2007)发现,在直接网络效益较低的情况下,专有软件供应商的效益更好。Kumar 等(2011)讨论了生产商业版和开源软件的两家供应商之间的竞争,并分析了两家供应商投资之间的搭便车效应。Casadesus-Masanell 等(2006)研究了一个动态混合二元垄断,其中一个利润最大化的专有软件供应商(如 Windows)与一个零价格的开源软件供应商(如 Linux)相互作用。Cheng 等(2011)研究了正网络外部性对开源软件与专有软件竞争的影响。Jaisingh 等(2008)描述了专有软件供应商面对开源软件供应商威胁时的反应。Kort 等(2011)讨论了两家竞争性软件供应商是否开源代码的策略,发现当存在竞争性软件产品市场、竞争性较弱的互补产品市场以及互补产品质量较高时,他们会开源代码。Wang 等(2020b)研究了两家竞争性企业在专有和开源之间的选择,该研究采用的是双头垄断模型,即在一个具有间接网络效应的市场中,消费者依次购买软件和互补服务。Zhu 等(2012)研究了消费者锁定策略是否有利于面临开源软件竞争的专有软件供应商。Casadesus-Masanell 等(2015)讨论了开源和专有双面平台的投资动机,发现由于开发者的多归属应用,专有平台可能会从开放平台的较高投资中获益。Sacks(2015)讨论了生产专有软件的公司和生产开源软件的社区的生存和差异化战略。Zhou 等(2022)研究了开源软件的竞争对专有软件供应商的影响,发现当专有软件供应商提高软件质量的成本适中时,这种竞争会促使专有软件供应商提高软件质量和价格。Lee 等(2008)研究了当专有软件供应商与免费开源软件供应商进行连续博弈时,专有软件供应商如何与免费开源软件供应商竞争。值得注意的是,也有一些关于竞争环境下开源软件许可效果的研究(August et al.,2018,2021)。本书探究了开源软件厂商与专有软件厂商之间的竞争,笔者讨论的是他们在考虑安全威胁和技术相似性的情况下,是否瞄准高端市场的市场策略,而以往的研究显然没有涉及。

第二部分

信息系统安全投资策略

第3章 竞争环境下企业信息系统安全投资策略

3.1 问题提出

如今,许多企业借助信息和通信技术开展业务。利用信息技术,企业可以有更多的机会与消费者直接互动,缩短与客户的距离。特别是新冠病毒感染在全球的迅速蔓延,促使许多企业将业务从线下转移到了线上。在如此严重和持久的疫情防控期间,在线零售、在线医疗和在线课程蓬勃发展,以适应人们新的学习和生活方式。然而,不幸的是,信息技术的日益普及促使网络黑客利用信息系统漏洞实施非法行为,例如盗用消费者敏感数据。2022年3月,包括微软、Okta、英伟达、苹果和Meta在内的互联网巨头都遭到黑客攻击,导致其用户的家庭地址、电话号码和IP地址等敏感信息被盗。同月,美国医疗集团Shields遭到黑客攻击,约200万名患者的医疗信息被泄露,包括姓名、地址、诊断结果、保险号等。2022年4月,加拿大老牌航空企业Sunwing遭到黑客攻击,整个系统突然崩溃中断。随后超过188个航班延误,数千名乘客被迫留在机场。总之,信息安全事件呈上升趋势,这一点可以从表3.1中得到证实,表3.1给出了美国联邦机构统计的年度网络事件数量。

表 3.1 美国联邦机构统计的年度网络事件数量[①]

单位:起

年份	2006	2007	2008	2009	2010
数量	5 503	11 911	16 843	29 999	41 776
年份	2011	2012	2013	2014	2015
数量	42 854	48 562	61 214	67 168	77 183

信息安全事件损害了企业声誉、股价、消费者信心和市场份额。为了降低被黑

---

① 2016年、2017年和2018年的年度网络事件数量分别为30 899起、35 277起和311 07起。2016年报道的网络事件数量减少可能是因为联邦事件报告指南的更改。自2016年以来,各机构不再需要报道包括扫描、探测和试图访问在内的事件。

客成功入侵的可能性,许多企业投入巨资聘请安全专家,并购买防火墙、IDS、防病毒软件、VPN、内容过滤器和接入控制系统等安全技术。表3.2显示了2010年至2018年美国在网络安全方面的年度支出,从中可以看出,信息安全投资逐年增加。

表3.2 美国在网络安全方面的年度支出①

单位:十亿美元

年份	2010	2011	2012	2013	2014	2015	2016	2017	2018
支出	27.4	30.5	34.5	40	43.5	49	54.8	60.4	66

如今,在信息技术相关的行业中,企业之间的竞争越来越激烈。这些企业更容易受到黑客攻击,因此需要在信息安全方面进行大量投资。在竞争环境下,黑客攻击对安全投资和企业绩效的影响以前研究得较少,这一问题至关重要,尤其是在信息安全事件频繁发生的当下。为了填补这一空白,本章试图对这一问题进行研究。

信息安全投资的目的是降低企业信息系统被黑客攻破的概率。我们构建了一个三阶段的类似Hotelling的模型。各企业在第一阶段进行信息安全投资决策。在第二阶段,每家企业根据自己或竞争对手是否成功被攻破,向消费者定价。在第三阶段,消费者做出购买决定。我们讨论了低安全损失市场和高安全损失市场。在低安全损失市场中,一家企业即使被成功攻破,仍然可以拥有正的市场份额,而竞争对手则不然。在高安全损失市场中,当竞争对手没有被成功攻破时,被成功攻破的企业将不得不失去市场。

通过求解这个多阶段博弈模型,本章得出许多新的管理启示。在双寡头环境下,我们发现信息安全投资可以发挥调节安全差异的作用。首先,我们表明,随着黑客攻击概率的增加,每家企业的均衡预期利润先增加后减少。这种倒U形关系的出现是由于投资竞争加剧效应和安全差异化效应之间的相互作用。其次,我们发现随着市场竞争加剧,每家企业在信息安全方面的投资都在减少。更加激烈的市场竞争使安全差异化效应变得显著,这意味着每家企业不需要在信息安全方面投入更多资金来实现理想的安全差异化。再次,我们指出,每家企业的均衡预期利润可能会随着消费者安全损失而增加,因为消费者安全损失可能导致安全差异化的积极影响比投资竞争加剧的消极影响更强。最后,我们证明了安全投资的高成本系数并不总是损害每家企业。虽然高成本系数阻碍了安全投资,但由此产生的适度安全投资可能会导致更大的安全差异。我们的研究结果表明,信息安全管理

---

① https://www.statista.com/statistics/615450/cybersecurity-spending-in-the-us/

者在做信息安全投资决策时，应特别谨慎地评估黑客攻击、消费者安全损失和其他关键因素的影响。

3.2 模型构建

在在线零售、在线医疗、在线银行、在线课程等领域，考虑两家相互竞争的 IT 驱动型企业，企业 A 和 B。它们投资于信息安全，并向消费者销售产品或服务。这两家企业和消费者进行 Hotelling 博弈。消费者在 0 到 1 之间均匀分布 $x \sim U[0, 1]$，每个人最多需要一个单位的产品。企业 A 位于 Hotelling 线中 0 的位置，而企业 B 位于另一端，即 1。由于消费者的位置（偏好）可能与两家企业的位置不一致，因此存在消费者不匹配成本，可以通过消费者与企业之间的线性距离来衡量。假设两家企业的产品质量都等于 v，并将其价格表示为 p_A 和 p_B，则可以通过从企业 A 和 B 购买产品来获得位于 x 处的消费者的效用，公式如下：

$$u_A = v - l_A - tx - p_A \quad \text{和} \quad u_B = v - l_B - t(1-x) - p_B$$

其中，l_A 和 l_B 都是遵循伯努利分布的独立随机变量，当对应企业被成功攻破时，每个变量都为 $l > 0$，否则等于 0。这里，l 表示消费者的信息安全损失。我们假设所有消费者都面临同质损失。这种假设适用于消费者信息不会影响产品或服务使用的情况。例如，当存储在零售网站中的消费者注册信息或存储在医院信息系统中的消费电子健康记录被黑客攻破时，这些数据的破解会带来对消费者隐私的侵犯，这与零售网站或医院信息系统提供的服务质量几乎无关。在扩展中，我们研究了异质性损失，其中信息安全损失与企业产品的效用或估值有关。这里，$t > 0$ 描述了不匹配成本或运输成本。注意，Hotelling 水平分化模型中的不匹配成本系数 t 可以衡量竞争强度。t 越低，意味着横向差异越小，竞争也就越激烈。在分析策略时，将重点放在市场竞争因素上，我们假设 v 足够高以确保市场总是被完全覆盖①。

我们现在刻画一家企业被黑客攻破的概率。假设存在黑客攻击的外生概率 $\alpha \in (0,1)$，即在没有信息安全投资的情况下，企业将以概率 α 成功被攻破②。在这里，信息安全投资涉及雇用安全专家和安装安全设备。企业可以进行信息安全投资，

---

① 假设 $v > 3t/2 + l$ 就足够了。当 v 足够低时，两家竞争企业分别在其所处位置的邻域内充当两个垄断者。

② 本书关注的是包括蠕虫和病毒在内的随机攻击，而不是服务拒绝攻击等有针对性的攻击。除了黑客攻击的概率外，参数 α 还可以等效地衡量企业信息系统的脆弱性。当不同的企业安装了相同的信息系统时（例如，微软的操作系统），软件漏洞也会在它们之间共享（Chen et al.,2011）。

以降低被成功攻破的概率。换言之,网络安全最重要的特点是降低黑客攻击的入侵概率。我们尝试建立一个简化的模型来描述这一特性①。特别是,假设企业 $A(B)$ 可以投资 $z_A \in (0,1)(z_B \in (0,1))$ 来保护其信息系统,这将成功被攻破的概率从 α 降低到 $\alpha(1-z_A)[\alpha(1-z_B)]$。假设它们的信息安全投资支出采用 $cz_A^2/2$ 和 $cz_B^2/2$ 这样的二次型,成本系数为 $c>0$,其中投资使攻破成功率降低,边际收益递减。因此,两家企业都被成功攻破的概率是 $\alpha(1-z_A)\alpha(1-z_B)$,企业 A 被成功攻破但企业 B 没有被攻破的概率为 $\alpha(1-z_A)[1-\alpha(1-z_B)]$,企业 B 被成功攻破而企业 A 没有被攻破的概率是 $[1-\alpha(1-z_A)]\alpha(1-z_B)$,最后两家企业都没有被成功攻破的概率是 $[1-\alpha(1-z_A)][1-\alpha(1-z_B)]$。

我们构建一个三阶段博弈如下:在第一阶段(投资阶段),两家企业都决定在信息安全方面投资的数量。尽管信息安全投资可以降低被成功攻破的概率,但每家企业仍有可能被攻破。当一家企业被成功攻破时,从该企业购买的消费者将遭受敏感信息的损失为 l,否则,他们的效用将保持不变。之后成功被攻破的概率成为共识,信息安全结果的不确定性也得到了解决。在第二阶段(定价阶段),两家企业都选择自己的价格。在第三阶段(购买阶段),消费者做出购买决定。

在这里,我们假设一家企业在投资信息安全或解决了信息安全结果的不确定性后选择价格。因为我们关注的是涉及电子商务、电子金融、电子健康、信用卡等安全相关行业,消费者越来越关注信息安全,因此企业在确定价格时必须考虑信息安全状况。人们可能会质疑,在现实世界中,定价有时可能独立于安全漏洞发生或在安全漏洞发生之前确定。这种情况通常发生在消费者无法了解信息安全投资或结果的情况下。然而,至少两个原因会使得这种情况不太可能发生。第一个原因,许多电子交易程序都包括消费者可以感知的认证、修改和确认过程(Gao et al., 2016a)。例如,在一种类型的电子支付系统中,中国的网上银行采用了不同类型的身份认证机制来保证信息安全,如第一代 USB 密钥、第二代 USB 密钥和动态密码。第一代 USB 密钥通过可被特洛伊病毒劫持的物理 USB 密钥来保证身份验证的安全性。第二代 USB 密钥通过将物理 USB 密钥与 LCD 显示屏上的手动确认相结合来确保身份验证安全,从而降低被特洛伊病毒劫持的风险。动态密码方法通过对每笔交易使用可变密码来确保最佳的身份验证安全性。第二个原因,消费

---

① 信息安全漏洞可能导致企业因股价下跌、对客户的赔偿或监管机构的处罚而遭受直接损失。我们在模型中排除了这种损失,因为它不是信息安全独有的,同时也不会改变本书的关键结果。

者可以感知信息安全结果,因为企业根据相关法律需告知消费者有安全漏洞。因此,在长期稳定的市场中,消费者可以在做出购买决定时了解企业的信息安全措施和结果,因此企业可以根据其安全状态确定价格。尽管如此,在扩展中,我们考虑了消费者无法完全了解信息安全投资的情况,并发现我们的结果保持不变。

博弈可以通过逆向归纳法求解。在第三阶段,在从企业 A 购买和企业 B 购买的无差异的消费者由 $x_{\text{diff}}=(l_B-l_A+t-p_A+p_B)/(2t)$ 给出,它刻画了两家企业的需求函数。在第二阶段,当两家企业的安全损失相差不大($-3t<l_A-l_B<3t$)时,我们可以很容易地得到企业的均衡价格是 $p_A=(3t-l_A+l_B)/3$ 和 $p_B=(3t-l_B+l_A)/3$,它们有正的市场份额 $n_A=(3t-l_A+l_B)/(6t)$ 和 $n_B=(3t-l_B+l_A)/(6t)$。此外,当一家企业的安全损失远高于另一家(例如,$l_A-l_B\leqslant-3t$)时,安全损失较低的企业定价 $p_A=l_B-l_A-t$ 并获得所有消费者,而没有消费者购买企业 B 的产品,即使它是免费的。在第一阶段,企业 A 考虑最优问题,公式如下:

$$\max_{0<z_A<1} E[\pi_A]=[1-\alpha(1-z_A)][1-\alpha(1-z_B)]\pi_A^{NN}+$$
$$\alpha(1-z_A)[1-\alpha(1-z_B)]\pi_A^{SN}+$$
$$[1-\alpha(1-z_A)]\alpha(1-z_B)\pi_A^{NS}+$$
$$\alpha(1-z_A)\alpha(1-z_B)\pi_A^{SS}-cz_A^2/2$$

其中,π_A^{XY} 是企业 A 在第二阶段中的 XY 的情况下的实现利润,$X,Y\in\{S,N\}$。这里,$X(Y)$ 表示企业 A(企业 B)被成功攻破(S)或未被成功攻破(N)。注意到在第二阶段解决了两家企业中的每一家是否被成功攻破的不确定性这个问题,并确定了其在所有安全结果中的均衡价格和利润。类似地,企业 B 同时解决最优问题以使其预期利润最大化[①]。

---

① 事实上,我们可以通过假设消费者对安全投资的感知采取 $z_A+\varepsilon_A$ 和 $z_B+\varepsilon_B$ 的形式来刻画消费者对安全性投资水平的不完全观察,其中 ε_A 和 ε_B 都是平均值为零的独立随机冲击。在这种情况下,我们可以验证这种不完全的观察并不会改变每家企业的预期利润,从而也不会改变其均衡解。例如,

$$\max_{0<z_A<1} E[\pi_A]=E\{[1-\alpha(1-z_A-\varepsilon_A)][1-\alpha(1-z_B-\varepsilon_B)]\pi_A^{NN}+\alpha(1-z_A-\varepsilon_A)[1-\alpha(1-z_B-\varepsilon_B)]\pi_A^{SN}+$$
$$[1-\alpha(1-z_A-\varepsilon_A)]\alpha(1-z_B-\varepsilon_B)\pi_A^{NS}+\alpha(1-z_A-\varepsilon_A)\alpha(1-z_B-\varepsilon_B)\pi_A^{SS}\}-cz_A^2/2$$
$$=[1-\alpha(1-z_A)][1-\alpha(1-z_B)]\pi_A^{NN}+\alpha(1-z_A)[1-\alpha(1-z_B)]\pi_A^{SN}+$$
$$[1-\alpha(1-z_A)]\alpha(1-z_B)\pi_A^{NS}+\alpha(1-z_A)\alpha(1-z_B)\pi_A^{SS}-cz_A^2/2$$

其根本原因是,安全投资旨在降低信息系统被攻破的概率,而不影响每种安全状态下的市场结果。后面讨论了消费者对安全投资不完全观察的另一种形式。

3.3 均衡分析

根据消费者安全损失的价值,存在两种不同的市场结果。具体地说,当安全损失仍然很低时($l<3t$),一家企业即使被成功攻破,仍然可以拥有正的市场份额,而竞争对手则没有。然而,当安全损失变得很高时($l\geqslant 3t$),在相同的安全状态下,一家企业将不得不退出市场。低安全损失和高安全损失市场的均衡解公式如下。

引理 3.1 (1) 在低安全损失市场中($l<3t$),每家企业的均衡信息安全投资和预期利润分别为

$$z=[\alpha l(6t-l)+2\alpha^2 l^2]/[2(9tc+\alpha^2 l^2)]$$

和

$$E[\pi]=\frac{1}{72t(\alpha^2 l^2+9tc)^2}[-2l^4(18t^2-l^2+18tc)\alpha^4+36tcl^3(l+6t)\alpha^3+$$
$$27tcl^2(l^2-4lt+12t^2-24tc)\alpha^2+648t^2c^2l^2\alpha+2\,916t^4c^2]$$

(2) 在高安全损失市场中($l\geqslant 3t$),每家企业的均衡信息安全投资和预期利润分别为

$$z=[\alpha t+2\alpha^2(l-2t)]/\{2[c+\alpha^2(l-2t)]\}$$

和

$$E[\pi]=\frac{1}{8(c+\alpha^2 l-2\alpha^2 t)^2}[-2(l-2t)(t^2-4ct+2lc)\alpha^4+$$
$$4c(2l-3t)(l-2t)\alpha^3+c(-8lc+16tc-9t^2+4lt)\alpha^2+$$
$$8c^2(l-2t)\alpha+4tc^2]$$

利用引理 3.1,我们可以讨论关键因素对信息安全投资和预期利润的影响,包括 α、t、l 和 c。

结论 3.1 在低和高安全损失市场中,

(1) 每家企业的均衡信息安全投资总是随着黑客攻击的概率 α 的增大而增加,但被成功攻破的概率会随着 α 的增大而增加(减少)当且仅当信息安全投资的成本系数 c 保持很高(低)的时候。

(2) 每家企业的均衡预期利润 $E[\pi]$ 随着 α 的增大先增加后减少。

随着黑客攻击概率的提升,每家企业都感到保护其信息系统不被成功攻破的压力越来越大。为了避免被成功攻破,每家企业都尽可能提高信息安全投资。因

此，α 的增加加剧了企业之间的投资竞争，这会危害到每家企业。

尽管当 α 提高时，每家企业在信息安全上的投资更多，但其被成功攻破的概率并不总是会降低，这取决于信息安全投资的成本系数 c。具体来说，当 c 保持在较低水平时，投资是有效的，因此每家企业都会随着 α 的提高，投资得更多，最终降低了被成功攻破的概率。然而，当 c 变高时，安全投资的低效率会抑制每家企业进行更多投资，并导致被成功攻破的概率增加。

从引理 3.1 可以看出，两家企业在信息安全方面的投资额相同。然而，当一家企业被成功攻破而另一家没有被攻破时，信息安全差异仍然会出现。显然，如果该企业被成功攻破，安全差异化效应会危害企业，但如果该企业没有被攻破，则企业会受益。尽管如此，我们可以发现，有信息安全差异化效应的企业平均比没有这种效应的企业享有更高的利润。事实上，在低安全损失市场中，一家企业在此影响下的平均利润为 $[(3t-l)^2/(18t)+(3t+l)^2/(18t)]/2$，在高安全损失市场中为 $(l-t)/2$，每一个都总是高于没有这种影响的平均利润 $(t/2+t/2)/2$。因此，安全差异化效应总体上提高了企业的利润。

理论上，成功被攻破的概率 $\alpha(1-z)$ 在 0 到 1 之间。出现安全差异化效应的概率为 $2\alpha(1-z)[1-\alpha(1-z)]$，它随着被成功攻破的概率 $\alpha(1-z)$ 的增大先增大后减小，当 $\alpha(1-z)$ 位于中间值 $1/2$ 时达到最大值。当 α 处于中间范围时，安全差异化效应最为显著。

总之，α 的增加引起了投资竞争的加剧作用和安全差异的调节作用，前者对一家企业起到了负面影响，而后者起到了积极影响。α 对每家企业利润的净影响取决于哪种影响占主导地位。当 α 提高时，竞争加剧效应总是上升，但安全差异化效应先增大后减小。一方面，对于较小的 α，α 的增加带来的安全差异化效应超过了竞争加剧效应，从而使一家企业受益。另一方面，对于较大的 α，α 的增加会导致这两种影响相反，最终伤害一家企业。

这些发现在一定程度上解释了一个有趣的现象，即近年来频繁发生信息安全事件的一些行业，包括电子商务、社交媒体、智能手机和在线医疗，出人意料地呈现出利润增长的趋势。换言之，除了商业模式和技术创新等众所周知的因素外，信息安全的差异化作为另一个经常被忽视的因素，有时也可能有助于提高利润。

结论 3.2 在低安全损失和高安全损失市场中，每家企业的均衡信息安全投资和预期利润 $E[\pi]$ 总是随着不匹配成本系数 t 的增加而增加。

传统观点认为,一家有竞争力的企业的研发投资随着市场竞争的强度而增加。然而,在信息安全投资的框架内却出现了相反的看法。事实上,传统的研发投资(如降低成本或提高质量的投资)是由市场竞争直接驱动的,因此一家企业必须加大投资以尽可能抢占市场份额。相比之下,信息安全投资的目的是降低被成功攻破的概率,从而影响信息安全的差异化。当市场竞争加剧时,信息安全差异化发挥着更大的作用,因此,一家企业只需适度的信息安全投资就可以实现理想的安全差异化。考虑到信息安全投资的支出,当市场竞争加剧时,一家企业的投资就会减少。尽管在信息安全投资方面有一些有趣的发现,但我们可以观察到,与常识一致的是,每家企业的预期利润随着市场竞争的激烈程度而下降。在激烈的市场竞争中,每家企业都会降价,这会损害其利润。在信息安全投资的背景下,市场竞争加剧效应对各企业预期利润的影响强于安全差异化效应。

结论3.3 (1) 在低安全损失市场中,每家企业的均衡信息安全投资总是随着信息安全损失 l 的增加而增加,其均衡预期利润 $E[\pi]$ 也会随着 l 的增加而增加当且仅当 $2\,916(1-\alpha)t^3c^3 - 243\alpha t^2(6t^2+3lt-6alt-l^2)c^2 - 27a^3l^2t(18t^2-tl+2alt-l^2)c + a^5l^6 > 0$。

(2) 在高安全损失市场中,每家企业的均衡信息安全投资和预期利润 $E[\pi]$ 总是随着 l 的增加而增加。

与黑客攻击的概率 α 相似,信息安全损失 l 的增加会产生安全投资竞争的加剧效应。每家企业都投入更多的资金来降低被成功攻破的概率,因为当被成功攻破时,每家企业都会遭受更严重的需求损失,而竞争对手则不然。投资竞争的加剧效应在低安全损失市场和高安全损失市场中都会出现。

有趣的是,每家企业的均衡利润可能会随着 l 的增加而增加,尤其是在高安全损失市场中,利润总是随着 l 的增加而增加。事实上,尽管安全投资竞争加剧会产生负面影响,但 l 的增加会通过提高安全投资水平来影响安全差异化效应,从而降低被成功攻破的概率。由于安全差异化效应大于投资竞争的加剧效应,各企业的均衡利润增加。在低安全损失市场中,可以观察到,当信息安全投资的成本系数 c 保持较高时,各企业的均衡利润也会随着 l 的增加而增加。较高的投资成本系数抑制了每家企业的更多投资,从而缓和了投资竞争。

结论3.4 (1) 在低安全损失市场中,当 $2t+l-2al \geqslant 0$ 时,每家企业的均衡期望利润 $E[\pi]$ 总是随着信息安全投资成本系数 c 的增加而增加,反之则随着 c 的增加先增加后减少。

(2) 在高安全损失市场中,当 $12\alpha t - 6\alpha l + 4l - 7t \geqslant 0$ 时,每家企业的均衡期望利润 $E[\pi]$ 总是随着信息安全投资成本系数 c 的增加而增加,反之则随着 c 的增加先增加后减少。

信息安全投资的成本系数 c 与投资效率成反比。与传统观点不一致的是,每家企业都可能从信息安全投资的低效率中受益。也就是说,当雇用安全专家和安装安全设备的成本更高时,每家企业可能会从信息安全投资中获得更高的利润。从引理 3.1 可以看出,投资效率越高,每家企业的投资越多,因此被成功攻破的概率越低。如上所述,当被成功攻破的概率处于中等范围时,信息安全差异化效应仍然显著。换言之,每一家企业只要适度投资于信息安全,就可以最大限度地受益于安全差异化效应。对信息安全的过度投资可能会削弱安全差异化效应,最终损害每家企业。因此,尽管更高的投资效率有助于节省安全支出,但可惜的是,它可能会违背安全差异化效应。随着 c 的减少,当前一种的积极影响比后一种的消极影响弱时,每家企业都会受到影响。

3.4 模型扩展

3.4.1 不同安全损失

我们已经分析了在相同安全损失假设下,黑客攻击对信息安全投资的作用。当产品或服务的使用依赖于消费者信息时,消费者会面临不同安全损失。在这种情况下,拥有更高效用的消费者会因黑客的成功攻击而遭受更严重的损失。也就是说,相同的黑客攻击对一些消费者的伤害比其他消费者更大。例如,一些消费者从软件供应商处购买个人使用的软件。当软件供应商在信息安全方面投入较少时,黑客很容易发现软件漏洞,使软件功能失效或减弱。

在这种情况下,位于 x 处的消费者从企业 A 和企业 B 购买获得的效用分别为
$$u_A = (v - tx)(1 - \delta_A) - p_A \quad \text{和} \quad u_B = [v - t(1-x)](1 - \delta_B) - p_B$$
其中 δ_A 和 δ_B 都是遵循伯努利分布的独立随机变量,当对应企业被成功攻破时,它们中的每一个都为 $0 < \delta < 1$,否则等于 0[①]。参数 δ 衡量了消费者的安全损失。我

[①] 信息安全损失可能不一定取决于产品和服务的价值。消费者信息可以是独立于他们购买的产品和服务的资产。实际上,即使价值很小,客户仍可能遭受巨大的安全损失。例如,低端电子商务网站上的高限额信用卡泄露可能类似于这种假设。我们可以在主要模型中通过允许 m 个消费者具有不同的安全损失 $l_1 < l_2 < \cdots < l_m$ 来对这种安全损失的异质性进行建模。本章的结果从定性上看保持不变。

们再次讨论一个完全覆盖的市场,可以通过假设足够高的 v 来保证,$v>2t$。

与上面的讨论类似,我们考虑两种情况,低安全损失市场和高安全损失市场。在前一个市场中,信息安全损失相当低$[\delta\leqslant 3t/(v+t)]$,以至于一家企业即使成功被攻破,也有正的市场份额,而其竞争对手则没有。然而,在后一个市场中,信息安全损失相当高$[\delta>3t/(v+t)]$,以至于一家企业在遭受到黑客攻击时会退出市场,但其竞争对手则不会。推导所有参数的解析结果是相当具有挑战性的。然而,当信息安全投资的成本系数 c 足够高时,我们可以给出主要的结果。

结论 3.5 (1) 在低安全损失市场中,

① 当消费者安全损失很低时$[\delta<9t^2/(2v^2-2vt+5t^2)]$,每家企业的均衡期望利润 $E[\pi]$ 随着 α 的增大而减少,反之随着 α 的增大先增加后减少。

② 当黑客攻击概率和消费者安全损失很低时$(\alpha<[(3+\delta)+\sqrt{\delta^2+9\delta-9}]/(6-\delta)$ 和 $\delta<3(\sqrt{13}-3)/2)$,每家企业的均衡期望利润 $E[\pi]$ 随着 t 的增加而增加,反之

$$\partial E[\pi]/\partial t>0 \Leftrightarrow t>2\delta v\sqrt{\alpha(1-\alpha)}/\sqrt{\alpha(10-\alpha)\delta^2-9(1+2\alpha)\delta+18}$$

③ 当 $\alpha<2(2v^2-2tv-t^2)/[(2v-t)^2]$ 时,每家企业的均衡期望利润 $E[\pi]$ 随着 δ 的增加先减少后增加,反之则总是随着 δ 的增加而减少。

(2) 在高安全损失市场中,

① 每家企业的均衡期望利润 $E[\pi]$ 随着 α 的增大先增加后减少。

② 当且仅当安全损失很高时$[\delta>(2\alpha-1)^2/(\alpha^2)]$,每家企业的均衡期望利润 $E[\pi]$ 随着 t 的增加而减少。

③ 当且仅当黑客攻击的概率很低时$[\alpha<2v/(t+2v)]$,每家企业的均衡期望利润 $E[\pi]$ 随着 δ 的增加而增加。

再次说明,当安全损失很高时,每家企业的期望利润和黑客攻击的概率 α 之间会出现倒 U 形曲线。此外,我们发现当安全损失处于较低水平时,每家企业的期望利润都会随着 α 的增加而下降。在这种情况下,较低的安全损失往往无法产生比投资竞争加剧效应更强的安全差异化效应。假设 $c=30$。从图 3.1 中可以观察到,在 $v=3$ 以及 $t=1$ 下的低安全损失和高安全损失市场中,每家企业的期望利润随着 α 的增大先增加后减少。

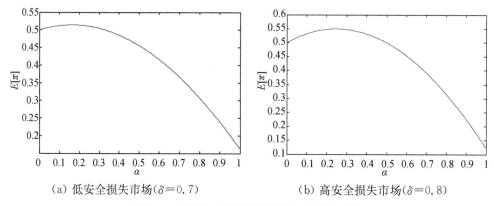

(a) 低安全损失市场($\delta=0.7$)　　(b) 高安全损失市场($\delta=0.8$)

图 3.1　每家企业的期望利润随 α 的变化情况

与同质安全损失的情况不同,我们发现每家企业的期望利润可能随着不匹配成本 t 的增加而减少,也可能随着市场竞争的加剧而增加。对于异构安全损失,在成功入侵的情况下,具有高不匹配成本的消费者遭受的损失较小。因此,每家企业的投资动机可能会变得较弱,由此产生的投资竞争加剧效应可能不如安全差异化效应显著。从图 3.2 可以看出,在低安全损失和高安全损失市场中,每家企业的期望利润都可能随着市场竞争的强度而增加($v=2.1$)。

当黑客攻击的概率保持较低水平时,在低安全损失市场中,每家企业的期望利润可能会随着消费者安全损失而增加,但在高安全损失市场中总是增加。在这种情况下,较低的黑客攻击概率阻碍了安全投资,但同时带来了理想的安全差异化。从图 3.3 中可以看出,每家企业的期望利润可能会随着 δ 的增加而增加,其中 $v=3, t=1, \alpha=0.5$。

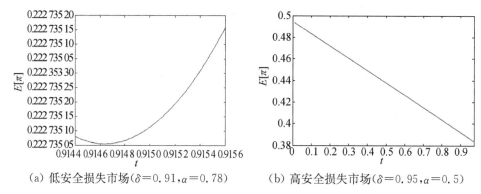

(a) 低安全损失市场($\delta=0.91, \alpha=0.78$)　　(b) 高安全损失市场($\delta=0.95, \alpha=0.5$)

图 3.2　每家企业的期望利润随 t 的变化情况

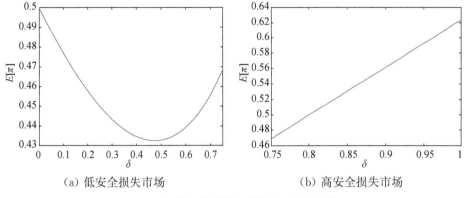

(a) 低安全损失市场　　　　　　　(b) 高安全损失市场

图 3.3　每家企业的期望利润随 δ 的变化情况

尽管分析每家企业的期望利润是如何随着信息安全投资的成本系数而变化是有挑战性的,但我们可以采用数值方法来研究这一点。假设 $v=3, t=1$,在图 3.4 中,我们可以发现,在低安全损失和高安全损失市场中,每家企业都可能从成本系数的增加中受益。原因仍然是成本系数的增加抑制了安全投资,从而带来了有利可图的安全差异化。

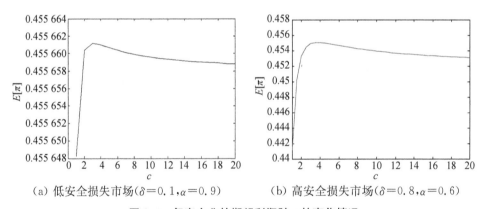

(a) 低安全损失市场($\delta=0.1, \alpha=0.9$)　　(b) 高安全损失市场($\delta=0.8, \alpha=0.6$)

图 3.4　每家企业的期望利润随 c 的变化情况

3.4.2　不完全可观察的投资

在主要模型中,我们假设消费者在做出购买决策时能够完美地观察到每家企业的信息安全投资。虽然这一假设对某些安全投资有意义,尤其是那些消费者有直接经验的投资,如身份验证,但消费者可能无法观察或理解与内部操作或数据存储相关的其他一些投资。这一部分放宽了消费者可完全观察投资的假设,并考虑了当消费者未能准确评估安全投资时会发生什么。实际上,消费者可能高估或低估了信息安全投资的水平。假设消费者认为两家企业都有现实的安全投资 z_A 和 $z_B \in (0,1)$，并且由于他们的不完全观察变为 ρz_A 和 $\rho z_B \in (0,1)$。这里，$0<\rho<1$ 和 $\rho>1$ 分别表示消费者低估和高估安全投资的情况。随着 $\rho \to 1$，消费者能更准确地了解安全投资。

与主要模型中的讨论类似，我们可以得到 A 企业的期望利润

$$\max_{0<z_A<1} E[\pi_A] = [1-\alpha(1-\rho z_A)][1-\alpha(1-\rho z_B)]\pi_A^{NN} +$$
$$\alpha(1-\rho z_A)[1-\alpha(1-\rho z_B)]\pi_A^{SN} +$$
$$[1-\alpha(1-\rho z_A)]\alpha(1-\rho z_B)\pi_A^{NS} +$$
$$\alpha(1-\rho z_A)\alpha(1-\rho z_B)\pi_A^{SS} - cz_A^2/2$$

很明显企业 B 的期望利润可以通过交换下标得到。当 $l<3t$ 时，我们可以得出每家企业的均衡安全投资 $z=[\alpha l(6t-l)+2\alpha^2 l^2]/\{2[(9tc/\rho)+\alpha^2 l^2 \rho]\}$ 和均衡期望利润

$$E[\pi] = \frac{1}{72(\alpha^2 l^2 \rho^2 + 9tc)^2 t}[-2\rho^2 l^4(18\rho^2 t^2 - l^2\rho^2 + 18tc)\alpha^4 +$$
$$36tcl^3\rho^2(l+6t)\alpha^3 + 27tcl^2(l^2\rho^2 - 4l\rho^2 t + 12\rho^2 t^2 - 24tc)\alpha^2 +$$
$$648 t^2 c^2 l^2 \alpha + 2\,916 t^4 c^2]$$

当 $l \geqslant 3t$ 时，每家企业的均衡安全投资和均衡期望利润分别为

$$z=[\alpha t + 2\alpha^2(l-2t)]/\{2[(c/\rho)+\alpha^2(l-2t)\rho]\}$$

和

$$E[\pi] = \frac{1}{8[c+\alpha^2\rho^2(l-2t)]^2}[-2\rho^2(l-2t)(2lc-4tc+t^2\rho^2)\alpha^4 +$$
$$4c\rho^2(l-2t)(2l-3t)\alpha^3 - c(8lc-16tc-4tl\rho^2+9t^2\rho^2)\alpha^2 -$$
$$8c^2(2t-l)\alpha + 4tc^2]$$

结论 3.6 当消费者不能完全观察到安全投资时，每家企业的均衡期望利润 $E[\pi]$ 仍然总随着 α 的增加先增加后减少。

从结论 3.6 可以看出，安全差异化 α 的调节作用可能仍然主导着投资竞争的加剧作用。因此，即使消费者不能完全观察到投资情况，每家企业也可能从 α 的增加中受益。事实上，我们可以很容易地证明，主要模型中的所有结果在这个宽松的假设中依然成立。假设 $t=1, c=1$，我们可以在图 3.5 中说明在 $l=2.9$ 和 $l=3.1$ 时，每家企业的期望利润是如何随 α 变化的。

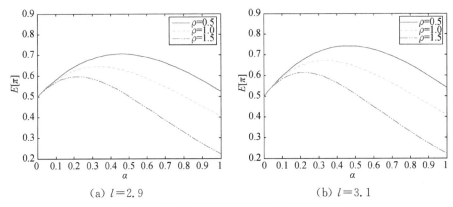

图 3.5 每家企业的期望利润随 α 的变化情况

我们可以期望,消费者是否低估和高估安全投资将使每家企业从 ρ 的增加中受益。在消费者眼中,ρ 的增长意味着信息安全投资的估值更高。然而,在双寡头竞争的背景下,这种常识可能并不成立。我们可以得到每家企业均衡期望利润对 ρ 的偏导数

$$\frac{\partial E[\pi]}{\partial \rho}=\frac{\alpha^2 l^2 \rho c(6t-l+2l\alpha)[-\alpha^2 l^2(18t-2l\alpha+l)\rho^2+27tc(2l\alpha-l-2t)]}{4(\alpha^2 l^2 \rho^2+9tc)^3}$$

$$(l<3t),$$

$$\frac{\partial E[\pi]}{\partial \rho}=\frac{\rho\alpha^2 c(t+2l\alpha-4\alpha t)[-\alpha^2(l-2t)(4l-5t+4\alpha t-2l\alpha)\rho^2-c(4l-7t+12\alpha t-6l\alpha)]}{4(c+\alpha^2\rho^2 l-2\alpha^2\rho^2 t)^3}$$

$$(l\geqslant 3t)$$

我们可以很容易地得出 $\partial E[\pi]/\partial \rho<0$ 可能对 $l<3t$ 和 $l\geqslant 3t$ 都成立。当 $t=1$,$c=1$,$\alpha=0.5$ 时,我们可以在图 3.6 中得到,在 $l=2.9$ 以及 $l=3.1$ 时每家企业的期望利润随 ρ 的变化。其根本原因是 ρ 的增加可能会阻碍安全差异化的调节作用。

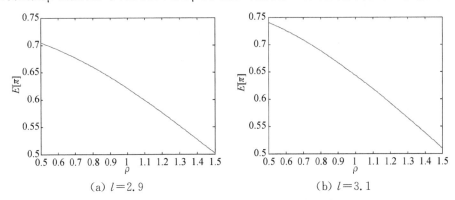

图 3.6 每家企业的期望利润随 ρ 的变化情况

在现实中，一部分消费者有足够的安全知识和信息来完全了解安全投资，而其他消费者则没有。我们可以很容易地验证在这种一般情况下我们的结果是有效的。

3.5 主要结论

智能手机、大数据和 5G 等信息和通信技术的快速发展为企业开展在线业务提供了便利。随着企业在线存储信息资产的大幅增加，信息安全事件也越来越频繁。通过构建博弈论模型，本章揭示了在双头垄断环境下，黑客攻击可能会导致一些意想不到的后果。

信息安全投资旨在降低被黑客攻破的概率，其作用与传统的降低成本和提高质量的投资截然不同。这个独特的作用产生了一些新颖的见解。首先，随着黑客攻击的频繁发生，每家双寡头企业并不总是会遭受攻击。黑客攻击概率的增加确实加剧了安全投资的竞争，但这种增加伴随着安全差异化的调整。当黑客攻击在较小的范围内增加时，安全差异化给每家企业带来的积极影响比加剧安全投资竞争的消极影响更强。随着黑客论坛和黑客地下产业链的兴起，黑客发起网络攻击的频率越来越高，攻击成本也越来越低。这些论坛和产业链经常被压制，以抑制黑客攻击。Mookerjee 等(2011)发现，黑客论坛会损害一家(垄断)企业，但我们的结果预测，黑客论坛可能会使一家双寡头企业受益。从竞争企业的角度来看，政府部门应当适度打击黑客。

其次，我们发现，当市场竞争加剧时，每家企业在信息安全方面的投资都会减少。传统观点认为，更激烈的市场竞争促使一家企业加大投资(降低成本或提高质量)以保持市场地位。与普通投资形成鲜明对比的是，信息安全投资可以带来安全差异化，对更激烈的市场竞争起到更有效的作用。因此，一家双寡头企业可以减少信息安全投资以节省开支。在新兴的信息技术和电子商务领域，市场竞争通常很激烈。我们的研究结果表明，IT 经理在应对黑客攻击时，应该非常谨慎地投资于信息安全。

再次，当消费者遭受高安全损失时(例如，当消费者的重要且敏感的信息泄露或消费者更关心隐私时)，我们的模型表明，即使一家双寡头企业必须增加信息安全投资，它也可能受益。原因仍然是安全损失的增加可以促进安全差异化。面对严重的消费者安全损失，企业不应该总是萎靡不振。为了增加需求，企业可以采用赔偿责任机制，企业通过该机制对遭受安全损失的消费者进行赔偿。可以得出的结论是，这种广泛采用的赔偿责任机制有时可能会在竞争环境中损害企业。

最后，为了提高信息安全投资的效率，有许多广泛采用的措施，如将信息安全承包给第三方专业企业，选择软件即服务（SaaS）版本的安全工具，以及在企业之间共享安全信息。我们的研究结果表明，在竞争环境中，这些降低成本的措施可能对企业没有好处，反而有害。这些措施可能会使安全差异化变得更加困难，从而产生比节省开支的积极影响更大的负面影响。

尽管得到了这些发现，但目前的研究仍有一些局限性，可以作为未来研究的问题。现实中可能有两家以上的竞争企业，可以将双寡头模型推广到寡头模型，其中主要结果预计从定性上看保持不变。另外，本章假设消费者的安全损失是独立的或取决于消费者的位置。我们可以考虑消费者面临不同企业不同安全损失的情况。尽管一些初步分析表明，在这种情况下，我们的主要发现仍然成立，但值得进行彻底的讨论。

第 4 章 强制性安全标准下企业信息系统安全投资策略

4.1 问题提出

如今,企业之间经常使用电子数据交换(EDI)、连续补货计划(CRP)和供应商管理库存(VMI)等信息技术进行业务合作。使用这些信息技术可以快速高效地共享信息资产,但是也增加了信息安全漏洞的可能性。当黑客侵入一家公司时,其附属公司的信息资产也可能被侵入。例如,在 2018 年 8 月至 2019 年 3 月期间,黑客入侵了 AMCA(一家为美国医疗保健行业提供计费服务的医学收集机构)的在线支付门户网站,被入侵的系统包含血液检测公司 LabCorp 和医疗检测巨头 Quest Diagnostics 的患者隐私信息数据库。LabCorp 报告称,770 万名患者的数据被泄露,包括患者的姓名、生日、地址、电话号码等。Quest Diagnostics 表示,其近 1 200 万客户的个人和财务信息、社会保险号和医疗信息等数据记录被盗。最后,LabCorp 和 Quest Diagnostics 都决定终止与 AMCA 的合作关系。再如,2021 年 4 月,荷兰较大的国内物流服务商之一 Bakker Logistiek 遭遇勒索软件攻击,给荷兰最大的连锁超市 Albert Heijn 带来连锁反应,奶酪在内的多种食品短期内无法供应。

很明显,信息安全已经成为一个复杂的管理问题,涉及多个参与者的相互作用。信息安全问题通常使用技术方案来解决(Cavusoglu et al.,2008)。然而,传统的技术解决方案,如身份认证技术、防火墙、虚拟专用网络和入侵检测系统不足以完全解决这一问题。近年来,信息安全经济学尝试通过检查这些参与者的经济动机来寻求信息安全问题的经济解决方案,然后制定相应的安全管理策略(Gordon et al.,2006)。

安全标准作为信息安全保障体系建设的技术支撑,是保证企业最低安全投入的重要工具。国际上比较有影响的信息安全标准主要有:ISO/IEC 的国际标准 13335、17799、27001 系列,英国标准学会(BSI)的 7799 系列,美国国家标准与技术

第4章 强制性安全标准下企业信息系统安全投资策略

研究院(NIST)的专刊系列,以及中国的 GA 标准和相应的 GB/T 标准。尽管从社会监管机构或行业协会的角度来看,强制性安全标准可以提高信息系统的安全级别,但出于对投资成本的考虑,企业可能缺乏足够的动力在信息安全方面进行充足的投资以满足这些标准。因此,有助于降低安全投资成本的安全补贴通常是为了鼓励企业进行充分投资。

虽然安全投资有助于公司保护信息系统免受黑客入侵,但它对用户体验有负面影响。公司通常有适当的安全机制,要求每个用户在向系统注册时注册一系列个人信息,或者设置一个指定长度或更长的登录密码。用户在每次访问系统之前仍需通过特定授权的验证。除了硬件认证密钥之外,这些公司还可以添加密码来提高安全性。所有这些烦琐的步骤都会给用户带来不便,进而影响用户黏性甚至公司利润。因此,企业在确定信息安全投资时,不仅要考虑安全性能,还要考虑用户的不便成本。

本章构建了一个博弈论模型,研究在信息资产共享的背景下,黑客对两家公司发起网络攻击时,安全标准和用户不便对两家公司信息安全投资策略的影响。安全标准和用户不便是信息安全领域中相当重要的因素。然而,在现有的信息安全经济学研究中,这些因素并没有得到足够的重视。通过推导均衡解,本章得出了一系列有管理意义的有趣结果。这些结果可以为管理者提供新的信息安全管理思路。

4.2 模型构建

假设有两家公司,公司 i 和公司 j,它们相互共享信息资产。两家公司都有信息系统来维持日常运营,将 $v(0<v<1)$ 表示为每家公司信息系统的固有漏洞(Gordon et al.,2002;Cavusoglu et al.,2008),它代表了当公司没有进行安全投资且黑客没有进行任何攻击时的攻破概率。固有漏洞描述了这样一个现实:软件安全故障通常很容易在互联网上出现,因此如果公司不解决此类故障,黑客不必花费任何攻击精力就可以利用它们(Cavusoglu et al.,2008)。应该注意的是,内部脆弱性是一个重要因素,出现在大多数信息安全投资模型中(Gordon et al.,2002; Cavusoglu et al.,2008;Gao et al.,2015b;Wu et al.,2015;Qian et al.,2017;Li, 2021)。为了防止信息系统被黑客成功入侵,公司 i 投资 z_i 购买专业防火墙、虚拟

专用网络等安全技术并聘请专业安全专家。当决定投资信息安全时,公司必须遵守信息安全标准,如支付卡行业数据安全标准。强制性安全标准要求 $z_i \geqslant R$,R 是指政府部门制定的安全水平。同时,为了鼓励企业遵守安全标准,政府可以对安全投资发放补贴。参考 Ogüt 等(2011)的设置,将补贴率设置为 $0 \leqslant \theta \leqslant 1$,安全补贴金额为 θz_i。公司 i 的安全投资 z_i 可能会给用户带来不便。这些措施会降低系统的易用性,使用户感到不舒服进而给公司带来损失。假设用户不便造成的损失为 cz_i,$c>0$ 衡量用户不便程度。值得注意的是,无论企业是否被攻破,这种间接损失总是存在的。

黑客对公司 i 发起攻击 h_i。在 Wu 等(2021)的基础上,本模型引入了一个破坏概率函数来表示企业 i 的信息系统被黑客成功破坏的概率:

$$p_i = (1+h_i)^\phi v^{1+kz_i}$$

该函数在 Gordon 等(2002)的基础上进行了改进。应该注意的是 $k>0$,$0<\phi<1$,可得到 $\partial p_i/\partial z_i<0$,$\partial^2 p_i/\partial z_i^2>0$,$\partial p_i/\partial h_i>0$ 和 $\partial^2 p_i/\partial h_i^2<0$,这表明每家公司的安全投资和黑客的攻击投资都有递减的边际收益。

接下来考虑两家公司和黑客的目标函数。这两家公司处于信息资产共享的环境中,在不同的安全条件下,他们的损失不同,黑客的收益也不同。表 4.1 显示了两家公司的损失和黑客在四种情况下的收益,这四种情况是两家公司都没有被攻破、两家公司都被攻破以及只有公司 i 或者 j 被攻破。令 L 代表每家公司被黑客成功攻破时的损失,包括信息资产等有形损失和声誉等无形损失。由于两家企业处于资源共享的环境中,当企业 i 遭受损失,公司 j 也会遭受一定的损失,具体表示为 αL。此处 $0<\alpha<1$ 衡量的是资源共享的强度,即一家公司存储在另一家公司的信息量或公司之间的业务关系。这种资源共享结构直接沿用了 Wu 等(2022b)和 Bandyopadhyay 等(2010)的思路。

表 4.1 不同安全条件下两家公司的损失和黑客的收益

	两家公司都没有被攻破	只有公司 i 被攻破	只有公司 j 被攻破	两家公司都被攻破
可能性	$(1-p_i)(1-p_j)$	$p_i(1-p_j)$	$p_j(1-p_i)$	$p_i p_j$
公司 i 的损失	0	L	αL	$(1+\alpha)L$
公司 j 的损失	0	αL	L	$(1+\alpha)L$
黑客的收益	0	$a(1+\alpha)L$	$a(1+\alpha)L$	$2a(1+\alpha)L$

黑客可以从成功攻破每家公司的信息系统中获益。这种收益是一种有形的货币收益,它与企业的信息资产损失高度相关。在此处 a 表示黑市中被盗信息资产的资产变现率(Gao et al., 2015a)。根据 Png 等(2009)的研究,黑客的收益被认为与公司的损失成正比,这与资金量较大的银行账户的凭证价格较高的观察结果相一致。因此公司 i 的预期成本 C_i 表示为

$$C_i = (1-p_i)(1-p_j) \times 0 + p_i(1-p_j)L + (1-p_i)p_j\alpha L + p_ip_j(1+\alpha)L + cz_i + (1-\theta)z_i$$

$$= p_iL + p_j\alpha L + [1-(\theta-c)]z_i$$

$$\text{s. t. } z_i \geqslant R$$

同时,黑客的预期收益 π 表示为

$$\pi = (1-p_i)(1-p_j) \times 0 + p_i(1-p_j)a(1+\alpha)L + (1-p_i)p_ja(1+\alpha)L + 2p_ip_ja(1+\alpha)L - h_i - h_j$$

$$= p_ia(1+\alpha)L + p_ja(1+\alpha)L - h_i - h_j$$

在两家公司与黑客的博弈中,公司 i 会在 $z_i \geqslant R$ 条件下选择安全投资 z_i 以使预期成本最小化,而黑客则努力制造攻击 h_i 和 h_j 以使预期收益最大化。

4.3 均衡分析

在严格安全标准的情况下(情形 A):

$$R \geqslant \frac{1}{k\ln v}\ln\frac{(1-\theta+c)^{1-\phi}}{vL(-k\ln v)^{1-\phi}[\phi a(1+\alpha)]^{\phi}}$$

在宽松安全标准的情况下(情形 B):

$$R < \frac{1}{k\ln v}\ln\frac{(1-\theta+c)^{1-\phi}}{vL(-k\ln v)^{1-\phi}[\phi a(1+\alpha)]^{\phi}}$$

可以获得两个均衡解。

引理 4.1 (1) 在情形 A 中,每家厂商的信息安全投资和黑客的攻击投资分别为

$$z = R, \quad h = [\phi aL(1+\alpha)v^{1+kR}]^{\frac{1}{1-\phi}} - 1$$

每家厂商的期望成本和黑客的期望收益分别为

$$C = (\phi a)^{\frac{\phi}{1-\phi}}[L(1+\alpha)]^{\frac{1}{1-\phi}}v^{\frac{1+kR}{1-\phi}} + [1-(\theta-c)]R,$$

$$\pi = 2\phi^{\frac{\phi}{1-\phi}}[aL(1+\alpha)]^{\frac{1}{1-\phi}}v^{\frac{1+kR}{1-\phi}}(1-\phi) + 2$$

(2) 在情形 B 中,每家公司的信息安全投资和黑客的攻击投资分别为

$$z = \frac{1}{k\ln v}\ln\frac{(1-\theta+c)^{1-\phi}}{vL(-k\ln v)^{1-\phi}[\phi a(1+\alpha)]^{\phi}}, \quad h = \frac{\phi a(\theta-c-1)(1+\alpha)}{k\ln v} - 1$$

每家公司的预期成本和黑客的预期收益分别是

$$C = \frac{[1-(\theta-c)]\left\{\ln\left[\dfrac{(1-\theta+c)^{1-\phi}}{vL(-k\ln v)^{1-\phi}[\phi a(1+\alpha)]^{\phi}}\right]-\alpha-1\right\}}{k\ln v},$$

$$\pi = \frac{2a(\theta-c-1)(1+\alpha)(1-\phi)}{k\ln v} + 2$$

使用引理 4.1,可以分析关键要素对每家公司和黑客的均衡解和目标函数的影响。

结论 4.1(R 的影响)

(1) 在情形 A 中,随着 R 的增长,各厂商的信息安全投入增加,黑客的攻击投资减少,各厂商的期望成本先减少

$$\left\{R < \frac{1}{k\ln v}\ln\frac{[(1-\theta+c)(1-\phi)]^{1-\phi}}{vL(1+\alpha)(-k\ln v)^{1-\phi}(\phi a)^{\phi}}\right\}$$

后增加

$$\left\{R > \frac{1}{k\ln v}\ln\frac{[(1-\theta+c)(1-\phi)]^{1-\phi}}{vL(1+\alpha)(-k\ln v)^{1-\phi}(\phi a)^{\phi}}\right\}$$

而黑客的期望收益总是减少。

(2) 在情形 B 中,每家厂商的信息安全投资和期望成本,以及黑客的攻击投资和期望收益与 R 无关。

当安全标准变得相当严格时,每家公司都严格按照这个标准进行信息安全投资。因此,R 增加导致每家公司投资更多,从而使信息系统难以被成功攻破。黑客作为一个理性的参与者,会减少其攻击投资,其预期收益下降。

值得注意的是,R 对每家公司的预期成本的影响不是单调的。具体来说,预期成本与 R 呈 U 形曲线关系。安全标准 R 的提高有积极和消极两方面的影响,积极的影响是每家公司的信息系统可以得到更好的保护,而消极的影响是投资成本增加。一个相当高的 R 对黑客来说是一种威慑,这样黑客就会发动较少的攻击,这意味着每家公司都可以得到更好的保护。在这种情况下,与提高安全性相比,过于严格的安全标准会带来更多的投资成本。换句话说,负面效应超过了正面效应,所以当 R 变得足够高时,每家公司都会遭受损失。

第 4 章 强制性安全标准下企业信息系统安全投资策略

由于 $\dfrac{1}{k\ln v}\ln\dfrac{[(1-\theta+c)(1-\phi)]^{1-\phi}}{vL(1+\alpha)(-k\ln v)^{1-\phi}(\phi a)^{\phi}}$ 随着 α 的增长而增长,人们可以得出结论:当两家企业共享更多的信息资产时,每家企业的期望成本可以随着 α 的增加,在 R 更大的范围内进一步降低。也就是说,当两家公司共享更多的信息资产时,安全标准可以帮助每家公司降低其预期成本。

当安全标准保持宽松时,它不会带来任何效果,因为每家公司的安全投资总是满足标准的。

结论 4.2(c 和 θ 的影响)

(1) 在情形 A 中,每家公司的信息安全投资、黑客的攻击投资和预期收益与 c 无关。每家公司的预期成本随着 c 的增加而减少;

(2) 在情形 B 中,随着 c 的增加,每家厂商的信息安全投资减少,而黑客的攻击投资、每家厂商的期望成本和黑客的期望收益增加;

(3) 补贴率 θ 对 c 产生负作用。

在严格的安全标准下,每家企业选择与安全标准相等的信息安全投资,因此用户不便程度 c 只会增加每家企业的预期成本。在宽松的安全标准下,标准不能约束每家厂商的安全投资,在这种情况下,每家厂商的投资随着 c 的增加而减少,以尽可能减少不便损失。黑客则会加大攻击力度,希望获得更高的回报,因为每家公司的信息系统都变得很容易被攻破。这将导致每家公司的预期成本增加。

对于宽松的安全标准,从证明附录中可以发现,每家公司的安全投资的变化与 α 无关,然而每家公司预期成本的变化以及黑客的攻击投资和预期收益都随着 α 的增加而增加。可以观察到,每家公司都是基于独立于 α 的一阶条件做出其安全投资决策的。两家公司共享信息资产的程度可以放大用户不便 c 对黑客攻击投资和预期收益的正面影响以及对每家公司预期成本的负面影响。

与用户不便 c 给每家企业带来间接损失不同,安全补贴可以降低信息安全的投资成本。因此,补贴比例对用户不便产生负作用。

结论 4.3(α 的影响)

(1) 在情形 A 中,每家厂商的信息安全投资与 α 无关,但是每家厂商的预期成本、黑客的攻击投资和预期收益都随着 α 的增加而增加。

(2) 在情形 B 中,每家企业的信息安全投资和预期成本、黑客的攻击投资和预期收益都随着 α 的增加而增加。

在严格安全标准的情况下,很容易理解每家公司的信息安全投资完全符合安全标准,并且与共享信息资产的程度 α 无关。随着 α 的增长,黑客通过发动更猛烈的网络攻击和更容易地破坏每家公司的信息系统而获益更多。应该注意的是,即使在安全标准宽松的情况下,尽管增加了安全投资,每家公司的信息系统也变得更容易被攻破。潜在的原因是增加的网络攻击比增加的安全投资更激烈。黑客可以从发动网络攻击中获得所有收益,而每家公司都无法保护存储在其他公司信息系统中的信息资产,因此这些信息资产得不到很好的保护。

接下来分析每家公司的内部脆弱性 v 的影响,我们发现了一些有趣的结果。

结论 4.4(v 的影响)

(1) 在情形 A 中,每家公司的信息安全投资与 v 无关,黑客的攻击投资,每家公司的预期成本和黑客的预期收益随着 v 的增加而增加。

(2) 在情形 B 中,随着 v 的增长,企业信息安全投资和期望成本先增加后减少,黑客的攻击投资和期望收益总是增加。

当面临过于严格的安全标准时,每家公司都按照安全标准进行投资。鉴于如此高的安全标准,随着固有漏洞 v 的增加,每家公司的安全投资保持不变,因此其信息系统更容易被成功攻破。因此,黑客攻击更多,受益更多。

另外,当安全标准变得宽松时,该标准无法限制每家公司的安全投资。在这种情况下,尽管 v 的增加会刺激黑客发动更猛烈的网络攻击并最终增加其预期收益,但对每家公司的安全投资和预期成本的影响不会立竿见影。特别是当 v 较低时,为了防止每家公司的信息系统被黑客成功侵入,每家公司都会增加其安全投资,从而导致每家公司的预期成本增加。当 v 维持在高水平时,无论每家公司投资多少,都很难防止信息系统被破坏。因此,每家公司都倾向于减少其安全投资以节省投资成本,其预期成本将下降。Tanaka 等(2005)发现,日本政府对具有中高固有脆弱性的信息安全投资较多,但对具有极低或极高固有脆弱性的信息安全投资较少,本章结果与这一经验观察相一致。

Gordon 等(2002)通过构建一个简单的决策理论模型表明,单家企业的安全投资与 v 形成倒 U 形关系。结论 4.4(2)表明 Gordon 和 Loeb 的结果对于资源共享环境和策略黑客是稳健的。与 Gordon 和 Loeb 不同的是,本章进一步揭示了当 v 在高水平时,每家公司的预期成本随着 v 的升高而降低。也就是说,每家公司都可能从更高的内部脆弱性中受益。由于考虑了策略黑客的影响,从增强安全环境到

第4章 强制性安全标准下企业信息系统安全投资策略

节省投资成本的转变将使公司受益。

最后,从社会监管机构或行业协会的角度寻求最优的安全标准 R。社会监管机构或行业协会希望将预期社会成本(该成本等于预期成本和补贴成本的总和)降至最低。

$$W = C_i^F + C_j^F + \theta z_i + \theta z_j$$

通过引理 4.1,可以计算预期的社会成本为

$$W = \begin{cases} \dfrac{2(\theta-c-1)(1+\alpha)+2(1+c)\ln\dfrac{(1-\theta+c)^{1-\phi}}{vL(-k\ln v)^{1-\phi}[\phi a(1+\alpha)]^{\phi}}}{k\ln v}, \\ \qquad R < \dfrac{1}{k\ln v}\ln\dfrac{(1-\theta+c)^{1-\phi}}{vL(-k\ln v)^{(1-\phi)}[\phi a(1+\alpha)]^{\phi}}; \\ 2(\phi a)^{\frac{\phi}{1-\phi}}[L(1+\alpha)]^{\frac{1}{1-\phi}}v^{\frac{1+kR}{1-\phi}}+2(1+c)R, \\ \qquad R \geqslant \dfrac{1}{k\ln v}\ln\dfrac{(1-\theta+c)^{1-\phi}}{vL(-k\ln v)^{(1-\phi)}[\phi a(1+\alpha)]^{\phi}} \end{cases}$$

结论 4.5(社会最优安全标准 R)

当 $\alpha < \dfrac{\theta-\phi(1+c)}{1-\theta+c}$,社会最优安全标准是

$$\frac{1}{k\ln v}\ln\frac{[(c+1)(1-\phi)]^{1-\phi}}{vL(1+\alpha)(-k\ln v)^{1-\phi}(\phi a)^{\phi}}$$

否则社会最优安全标准在以下范围内取任意值

$$\left[0, \frac{1}{k\ln v}\ln\frac{(1-\theta+c)^{1-\phi}}{vL(-k\ln v)^{1-\phi}[\phi a(1+\alpha)]^{\phi}}\right]$$

可以看到,当资源共享水平 α 较低时,社会最优安全标准保持不变。由于

$$\frac{1}{k\ln v}\ln\frac{[(c+1)(1-\phi)]^{1-\phi}}{vL(1+\alpha)(-k\ln v)^{1-\phi}(\phi a)^{\phi}} > \frac{1}{k\ln v}\ln\frac{(1-\theta+c)^{1-\phi}}{vL(-k\ln v)^{1-\phi}[\phi a(1+\alpha)]^{\phi}}$$

因此最优安全标准相对严格。此外,当 $\alpha < \dfrac{\theta-\phi(1+c)}{1-\theta+c}$ 时,社会最优安全标准 $\dfrac{1}{k\ln v} \cdot \ln\dfrac{[(c+1)(1-\phi)]^{1-\phi}}{vL(1+\alpha)(-k\ln v)^{1-\phi}(\phi a)^{\phi}}$ 随 α 的增加而增加,但随 c 的增加而减少。换句话说,当两家公司共享更多信息资产时,或者当用户因安全投资而面临较少不便时,应该制定严格的安全标准。

较高的 α 导致黑客发起猛烈的网络攻击,因此为了保护信息系统不被成功破

坏，政府部门应该制定更严格的安全标准。虽然严格的安全标准可以更好地保护每家公司的信息系统，但用户不便 c 造成的间接损失也会随之增加。因此，低用户不便 c 意味着低间接损失，有利于实施严格的安全标准。

值得注意的是，当补贴比例 θ 变小时，固定的最优安全标准不太可能出现。而且当 $\theta < \phi(1+c)$ 时，最佳安全标准不再固定，在上述给定范围内也总是无关紧要。

4.4 补偿机制

可以观察到，在共享信息资产的市场环境中，每家公司可能在信息安全方面投资不足，因为每家公司不需要对共享信息资产的安全负责。不过，由社会规划者设计的补偿机制或责任机制可能使两家企业都受益，并最终使社会受益（Liu et al., 2011）。为了纠正这种市场失灵，考虑以下补偿机制：当只有一家公司被黑客成功攻破时，该公司应向另一家公司支付补偿 m，因为后者的共享信息资产也会被攻破。Bandyopadhyay 等（2010）和 Wu 等（2021）讨论了这种补偿机制。有了这种补偿机制，企业 i 的预期成本就变成了

$$C_i = p_i(1-p_j)L + (1-p_i)p_j\alpha L + p_ip_j(1+\alpha)L + cz_i + (1-\theta)z_i +$$
$$p_i(1-p_j)m - (1-p_i)p_jm$$
$$= p_iL + p_j\alpha L + [1-(\theta-c)]z_i + (p_i-p_j)m$$
$$\text{s.t. } z_i \geqslant R$$

而黑客的预期收益保持不变。

在严格安全标准的情况下（情形 A'）：

$$R \geqslant \frac{1}{k\ln v}\ln\frac{(1-\theta+c)^{1-\phi}}{v[-k\ln v(m+L)]^{1-\phi}[\phi aL(1+\alpha)]^{\phi}}$$

在宽松安全标准的情况下（情形 B'）：

$$R < \frac{1}{k\ln v}\ln\frac{(1-\theta+c)^{1-\phi}}{v[-k\ln v(m+L)]^{1-\phi}[\phi aL(1+\alpha)]^{\phi}}$$

可分别获得均衡解。

引理 4.2 （1）在情形 A' 中，每家公司的信息安全投资和黑客的攻击投资分别为

$$z = R, \quad h = [\phi aL(1+\alpha)v^{1+kR}]^{\frac{1}{1-\phi}} - 1$$

每家公司的预期成本和黑客的预期收益分别为

$$C = (\phi a)^{\frac{\phi}{1-\phi}} [L(1+\alpha)]^{\frac{1}{1-\phi}} v^{\frac{1+kR}{1-\phi}} + (1-\theta+c)R,$$

$$\pi = 2(\phi)^{\frac{\phi}{1-\phi}} [aL(1+\alpha)]^{\frac{1}{1-\phi}} v^{\frac{1+kR}{1-\phi}} (1-\phi) + 2$$

(2) 在情形 B′ 中，每家公司的信息安全投资和黑客的攻击投资分别为

$$z = \frac{1}{k\ln v} \ln \frac{(1-\theta+c)^{1-\phi}}{v[-k\ln v(m+L)]^{1-\phi}[\phi aL(1+\alpha)]^{\phi}},$$

$$h = \frac{\phi aL(1-\theta+c)(1+\alpha)}{-k\ln v(m+L)} - 1$$

每家公司的预期成本和黑客的预期收益分别是

$$C = \frac{1-\theta+c}{-k\ln v} \left\{ \frac{L(1+\alpha)}{m+L} - \ln \frac{(1-\theta+c)^{1-\phi}}{v[-k\ln v(m+L)]^{1-\phi}[\phi aL(1+\alpha)]^{\phi}} \right\},$$

$$\pi = \frac{2aL(1-\theta+c)(1+\alpha)(1-\phi)}{-k\ln v(m+L)} + 2$$

接下来分析补偿参数 m 对每家公司和黑客的均衡解和目标函数的影响。

结论 4.6(m 的影响)

(1) 在情形 A′ 中，每家公司的信息安全投资、黑客的攻击投资、每家公司的预期成本和黑客的预期收益与 m 无关。

(2) 在情形 B′ 中，随着 m 增加，每家公司的信息安全投资增加，黑客的攻击投资和预期收益减少，而每家公司的预期成本先减少后增加。

当安全标准相当严格时，每家公司的安全投资是固定的，等于该标准，补偿机制无法发挥作用。当安全标准宽松使得每家企业的投资都高于该标准时，为了避免赔偿，每家企业都愿意增加信息安全投资以降低信息系统被破坏的可能性。随着信息系统变得难以被攻破，黑客将减少其攻击力度，从而降低预期收益。有趣的是，薪酬并不总是对每家公司有利或有害。当补偿值 m 较高时，每家企业的预期成本确实会随着报酬的增加而增加；但当补偿价值 m 较低时，信息系统变得更难被攻破，这对每家公司都有利。

接下来计算存在补偿机制时的社会最优安全标准。通过引理 4.2 可以得到预期社会成本为

$$W=\begin{cases} \dfrac{2L(1-\theta+c)(1+\alpha)}{-k\ln v(m+L)}+\dfrac{2(1+c)}{k\ln v}\ln\dfrac{(1-\theta+c)^{1-\phi}}{v[-k\ln v(m+L)]^{1-\phi}[\phi aL(1+\alpha)]^{\phi}}, \\ R<\dfrac{1}{k\ln v}\ln\dfrac{(1-\theta+c)^{1-\phi}}{v[-k\ln v(m+L)]^{1-\phi}[\phi aL(1+\alpha)]^{\phi}}; \\ 2(\phi a)^{\frac{\phi}{1-\phi}}[L(1+\alpha)]^{\frac{1}{1-\phi}}v^{\frac{1+kR}{1-\phi}}+2(1+c)R, \\ R\geqslant\dfrac{1}{k\ln v}\ln\dfrac{(1-\theta+c)^{1-\phi}}{v[-k\ln v(m+L)]^{1-\phi}[\phi aL(1+\alpha)]^{\phi}} \end{cases}$$

结论 4.7(社会最优安全标准 R)

当 $m\geqslant\dfrac{L(1-\theta+c)(1+\alpha)}{(1+c)(1-\phi)}-L$,社会最优安全标准为

$$\frac{1}{k\ln v}\ln\frac{[(c+1)(1-\phi)]^{1-\phi}}{vL(1+\alpha)(-k\ln v)^{1-\phi}(\phi a)^{\phi}}$$

否则社会最优安全标准为以下范围的任意值

$$\left[0,\frac{1}{k\ln v}\ln\frac{(1-\theta+c)^{1-\phi}}{v[-k\ln v(m+L)]^{1-\phi}[\phi aL(1+\alpha)]^{\phi}}\right]$$

可以得出,当补偿 m 很高时,政府应该执行相对严格的安全标准,因为

$$\frac{1}{k\ln v}\ln\frac{[(c+1)(1-\phi)]^{1-\phi}}{vL(1+\alpha)(-k\ln v)^{1-\phi}(\phi a)^{\phi}}>$$

$$\frac{1}{k\ln v}\ln\frac{(1-\theta+c)^{1-\phi}}{v[-k\ln v(m+L)]^{1-\phi}[\phi aL(1+\alpha)]^{\phi}}$$

该安全标准是固定的,与 m 无关。事实上,在这种情况下,每家公司的安全投资都是固定的,攻破概率保持不变,因此补偿机制根本不起作用。

4.5 主要结论

安全标准作为信息安全的一个重要特征,在当前的信息安全经济学研究中尚未得到充分考虑。本章考虑了这一特点,通过构建企业与黑客之间的博弈模型,研究了两家企业在资源共享环境下的信息安全投资决策。最终得到了一些有趣的结果,并提供了新的管理建议。

首先,虽然严格的安全标准有利于每家企业的信息安全,但企业的预期成本可能会增加。随着安全标准变得越来越严格,每家公司都需要在信息安全方面投入更多的资金,这可以阻止黑客发动网络攻击,因为公司的信息系统变得难以被成功

攻破。在这种情况下，鉴于公司的信息系统可以通过较低的安全投资得到很好的保护，对公司来说，昂贵的安全投资是多余的，不具有成本效益。换句话说，并不是每家公司都总能从更严格的安全标准中受益，因为它必须在提高的安全级别和增加的投资成本之间进行权衡。政府部门应仔细衡量安全标准带来的投资成本，并从战略上估计黑客的攻击投资。

其次，安全补贴可以激励每家公司进行更多投资并降低其预期成本，而用户不便会阻碍每家公司进行投资并增加其预期成本。因此，在共享信息资产的环境中，争取安全补贴和尽可能减少用户不便总是符合每家公司的利益。

再次，随着两家公司共享更多的资源，每家公司的预期成本总是增加。事实上，信息资产共享程度越高，黑客受益越多，对企业的攻击力度也越大。虽然每家公司都增加了安全投资，但投资动机不够强烈，因为它们缺乏减少共享信息资产损失的动机。因此，当两家公司共享更多时，政府应该实施更高的安全标准。因为用户不便造成的低间接损失鼓励安全投资，所以当用户不便变得薄弱时，政府可以制定高安全标准来保护每家公司。

最后，通过研究补偿机制对企业和黑客之间的战略互动的影响，发现每家公司都可能因补偿增加而遭受损失，并分析了补偿机制如何影响社会最优安全标准。因此，在处理投资不足问题时，补偿机制并不总是万灵药，有其适用范围。

第 5 章 黑客知识扩散下企业信息系统安全投资策略

5.1 问题提出

随着黑客网站和论坛的出现,知识扩散已被认为是黑客群体中的一种常见现象(Mookerjee et al.,2011;Wang et al.,2020a)。黑客可以传播关于计算机入侵、数据滥用、病毒编码、金融欺诈、机密窃取及规避安全检测等方面的知识。然而,借助信息安全投资和法治措施,我们可以有效地遏制这种知识的扩散。企业可聘请安全专家对黑客网站进行严密监控,及时应对潜在威胁,并可利用法律手段起诉那些故意传播攻击知识的黑客。这些措施不仅增强了企业的信息安全,还有助于企业在市场中获得更大份额。同时,黑客通过破坏企业信息系统并出售信息资产来获取利益,这一行为也会受到信息安全投资和法律制约的影响,从而进一步影响黑客的行为以及企业的市场地位。

本章旨在研究基于微分博弈的两家竞争企业之间的信息安全动态投资策略。试图解决以下问题:① 在市场占有率随时间变化的双寡头竞争环境中,企业的信息安全动态投资策略是什么?② 当黑客通过在黑客网站传播知识而逐渐知识化时,企业的信息安全动态投资策略是什么?③ 黑客对信息资产的评估率、执法率、黑客知识扩散的增长率和黑客知识扩散造成的损害等基本特征是如何影响信息安全的投资策略和由此产生的企业利润的?

本章通过讨论基于微分博弈的双寡头竞争环境中的相关竞争投资策略,对信息安全经济学研究做了补充。将每家企业的市场占有率作为一个状态变量进行仔细刻画,以充分揭示每家企业的信息安全水平和黑客经济动机的影响。此外,本章还引入了黑客知识扩散,并分析了其对信息安全投资率和企业利润的影响。技术上采用了微分博弈模型,以便以解析的形式得出信息安全投资率和由此产生的企业利润的反馈纳什均衡解。最终得到了一些反直觉的结果,表明一些常见的安全实践应该进行调整,并提出了一些可用的管理启示。

5.2 模型构建

安全投资决策本质上是动态的,因为作为保证信息系统安全和企业交易进一步正常运行的关键战略,它是基础的、长期的。假设有两家竞争企业,企业1和2,在时间 $t\in[0,+\infty)$ 决定信息安全投资率 $z_k(t)$,$k=1,2$,用于雇用安全专家和安装安全设备,如防火墙、IDS、防病毒软件、VPN、内容过滤器和接入控制系统。企业 k 的信息系统安全水平可以用 $\varphi z_k(t)$ 来衡量,其中 φ 是一个外生的、恒定的执法率。假设两家企业的总消费者需求率等于1,并且企业1在时间 t 的市场占有率为 $x(t)$。将企业 k 的边际利润表示为 p_k,可以得到两家企业的瞬时毛利率为 $p_1 x(t)$ 和 $p_2[1-x(t)]$。

现在刻画黑客对信息资产的评估率。一般来说,企业在合法的业务流程中实现的信息资产的价值不一定总是等于黑客在黑市中通过未经授权和非法的使用所实现的价值。例如,拥有客户信用卡数据的企业通过在购买交易过程中为客户的支付流程提供便利来实现信息资产的价值。此外,黑客通过欺诈购买和身份盗窃获得价值(Bandyopadhyay et al.,2010)。即便如此,黑客对信息资产的评估率与企业信息资产的价值率密切相关,可以通过它们的瞬时毛利率 $p_1 x(t)$ 和 $p_2[1-x(t)]$ 来衡量。从直觉上看,黑客对信息资产的评估率不仅与边际利润有关,还与消费者市场占有率有关。同样的例子,符合企业边际利润的每个消费者的价值取决于该消费者是否拥有普通卡或VIP卡(即信用卡的状态),或者该消费者是多支付还是少支付(即信用卡的支付能力)。只有当一家企业的消费者市场占有率和边际利润越高,该企业的黑客信息资产评估率就越高。假设企业和黑客之间的信息资产的价值存在一个比率 $w>0$,该比率取决于在黑市中交易信息资产的难度。注意到,在一些文献(Hausken,2007;Png et al.,2009)中,假设黑客的信息资产价值与企业的信息资产价值成比例。这一假设与以下观察结果一致,即拥有大量资金的银行账户凭证在地下经济中的价格更高(Png et al.,2009)。因此,黑客对信息资产的评估率可以由 $wp_1 x(t)$ 和 $wp_2[1-x(t)]$ 得到。考虑到有两家竞争企业,黑客信息资产评估率越高的企业,其黑客流量越大,进而影响其市场占有率。换言之,当一家企业的毛利率较高时,黑客在入侵该企业时可以从中受益更多,因此更有可能转向该企业。

除了黑客信息资产评估率外，企业的信息安全水平也会影响其市场占有率，正如引言中所述，消费者通常觉得更适合与更安全的企业进行交易。也就是说，每家企业都可以在信息安全方面进行投资，以吸引另一家企业的消费者。总之，黑客对信息资产的评估率和信息安全投资率对 $x(t)$ 的影响可以通过以下方式得到：

$$\dot{x}(t)=w\{p_2[1-x(t)]-p_1x(t)\}+\beta_1\varphi z_1(t)\sqrt{1-x(t)}-\beta_2\varphi z_2(t)\sqrt{x(t)}$$

等式右端包含两项。第一项描述的是对于一家企业来说，当黑客可以从破坏竞争对手的信息系统中获得更高的收益时，黑客往往会转向竞争对手，并导致竞争对手的市场占有率下降。特别是，当企业2的黑客信息资产评估率 $p_2[1-x(t)]$ 高于(低于)企业1的评估率 $p_1x(t)$ 时，黑客将其网络攻击转移到企业2，从而使企业1的市场占有率增加(降低)。换言之，本章考虑了定向攻击，即更有价值的信息资产会受到黑客更多的网络攻击。注意，与 Gao 等(2013a)的研究不同，等式中市场份额随时间的变化考虑了黑客信息资产评估率的影响，其取决于企业的市场份额和边际利润。

等式右端项 $\beta_1\varphi z_1(t)\sqrt{1-x(t)}-\beta_2\varphi z_2(t)\sqrt{x(t)}$ 反映了竞争性信息安全投资率的影响，其中参数 β_1 和 β_2 表示其吸引消费者的效率，并衡量消费者对两家企业的安全漏洞的敏感程度。当一家企业在其信息系统中存储了大量用户的敏感信息时，这一参数会变得很高。考虑到外生的执法率 φ，当一家企业在信息安全方面投入更多时，另一家企业的消费者意识到其产品或服务的安全优势，会变得更愿意与前一家企业进行交易。Gal-Or 等(2005)、Gao 等(2016b)在他们的博弈论模型中采用了这一假设。

将两家企业的贴现率表示为 $r>0$，可以在无限长的时间内获得它们的贴现收益，如下所示：

$$\Pi_1=\int_0^{+\infty}e^{-rt}[p_1x(t)-0.5\gamma z_1^2(t)]dt,$$

$$\Pi_2=\int_0^{+\infty}e^{-rt}\{p_2[1-x(t)]-0.5\gamma z_2^2(t)\}dt$$

其中 $0.5\gamma z_1^2(t)$ 和 $0.5\gamma z_2^2(t)$ 表示信息安全投资的货币支出率。这里，$\gamma>0$ 是两家企业安全投资的成本系数，高 γ 意味着高投资效率。这两家企业的优化问题分别是选择 $z_1(t)>0$ 和 $z_2(t)>0$ 以使其收益最大化。

5.3 均衡分析

考虑具有初始值 $x(0)=x_0$ 的微分博弈。这两家企业进行纳什博弈,同时确定两家企业的信息安全投资率。

结论 5.1 两家企业的信息安全投资率分别为

$$z_1(t)=\gamma^{-1}\beta_1\varphi\sqrt{1-x(t)}\,m_1,$$
$$z_2(t)=-\gamma^{-1}\beta_2\varphi\sqrt{x(t)}\,n_1,$$

其中

$$m_1=\frac{-[r+w(p_1+p_2)]+\sqrt{[r+w(p_1+p_2)]^2+4\gamma^{-1}\varphi^2(p_1\beta_1^2+p_2\beta_2^2)}}{2\gamma^{-1}\varphi^2(\beta_1^2+p_1^{-1}p_2\beta_2^2)},$$

$$n_1=\frac{[r+w(p_1+p_2)]-\sqrt{[r+w(p_1+p_2)]^2+4\gamma^{-1}\varphi^2(p_1\beta_1^2+p_2\beta_2^2)}}{2\gamma^{-1}\varphi^2(p_1p_2^{-1}\beta_1^2+\beta_2^2)}.$$

基于结论 5.1 中的最优信息安全投资率,可以得到企业 1 市场占有率的变化

$$\begin{aligned}\dot{x}(t)&=w\{p_2[1-x(t)]-p_1x(t)\}+\gamma^{-1}\beta_1^2\varphi^2 m_1[1-x(t)]+\\ &\quad \gamma^{-1}\beta_2^2\varphi^2 n_1 x(t)\\ &=[-w(p_1+p_2)-\gamma^{-1}\beta_1^2\varphi^2 m_1+\gamma^{-1}\beta_2^2\varphi^2 n_1]x(t)+wp_2+\\ &\quad \gamma^{-1}\beta_1^2\varphi^2 m_1\end{aligned}$$

这意味着

$$x(t)=\left[x_0+\frac{wp_2+\gamma^{-1}\beta_1^2\varphi^2 m_1}{-w(p_1+p_2)-\gamma^{-1}\beta_1^2\varphi^2 m_1+\gamma^{-1}\beta_2^2\varphi^2 n_1}\right]\cdot$$
$$e^{[-w(p_1+p_2)-\gamma^{-1}\beta_1^2\varphi^2 m_1+\gamma^{-1}\beta_2^2\varphi^2 n_1]t}-$$
$$\frac{wp_2+\gamma^{-1}\beta_1^2\varphi^2 m_1}{-w(p_1+p_2)-\gamma^{-1}\beta_1^2\varphi^2 m_1+\gamma^{-1}\beta_2^2\varphi^2 n_1}$$

如附录所示,可得企业利润。

结论 5.2 假设 $-w(p_1+p_2)-\gamma^{-1}\beta_1^2\varphi^2 m_1+\gamma^{-1}\beta_2^2\varphi^2 n_1-r<0$,则企业利润为以下形式

$$\Pi_1=-\left[x_0+\frac{wp_2+\gamma^{-1}\beta_1^2\varphi^2 m_1}{-w(p_1+p_2)-\gamma^{-1}\beta_1^2\varphi^2 m_1+\gamma^{-1}\beta_2^2\varphi^2 n_1}\right]\cdot$$

$$\Pi_2 = \left[x_0 + \frac{wp_2 + \gamma^{-1}\beta_1^2\varphi^2 m_1}{-w(p_1+p_2) - \gamma^{-1}\beta_1^2\varphi^2 m_1 + \gamma^{-1}\beta_2^2\varphi^2 n_1} \right] \cdot$$

$$\frac{p_1 + 0.5\gamma^{-1}\varphi^2\beta_1^2 m_1^2}{-w(p_1+p_2) - \gamma^{-1}\beta_1^2\varphi^2 m_1 + \gamma^{-1}\beta_2^2\varphi^2 n_1 - r} +$$

$$\frac{r^{-1}(p_1 + 0.5\gamma^{-1}\varphi^2\beta_1^2 m_1^2)(wp_2 + \gamma^{-1}\beta_1^2\varphi^2 m_1)}{-w(p_1+p_2) - \gamma^{-1}\beta_1^2\varphi^2 m_1 + \gamma^{-1}\beta_2^2\varphi^2 n_1} +$$

$$0.5 r^{-1}\gamma^{-1}\varphi^2\beta_1^2 m_1^2$$

$$\frac{p_2 + 0.5\gamma^{-1}\varphi^2\beta_2^2 n_1^2}{-w(p_1+p_2) - \gamma^{-1}\beta_1^2\varphi^2 m_1 + \gamma^{-1}\beta_2^2\varphi^2 n_1 - r} +$$

$$\frac{r^{-1}(p_2 + 0.5\gamma^{-1}\varphi^2\beta_2^2 n_1^2)(wp_2 + \gamma^{-1}\beta_1^2\varphi^2 m_1)}{-w(p_1+p_2) - \gamma^{-1}\beta_1^2\varphi^2 m_1 + \gamma^{-1}\beta_2^2\varphi^2 n_1} + p_2 r^{-1}$$

5.4 黑客知识扩散

黑客知识扩散是一个日益严重的现象,这是近年来信息安全领域的研究热点(Mookerjee et al.,2011;Wang et al.,2020a)。随着时间的推移,黑客能够通过在黑客论坛和网站上扩散并消化共享的安全知识,变得更加知识化。黑客群体的知识水平存在一个自然学习曲线,这与黑客论坛和网站的规模以及黑客的平均学习能力有关。两家企业的信息安全投资率可能会潜在地抑制黑客知识的扩散。例如,这些企业可以威胁起诉扩散此类知识的黑客,监控并宣布有关黑客网站网络攻击的讨论(Gao et al.,2013a;Mookerjee et al.,2011)。

设 $y(t)$ 表示在时间 t 时黑客群体中的黑客知识水平,其动态方程可由下式描述:

$$\dot{y}(t) = \lambda y(t) - v\varphi [z_1^2(t) + z_2^2(t)]$$

这个黑客知识水平等式刻画了黑客的学习能力和黑客论坛和网站规模的影响(以 $\lambda y(t)$ 为衡量指标),以及两家企业的信息安全投资率的影响(以 $v\varphi [z_1^2(t) + z_2^2(t)]$ 为衡量指标)。参数 $\lambda > 0$ 和 $v > 0$ 表示它们各自的效率,执法率也会抑制黑客知识的扩散。与 Mookerjee 等(2011)类似,等式右端本质上假设了安全投资率的线性回报效应,这也是相关文献中的常见做法。这一假设与 Gao 等(2013a)不同,后者同时考虑了安全投资率的边际收益递减。为了便于分析,同时考虑两家企业的信息安全投资率对黑客知识扩散的负面影响。

第5章 黑客知识扩散下企业信息系统安全投资策略

当有黑客知识扩散时,黑客更加知识化,因此他们的网络攻击更具破坏性。假设一些消费者会放弃与这两家企业中的任何一家的交易,因为黑客知识扩散引起了人们对信息安全的日益担忧。设 $\delta y(t)$ 为各企业市场占有率的减少率,其中 $\delta > 0$ 表示黑客知识扩散的损害系数。在这种情况下,企业利润应修正为

$$\Pi_1 = \int_0^{+\infty} e^{-rt}[p_1 x(t) - p_1 \delta y(t) - 0.5\gamma z_1^2(t)]dt,$$

$$\Pi_2 = \int_0^{+\infty} e^{-rt}\{p_2[1-x(t)] - p_2 \delta y(t) - 0.5\gamma z_2^2(t)\}dt$$

该模型框架假设了确定性的边际利润、执法率、黑客的学习能力和企业的安全投资率。换句话说,模型中不存在不确定性。

考虑具有初始值 $x(0)=x_0$ 和具有初始值 $y(0)=y_0$,我们构建了更加复杂的微分博弈。附录推导了反馈纳什均衡解,如下所示。

结论 5.3 两家企业的信息安全投资率分别为

$$z_1(t) = \frac{s_1 \beta_1 \varphi}{\gamma + 2t_1 v\varphi}\sqrt{1-x(t)},$$

$$z_2(t) = -\frac{s_2 \beta_2 \varphi}{\gamma + 2t_2 v\varphi}\sqrt{x(t)}$$

其中

$$t_1 = -\frac{p_1 \delta}{r-\lambda}, \qquad t_2 = -\frac{p_2 \delta}{r-\lambda}$$

s_1 和 s_2 满足

$$p_1 - s_1[w(p_1+p_2)+r] - 0.5\frac{s_1^2 \beta_1^2 \varphi^2}{\gamma+2t_1 v\varphi} + \frac{s_1 s_2 \beta_2^2 \varphi^2}{\gamma+2t_2 v\varphi} - t_1 v\varphi \frac{s_2^2 \beta_2^2 \varphi^2}{(\gamma+2t_2 v\varphi)^2} = 0,$$

$$-p_2 - s_2[w(p_1+p_2)+r] + 0.5\frac{s_2^2 \beta_2^2 \varphi^2}{\gamma+2t_2 v\varphi} - \frac{s_1 s_2 \beta_1^2 \varphi^2}{\gamma+2t_1 v\varphi} + t_2 v\varphi \frac{s_1^2 \beta_1^2 \varphi^2}{(\gamma+2t_1 v\varphi)^2} = 0$$

将结论 5.3 中的最优信息安全投资率代入,可以得到

$$\dot{x}(t) = -\left[\frac{s_1 \beta_1^2 \varphi^2}{\gamma+2t_1 v\varphi} - \frac{s_2 \beta_2^2 \varphi^2}{\gamma+2t_2 v\varphi} + w(p_1+p_2)\right]x(t) + wp_2 + \frac{s_1 \beta_1^2 \varphi^2}{\gamma+2t_1 v\varphi},$$

$$\dot{y}(t) = \lambda y(t) + v\varphi^3\left[\frac{s_1^2 \beta_1^2}{(\gamma+2t_1 v\varphi)^2} - \frac{s_2^2 \beta_2^2}{(\gamma+2t_2 v\varphi)^2}\right]x(t) - v\varphi^3 \frac{s_1^2 \beta_1^2}{(\gamma+2t_1 v\varphi)^2}$$

由附录可知,这表示

$$x(t)=\left[x_0-\frac{wp_2+\dfrac{s_1\beta_1^2\varphi^2}{\gamma+2t_1v\varphi}}{\dfrac{s_1\beta_1^2\varphi^2}{\gamma+2t_1v\varphi}-\dfrac{s_2\beta_2^2\varphi^2}{\gamma+2t_2v\varphi}+w(p_1+p_2)}\right]e^{-\left[\dfrac{s_1\beta_1^2\varphi^2}{\gamma+2t_1v\varphi}-\dfrac{s_2\beta_2^2\varphi^2}{\gamma+2t_2v\varphi}+w(p_1+p_2)\right]t}+$$

$$\frac{wp_2+\dfrac{s_1\beta_1^2\varphi^2}{\gamma+2t_1v\varphi}}{\dfrac{s_1\beta_1^2\varphi^2}{\gamma+2t_1v\varphi}-\dfrac{s_2\beta_2^2\varphi^2}{\gamma+2t_2v\varphi}+w(p_1+p_2)}=(x_0-\Delta)\mathrm{e}^{-\Omega t}+\Delta,$$

$$y(t)=(y_0-\Phi-\Theta)\mathrm{e}^{\lambda t}+\Phi\mathrm{e}^{-\Omega t}+\Theta$$

其中为了简化表达式,引入了以下表达式

$$\Omega=\frac{s_1\beta_1^2\varphi^2}{\gamma+2t_1v\varphi}-\frac{s_2\beta_2^2\varphi^2}{\gamma+2t_2v\varphi}+w(p_1+p_2),$$

$$\Delta=\frac{wp_2+\dfrac{s_1\beta_1^2\varphi^2}{\gamma+2t_1v\varphi}}{\dfrac{s_1\beta_1^2\varphi^2}{\gamma+2t_1v\varphi}-\dfrac{s_2\beta_2^2\varphi^2}{\gamma+2t_2v\varphi}+w(p_1+p_2)},$$

$$\Phi=-v\varphi(\Omega+\lambda)^{-1}[\Omega-w(p_1+p_2)]\left[x_0-\Omega^{-1}\left(wp_2+\frac{s_1\beta_1^2\varphi^2}{\gamma+2t_1v\varphi}\right)\right],$$

$$\Theta=-v\varphi\lambda^{-1}\Omega^{-1}[\Omega-w(p_1+p_2)]\left(wp_2+\frac{s_1\beta_1^2\varphi^2}{\gamma+2t_1v\varphi}\right)+v\varphi^3\lambda^{-1}\frac{s_1^2\beta_1^2}{(\gamma+2t_1v\varphi)^2}$$

进而可以得到企业利润的解析形式,如附录所示。

结论 5.4 假设 $\lambda-r<0, \Omega+r>0$,则企业利润为

$$\Pi_1=\frac{p_1\delta(y_0-\Phi-\Theta)}{\lambda-r}+\frac{p_1(x_0-\Delta-\delta\Phi)}{\Omega+r}+r^{-1}[p_1(\Delta-\delta\Theta)-0.5(1-\Delta)]+$$

$$\frac{0.5(x_0-\Delta)}{\Omega+r}\frac{\gamma\varphi^2 s_1^2\beta_1^2}{(\gamma+2t_1v\varphi)^2},$$

$$\Pi_2=\frac{p_2\delta(y_0-\Phi-\Theta)}{\lambda-r}-\frac{p_2(x_0-\Delta+\delta\Phi)}{\Omega+r}+r^{-1}p_2(1-\Delta-\delta\Theta)-$$

$$\frac{0.5\gamma s_2^2\beta_2^2\varphi^2}{(\gamma+2t_2v\varphi)^2}\left(\frac{x_0-\Delta}{\Omega+r}+r^{-1}\Delta\right)$$

5.5 数值结果

尽管上文已经以解析的形式推导出了信息安全投资率和企业利润,但由于相

第5章 黑客知识扩散下企业信息系统安全投资策略

关均衡解中表达式的复杂性,仍然无法以解析式形式检验黑客信息资产评估率、执法率、黑客知识扩散增长率和黑客知识扩散损害等基本特征的影响。本章通过数值模拟研究这些影响,得到了一些实际的管理启示,并对一些反直觉的现象进行解释。基于第5.2节的基本模型,我们分析了黑客信息资产评估率和执法率的影响,并基于第5.4节的拓展模型分析了黑客知识扩散的影响。

因为黑客信息资产评估率是由参数 w 决定的,所以我们利用该参数来刻画黑客对信息资产的评估率。设 $p_1=2, p_2=1, \gamma=2, \beta_1=1, \beta_2=1, r=0.1, x_0=0.5, y_0=0, \varphi=1$,可以得到一段时间内的信息安全投资率和企业利润随 w 的变化,具体见图5.1。

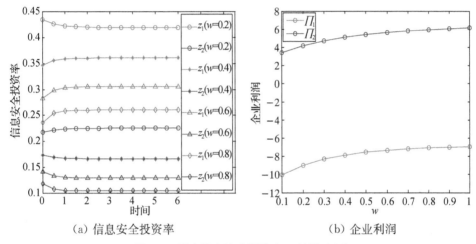

(a) 信息安全投资率 (b) 企业利润

图 5.1 黑客信息资产评估率 w 的影响(1)

从图5.1中可以看出,当 w 变得更大时,两家企业在信息安全方面的投资都更少,但利润更高。传统上认为,由于黑客对信息资产的评估率更高,黑客会发动更频繁的网络攻击,因此企业应该投入更多的资金来对抗这些黑客。当 w 变得非常大时,黑客信息资产评估率对市场占有率的影响将超过信息安全投资率对其的影响。在这种情况下,考虑到企业的支出负担,企业不愿意提高信息安全投资率,这缓和了企业之间的投资竞争。因此,企业可以通过避免过度竞争来获得更高的利润。由此可以得出结论:在特定情况下,黑市上黑客交易的繁荣对企业有利,因此不应受到抑制。有趣的是,边际利润较高的企业1会比其竞争企业2投资更多,但收益更少。其根本原因是,企业1拥有更高的黑客信息资产评估率,从而引发更多的黑客攻击。

假设除了 $p_1=1$ 和 $\beta_2=2$ 之外,上述参数保持不变,这意味着企业 2 的信息安全投资率更有效,可以在图 5.2 中得到信息安全投资率和企业利润。图 5.2(a)中信息安全投资率的变化与图 5.1(a)相似,而图 5.2(b)中企业利润与图 5.1(b)不同。图 5.2(b)表明企业利润随 w 的增加而减少。事实上,当两家企业的边际利润呈不对称性下降时,黑客信息资产评估率对市场占有率的影响就会减弱。注意到当 $\beta_2=2>1=\beta_1$ 时,信息安全投资率的影响占主导地位,因为它们的效率具有更高的不对称性。企业主要通过信息安全投资率的竞争来实现利润,但更高的 w 阻碍了这种竞争。

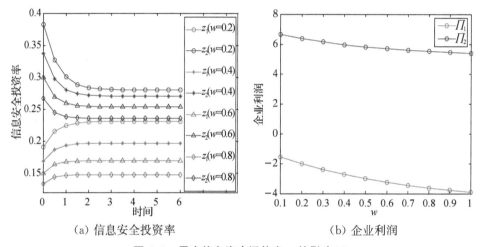

(a) 信息安全投资率　　(b) 企业利润

图 5.2　黑客信息资产评估率 w 的影响(2)

图 5.3 显示了一段时间内的信息安全投资率和执法率 φ 的企业利润,其中 $p_1=2, p_2=1, \gamma=2, \beta_1=1, r=0.1, x_0=0.5, w=0.2$。可以在图 5.3(a)中观察到,执法率 φ 和信息安全投资率是"战略互补"的,即随着 φ 的增加,企业投资更多。然而,尽管企业会投入更多,但 φ 越大,它们的利润就越低。当执法率 φ 增加时,信息安全投资率对市场占有率的影响占主导地位。为了获得更高的市场占有率,企业将致力于更高的信息安全投资率。由于参与过度竞争,当 φ 增加时,企业的收入就会减少。图 5.3 表明,在某些情况下,旨在威慑黑客的执法率可能会伤害企业。边际利润较高的企业,即企业 1,由于上述相同原因,获得的利润低于其竞争对手。

为了信息安全投资率效率的影响,仅通过设定 $p_1=1$ 和 $\beta_2=2$ 来修正上述参数,最终得到图 5.4 中的信息安全投资率和企业利润。虽然执法率提高了信息安全投资率,但与图 5.3 不同,它提高了企业利润。

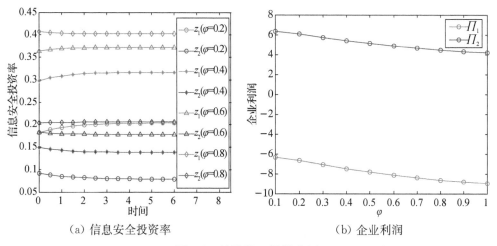

(a) 信息安全投资率　　　　　(b) 企业利润

图 5.3　执法率 φ 的影响（1）

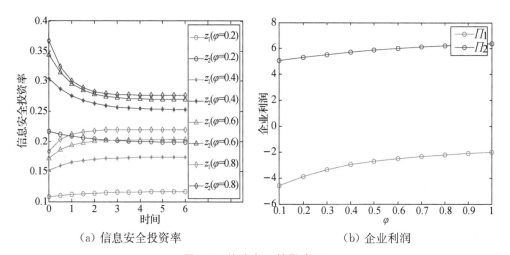

(a) 信息安全投资率　　　　　(b) 企业利润

图 5.4　执法率 φ 的影响（2）

在本小节中,假设 $p_1=2, p_2=1, \gamma=2, \beta_1=1, \beta_2=1, r=0.1, x_0=0.5, y_0=0, \varphi=1$,以及 $w=0.2$。设 $v=1, \delta=0.01$,计算 s_1, s_2,并分别得到图 5.5 和表 5.1 中的信息安全投资率和企业利润。可以发现,更高的黑客知识增长率 λ 不一定会导致更高的信息安全投资率和更低的企业利润。尽管随着 λ 的增加,两家企业总是有动机进行投资,以减少市场占有率的损失,但由于竞争相当激烈,在信息安全方面过高的投资率可能无助于抢占市场占有率。表 5.1 显示,较高的黑客知识增长率 λ 有时有利于两家竞争企业。从实践角度看,为了保护企业免受黑客网络攻击,一些黑客论坛和网站被关闭,但这实际上可能会伤害企业。

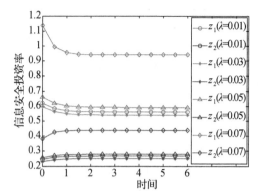

图 5.5 黑客知识增长率 λ 对信息安全投资率的影响

表 5.1 黑客知识增长率 λ 对企业利润的影响

λ	0.01	0.02	0.03	0.04	0.05	0.06	0.07
s_1	1.363 3	1.350 5	1.333 2	1.308 8	1.271 4	1.207 5	1.072 9
s_2	−0.619 9	−0.619 7	−0.619 8	−0.621 3	−0.626 3	−0.643 1	−0.722 2
Π_1	9.729 4	9.880 0	10.104 7	10.469 1	11.144 0	12.729 6	19.104 3
Π_2	3.494 4	3.466 6	3.440 0	3.424 6	3.457 5	3.707 7	5.522 5

假设 $λ=0.02, δ=0.01$，然后可以求解 s_1、s_2。一段时间内的信息安全投资率和企业利润随抑制效率 v 的变化分别如图 5.6 和表 5.2 所示。图 5.6 表明，当 v 变大时，信息安全投资率和企业 2 的利润并不总是增加。可能的原因与第 4.3 小节中的讨论类似。

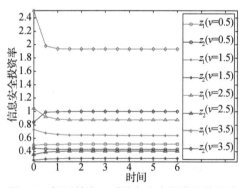

图 5.6 抑制效率 v 对信息安全投资率的影响

第 5 章　黑客知识扩散下企业信息系统安全投资策略

表 5.2　抑制效率 v 对企业利润的影响

v	0.5	1	1.5	2	2.5	3	3.5
s_1	1.219 8	1.350 5	1.285 9	1.207 5	1.110 4	0.990 1	0.885 5
s_2	−1.185 2	−0.619 7	−0.623 9	−0.643 1	−0.692 8	−0.821 1	−1.341 2
Π_1	6.499 7	9.880 0	10.864 3	12.729 6	16.725 7	27.719 0	92.865 1
Π_2	3.384 0	3.466 6	3.436 1	3.707 7	4.768 8	8.528 0	33.537 7

假设 $\lambda=0.02, v=1$，求解 s_1、s_2 后，可以观察到黑客知识扩散损害 δ 是如何影响信息安全投资率和企业利润的。随着 δ 的增加，两家企业都将在信息安全方面投入更多资金，以减少黑客知识扩散造成的损害，如图 5.7 所示。表 5.3 提供了一些有趣的结果，即企业利润可能会随着 δ 的增加而增加。也就是说，在某些情况下，黑客知识扩散的损害程度越高，两家企业的收益反而越大。扫描下方二维码，可以查看彩色版图 5.1～图 5.7。

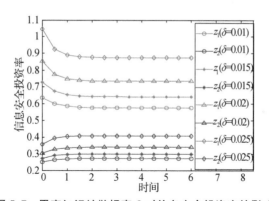

扫码看彩图

图 5.7　黑客知识扩散损害 δ 对信息安全投资率的影响

表 5.3　黑客知识扩散损害 δ 对企业利润的影响

δ	0.01	0.015	0.02	0.025	0.03	0.035
s_1	1.350 5	1.285 9	1.207 5	1.110 4	0.990 1	0.885 5
s_2	−0.619 7	−0.623 9	−0.643 1	−0.692 8	−0.821 1	−1.341 2
Π_1	9.880 0	10.864 3	12.729 6	16.725 7	27.719 0	92.865 1
Π_2	3.466 6	3.436 1	3.707 7	4.768 8	8.528 0	33.537 7

5.6　主要结论

　　本章建立了两家竞争企业之间的信息安全投资微分博弈模型,该模型以一种解析的形式保证了反馈信息安全投资率和企业利润。通过推导均衡解,我们得到了一些与黑客知识扩散有关的反直觉管理发现。结果表明,尽管信息安全投资率总是在下降,但黑客对信息资产的评估率有时会增加两家企业的利润。而且,虽然外生执法率是信息安全投资率的"战略补充",但并不总是能增加企业利润。此外我们还发现,更高的黑客知识增长率并不一定会导致两家竞争企业的信息安全投资率更高,在某些情况下可能会导致它们的利润增加。即使当抑制黑客知识扩散的信息安全投资率效率变得更高时,企业也可能投资更少,收益更少。除此以外,当黑客知识扩散的损害变得更加严重时,企业总是投入更多,但可能会获得更高的回报。

　　尽管得到了这些发现,但本章仍存在一些局限性。首先,尽管均衡解和由此产生的企业利润最终是以解析的形式推导出来的,但管理启示的结果是从数值上得到的。为了获得稳健的结果,可以尝试采取一些其他的微分博弈模型,从而获得解析结果以及相应的管理见解。其次,本章假设黑客不是战略性的,因此可以建立更复杂的微分博弈模型,其中黑客可以选择网络攻击率。最后,本章假设执法率是外生的。未来可以通过假设它是内生的来讨论类似的问题,以使两家企业的利润之和最大化。

第三部分

企业安全信息共享策略

第 6 章 预算约束下安全信息共享对信息系统安全投资策略的影响

6.1 问题提出

企业的信息系统安全投资需要花费一定的成本,企业在进行安全投资决策时,通常会制定网络安全预算,这将约束企业的信息系统安全投资策略。同时,安全信息共享是企业提高安全防御的重要手段,但企业间共享的安全信息也存在着被黑客截获并利用的风险,黑客可以通过学习安全信息来提高攻击效率、降低成本。此外,企业之间的资源共享已经成为供应链协作中的一种常见现象,黑客的网络攻击不仅会给直接遭到破坏的企业带来严重损失,还会间接给予其共享资源的其他企业带来损失。因此,研究预算约束下安全信息共享对企业信息系统安全投资策略影响具有重要的意义。

本章考虑在共享资源的市场背景下有两家企业,企业之间的业务联系紧密,这两家企业都有维持日常运营的信息系统,由于信息系统的复杂性,存在固有的脆弱性。市场中同时存在着一个战略黑客,企图入侵企业的信息系统以获取企业数据,黑客的网络攻击不仅会给直接遭到破坏的企业带来严重损失,还会间接给予其共享资源的企业带来损失。为防止信息泄露,企业可以进行安全投资和通过第三方平台进行安全信息共享来提高自身信息系统的安全水平,但黑客也可以增加攻击投资以提高攻击强度和通过了解企业在第三方平台共享的信息来降低自身的攻击成本。并且,两家企业的安全投资会受到有限的预算约束。两家企业分别做出决策,决定其安全投资,使其期望成本最小化,黑客决定其攻击投资,使其期望收益最大化。本章根据预算约束的影响,分别得到了预算约束严格和宽松两种情形下各企业和黑客的最优策略选择,接着分析了关键参数如何影响均衡解,最后在扩展部分,设计了一个考虑补偿机制,研究该机制对企业和黑客决策的影响。

第6章 预算约束下安全信息共享对信息系统安全投资策略的影响

6.2 模型构建

为了方便起见,我们首先在表 6.1 中展示本章用到的主要符号和定义及其取值范围。

表 6.1 主要符号和定义及其取值范围

符号	定义	取值范围
z_i	企业 i 的安全投资	$z_i \geqslant 0$
h_i	黑客对企业 i 施加的攻击强度	$h_i \geqslant 0$
p_i	企业 i 的入侵概率	$0 < p_i < 1$
v	企业信息系统的内部脆弱性	$0 < v < 1$
k	企业安全投资的效率系数	$k > 0$
ϕ	黑客攻击投资的效率系数	$0 < \phi < 1$
a	安全损失在黑市上转换为黑客收益的换算系数	$0 \leqslant a \leqslant 1$
μ	黑客通过第三方信息共享平台获取安全信息的能力	$0 \leqslant \mu \leqslant 1$
L	企业的安全损失(可被黑客获得)	$L \geqslant 0$
s	企业间的安全信息共享程度	$0 \leqslant s \leqslant 1$
b	安全投资预算	$b \geqslant 0$
α	企业间的资源共享程度	$0 \leqslant \alpha \leqslant 1$

我们将市场中的两家共享资源的企业分别记为企业 i 和企业 j ($i,j=1,2, i \neq j$),以及一个战略黑客在共享资源的背景下进行战略博弈。这两家企业都有自己的信息系统来存储用户信息和维护日常数据操作,每家企业的信息系统内部脆弱性由 $v(0<v<1)$ 表示,为提高信息系统的安全性,各企业将进行安全投资,企业 i 和 j 的安全投资分别记为 z_i 和 z_j,每家企业的信息安全投资不能超过预算 b 即满足 $z_i \leqslant b$ 和 $z_j \leqslant b$。两家企业处于安全信息共享状态,$s \in [0,1]$ 是一个衡量企业间安全信息共享程度的外生参数,以企业 i 为例,企业 i 的总安全投资可表示为 $z_i + s z_j$。

战略黑客通过对两家企业发起攻击来破坏企业的信息系统,将黑客对企业 i 和 j 施加的攻击投资分别记为 h_i 和 h_j,这其实也就是黑客攻击企业 i 和企业 j 所需付出的成本。当企业通过第三方平台共享安全信息，战略黑客也可以通过第三方平台学习安全信息来提高攻击效率从而降低攻击成本，用 $\mu \in [0,1]$ 表示黑客学习安全信息的能力，通过学习安全信息可以使黑客的攻击成本从 h_i 和 h_j 降低到 $(1-\mu s)h_i$ 和 $(1-\mu s)h_j$。

为了描述企业信息系统被黑客成功破坏的概率，本节基于 Gordon-Loeb 模型（Gordon 等，2002），企业在黑客攻击下的入侵概率函数可以采取以下形式：

$$p_i = (1+h_i)^{\phi} v^{1+k(z_i+sz_j)}$$

其中 $0<v<1$ 代表企业信息系统的内部脆弱性，它表示了在没有信息安全投资和攻击投资的情形下企业信息系统被攻破的可能性。此处，$k>0$ 和 $0<\phi<1$ 可以保证总安全投资的减少、黑客总攻击投资的增加都将不断增加入侵概率，并保持边际效益递减。

这两家企业处于资源共享的环境中，在不同的信息安全条件下，两家企业的损失和黑客的收益是不同的，每家企业的损失和黑客的收益如表 6.2 所示。其中在企业端，L 表示每家企业被黑客入侵时的安全损失，L 不仅包含有形损失，如信息资产和硬件，还包含无形损失，如声誉和市场价值。特别地，两家企业的信息系统通过通信网络物理连接以共享一些信息资源，当一家企业的信息系统遭到破坏时，另一家企业也会受到一定程度的影响，我们采用 α 来表示企业间资源共享的程度，αL 表示一家企业存储在另一家企业的信息量。例如，当企业 i 遭受 L 的安全损失，企业 j 也会因为资源共享而间接遭受 αL 的损失。

表 6.2 不同安全条件下两家企业的损失和黑客的收益

	两家企业都未被攻破	仅企业 i 被攻破	仅企业 j 被攻破	两家企业都被攻破
概率	$(1-p_i)(1-p_j)$	$p_i(1-p_j)$	$p_j(1-p_i)$	p_ip_j
企业 i 的损失	0	L	αL	$L+\alpha L$
企业 j 的损失	0	αL	L	$L+\alpha L$
黑客的收益	0	$a(1+\alpha)L$	$a(1+\alpha)L$	$2u(1+u)L$

在黑客端，一旦成功攻破一家企业的信息系统，黑客就可以通过在黑市上交易窃取的信息资产来获利。在本模型中，假设黑客的收益与企业的损失成比例，将黑客收益表示为 αL，这与地下经济中资金量较大的银行账户在黑市上价格较高的观察结果一致。

结合入侵概率函数,从表6.2可得到企业 i 的期望成本函数为:

$$C_i^F = p_i(1-p_j)L + p_j(1-p_i)\alpha L + p_i p_j(L+\alpha L)$$
$$= p_i L + p_j \alpha L + z_i$$
$$= (1+h_i)^\phi v^{1+k(z_i+sz_j)} L + (1+h_j)^\phi v^{1+k(z_j+sz_i)} \alpha L + z_i$$

其中 $z_i \leqslant b$。

黑客的期望收益函数为:

$$\pi^H = (1+h_i)^\phi v^{1+k(z_i+sz_j)} a(L_i+\alpha L_j) + (1+h_j)^\phi v^{1+k(z_j+sz_i)} a(L_j+\alpha L_i) - (1-\mu s)h_i - (1-\mu s)h_j$$

6.3 均衡分析

在模型中,我们假设两个企业分别做出决策,企业决定其安全投资,使其期望成本最小化:

$$\min C_i^F = (1+h_i)^\phi v^{1+k(z_i+sz_j)} L + (1+h_j)^\phi v^{1+k(z_j+sz_i)} \alpha L + z_i$$

其中 $z_i \leqslant b$。

同时,黑客决定其攻击投资,使其期望收益最大化:

$$\max \pi^H = (1+h_i)^\phi v^{1+k(z_i+sz_j)} a(L_i+\alpha L_j) + (1+h_j)^\phi v^{1+k(z_j+sz_i)} a(L_j+\alpha L_i) - (1-\mu s)h_i - (1-\mu s)h_j$$

我们在模型中考虑均衡结果的对称性,通过求解一阶条件,并根据预算约束的影响,我们得到了两种情形下的均衡结果。在情形 A 中,预算约束是严格的,即

$$b < \frac{\ln\{(1-\mu s)^\phi [\phi a(1+\alpha)]^{-\phi} L^{-1} [-k \ln v(1+\alpha s)]^{\phi-1} v^{-1}\}}{k \ln v(s+1)}$$

我们可以发现每家企业都会花掉所有的预算。相反,在情形 B 中,预算约束是宽松的,即

$$b \geqslant \frac{\ln\{(1-\mu s)^\phi [\phi a(1+\alpha)]^{-\phi} L^{-1} [-k \ln v(1+\alpha s)]^{\phi-1} v^{-1}\}}{k \ln v(s+1)}$$

每家企业可以自由地进行安全投资。根据这两种情形,我们可以得到企业和黑客最优策略的均衡结果。

引理 6.1 (1) 在情形 A 中,均衡状态下各企业的安全投资和黑客的攻击投资为

$$z=b, \quad h=\left[\frac{1-\mu s}{a\phi L(1+\alpha)v^{1+k(b+sb)}}\right]^{\frac{1}{\phi-1}}-1,$$

各企业的期望成本和黑客的期望收益为

$$C^F=\left[\frac{1-\mu s}{a\phi L(1+\alpha)v^{1+k(b+sb)}}\right]^{\frac{\phi}{\phi-1}}v^{1+k(b+sb)}L(1+\alpha)+b,$$

$$\pi^H=2(1-\mu s)\left[\frac{1-\mu s}{a\phi L(1+\alpha)v^{1+k(b+sb)}}\right]^{\frac{1}{\phi-1}}\frac{1-\phi}{\phi}+2(1-\mu s)$$

(2) 在情形 B 中,均衡状态下各企业的安全投资和黑客的攻击投资为

$$z=\frac{\ln\{(1-\mu s)^\phi[\phi a(1+\alpha)]^{-\phi}L^{-1}[-k\ln v(1+\alpha s)]^{\phi-1}v^{-1}\}}{k\ln v(s+1)},$$

$$h=-\frac{\phi a(1+\alpha)}{k\ln v(1+\alpha s)(1-\mu s)}-1$$

各企业的期望成本和黑客的期望收益为

$$C^F=\frac{-(1+\alpha)}{k\ln v(1+\alpha s)}+\frac{\ln\{(1-\mu s)^\phi[\phi a(1+\alpha)]^{-\phi}L^{-1}[-k\ln v(1+\alpha s)]^{\phi-1}v^{-1}\}}{k\ln v(1+s)},$$

$$\pi^H=\frac{2a(1+\alpha)(\phi-1)}{k\ln v(1+\alpha s)}+2(1-\mu s)$$

同时,我们将在本章的研究中确保以下的必要条件:为确保每家企业的安全投资不是负的,我们将保证$(1-\mu s)^\phi[\phi a(1+\alpha)]^{-\phi}L^{-1}[-k\ln v(1+\alpha s)]^{\phi-1}v^{-1}<1$;为确保入侵概率函数介于 0 和 1 之间,我们将在研究中保证$1<-Lk\ln v(1+\alpha s)$。

结论 6.1 给出了两种情形下两家企业和黑客的最优策略选择。根据引理 6.1,我们接着分析关键参数如何影响均衡解。

结论 6.1(b 的影响)

(1) 在情形 A 中,随着预算约束 b 的增加,各企业的安全投资持续增加,但各企业的期望成本、黑客的攻击投资和期望收益持续减少。

(2) 在情形 B 中,预算约束 b 对各企业的安全投资、期望成本、黑客的攻击投资和期望收益都没有影响。

b 表示企业安全投资的预算约束,限制了每家企业可以施加的安全投资额。结论 6.1 揭示了企业和黑客的策略是如何受 b 影响的。只有在情形 A 中,当预算紧张时,它明显地影响企业和黑客的策略选择,较高的安全投资会压制期望成本,因此,企业会尽最大努力增加安全投资,用尽所有预算,在这种情况下,虽然安全投资的成本逐渐增加,但企业信息系统可以得到很好的保护,每家企业从提高的安全

第6章 预算约束下安全信息共享对信息系统安全投资策略的影响

等级中获益更多,所以期望成本会不断减少。借助数值仿真,图6.1所示为当 $v=0.9, s=0.1, a=1, k=10, L=2, \phi=0.4, \alpha=0.1, \mu=0.4$ 时(本章所有的数值仿真的取值经检验都能满足各章研究的必要条件,即入侵概率函数的值在可行范围内),各企业的期望成本 C^F 随 b 的变化曲线。相反,随着预算约束的增加,黑客破解信息系统变得更加困难,抑制了黑客的攻击热情,其期望收益也随之降低。

在情形B中,预算 b 是足够的,并且不会对企业和黑客的决策产生任何影响。

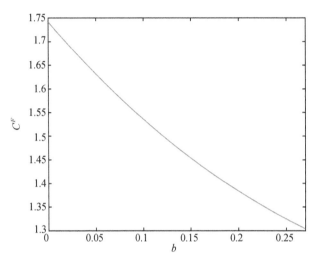

图6.1 各企业的期望成本随 b 变化的曲线

结论6.2(s 的影响)

(1) 在情形A中,安全信息共享程度 s 对各企业的安全投资没有影响,各企业的期望成本和黑客的攻击投资随着 s 的增加先减小后增大。当满足

$$aL > \frac{1}{\phi(1+\alpha)} \left\{ \frac{\phi\mu}{v^{\frac{1+2kb}{1-\phi}}(1-\mu)^{\frac{1}{\phi-1}}[\phi\mu+kb\ln v(1-\mu)]} \right\}^{1-\phi}$$

时,黑客的期望收益随 s 的增加先减少后增加,反之则持续减少。

(2) 在情形B中,随着安全信息共享程度 s 的增加:当两家企业相互独立($\alpha=0$)时,各企业的安全投资和期望成本先减少后增加;黑客的攻击投资先减少后增加,黑客的期望收益持续减少。

s 表示企业间的安全信息共享程度,它不仅会影响企业的安全防御水平,还会影响黑客从第三方平台获取的安全信息量。一方面,随着 s 提高,各企业的总安全投资不断增加,有助于降低期望成本;另一方面,s 的增加鼓励黑客通过第三方平台获取安全信息并降低其攻击成本。当预算紧张时,各企业将用尽全部预算投资于信息安全,安全投资不受 s 的影响。当 s 相对较低时,s 的增加将提高各企业的总安全投资,但帮助黑客了解共享的安全信息的效果并不明显,因此,每家企业都从增加的总安全投资中获益,而黑客则减少其攻击力度。当 s 相对较高时,s 对黑客学习能力的影响比 s 对提高总安全投资的影响更为明显,在这种情况下,企业的信息系统都很容易被攻破,黑客会加大攻击力度,各企业的期望成本也会因此上升。

借助数值仿真,当 $v=0.3, a=0.4, k=1, L=5, \phi=0.4, \alpha=0.8, \mu=0.8, b=0.5$ 时,黑客的攻击投资 h 和各企业期望成本 C^F 随 s 变化的曲线如图 6.2 所示。

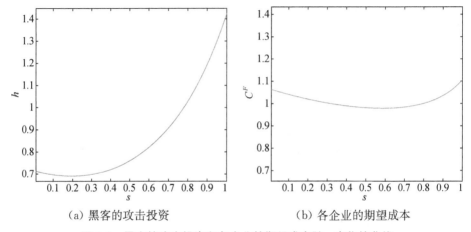

(a) 黑客的攻击投资   (b) 各企业的期望成本

图 6.2 黑客的攻击投资和各企业的期望成本随 s 变化的曲线

s 对黑客期望收益的影响取决于安全损失的换算系数 a。只有当 a 较高时,黑客成功侵入各企业信息系统可以获得较高的收益,期望收益才呈现出先下降后上升的趋势,然而当 a 较低时,黑客的期望收益会持续下降。事实上,当 s 较低时,黑客从共享的安全信息中学到的东西很少,且由于各企业增加了总安全投资,导致期望收益也减少了。当 s 较高时,黑客可以学到更多,并从这种学习中获益更多,在这种情形下,若保持较高的 a,黑客的期望收益会在 s 的可行范围内 ($0 \leqslant s \leqslant 1$) 增加,如果保持较低的 a,黑客就不能获得更高的期望收益。借助数值仿真,令 $v=0.3, b=0.3, k=1, \phi=0.4, \alpha=0.4, \mu=0.6$,我们可以在图 6.3 中得到当换算系数较高 $a=0.9$ 和换算系数较低 $a=0.2$ 时的黑客期望收益 π^H 变化曲线。

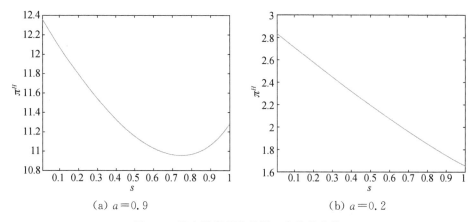

(a) $a=0.9$　　　　　　　　　　　(b) $a=0.2$

图 6.3　黑客的期望收益随 s 变化的曲线

当预算充足时，s 对企业和黑客的战略选择的影响是复杂的。为了便于分析，我们首先忽略资源共享($\alpha=0$)考虑两家独立的企业。当 s 较低时，随着 s 的增加，各企业可以用较少的安全投资维持安全水平，每家企业的期望成本因其投资成本的降低而降低。但更高的 s 也有助于黑客了解更多的安全信息并实施更有效的攻击，因此，当 s 较高时，随着 s 的增加，各企业都增加安全投资来防御黑客，导致期望成本增加。

当资源共享强度不是微不足道时，我们可借助数值仿真进行分析。假设 $v=0.5, a=0.5, \phi=0.5, \mu=0.8, k=1, L=15$，我们可以获得当 $\alpha=0$ 和 $\alpha=0.9$ 时各企业的安全投资 z 和期望成本 C^F 随 s 变化的曲线，如图 6.4 和图 6.5 所示。

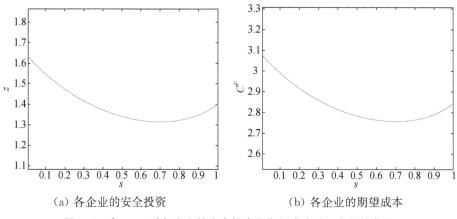

(a) 各企业的安全投资　　　　　　　(b) 各企业的期望成本

图 6.4　当 $\alpha=0$ 时各企业的安全投资和期望成本随 s 变化的曲线

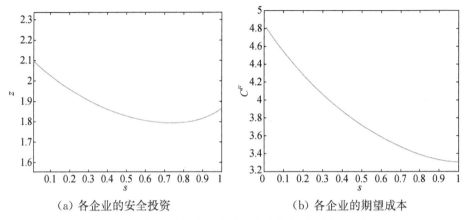

(a) 各企业的安全投资　　　　　　(b) 各企业的期望成本

图 6.5　当 $\alpha=0.9$ 时各企业的安全投资和期望成本随 s 变化的曲线

从各企业的期望成本函数可以看出,当 $\alpha>0$ 时安全信息共享对各企业总安全投资的积极影响被放大了,换句话说,与安全信息共享对黑客学习的负面影响相比,资源共享的特性使安全信息共享对每家企业更有利。因此,各企业的期望成本在 $\alpha=0.9$ 时随着 s 持续降低。

对于黑客来说,当 s 相对较低时,更高程度的安全信息共享使得黑客更难以攻破每家企业,黑客将减少其攻击投资,但是当 s 相对较高时,安全信息共享给黑客带来了更多的机会学习安全信息,有助于施加更有效的攻击,此时黑客会发动猛烈的网络攻击。然而,信息共享对黑客的负面影响一般大于正面影响,因此更高程度的安全信息共享会持续压制黑客的期望收益。如图 6.6 展示了当 $v=0.5, a=0.4, k=0.5, \phi=0.6, \alpha=0.8, \mu=0.5$ 时,黑客的攻击投资 h 和期望收益 π^H 随 s 变化的曲线。

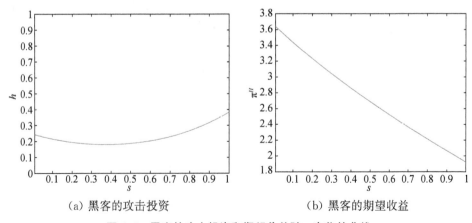

(a) 黑客的攻击投资　　　　　　(b) 黑客的期望收益

图 6.6　黑客的攻击投资和期望收益随 s 变化的曲线

第6章 预算约束下安全信息共享对信息系统安全投资策略的影响

结论 6.3（α 的影响）

（1）在情形 A 中，各企业的安全投资与资源共享程度 α 无关，但黑客的攻击投资、期望收益和各企业的期望成本都随着 α 的增加而增加。

（2）在情形 B 中，各企业的安全投资和期望成本、黑客的攻击投资和期望收益都随着 α 的增加而持续增长。

α 表示企业之间的资源共享程度，它测量了一家企业由于业务联系而存储在另一家企业中的信息量。当预算紧张时，各企业的安全投资等于预算，因此不受 α 影响。对于黑客来说，随着 α 的增加，当黑客攻破一家企业时，它不仅可以获得这家企业的信息资产，还可以获得另一家企业存储的信息资产，这鼓励了黑客增加其攻击投资，因此，黑客的期望收益和各企业的期望成本都增加。

当预算充足时，随着资源共享程度的增加，一旦企业的信息系统被破坏，两家企业将遭受严重损失，因此两家企业将更多的注意力转移到创造更安全的环境中，各企业将加大安全投资以提高信息系统的安全水平。因各企业增加了安全投资，带来了过度的投资成本，导致其期望成本增加。对于黑客来说，黑客受到更高收益的激励而增加攻击投资，且收益的增加超过了攻击成本的增加，所以黑客的期望收益不断增加。

结论 6.4（v 的影响）

（1）在情形 A 中，内部脆弱性 v 对各企业的安全投资没有影响，但各企业的期望成本、黑客的攻击投资和期望收益都是随着 v 的增加而增加。

（2）在情形 B 中，随着 v 的增加，各企业的安全投资先增加后减少，而各企业的期望成本、黑客的攻击投资和期望收益都不断增加。

内部脆弱性 v 描述了企业信息系统在没有任何安全投资和攻击投资的情形下被攻破的可能性。当预算紧张时，随着内部脆弱性的增加，每家企业的安全投资保持不变，信息系统的安全水平会下降，此时，黑客会抓住机会加大攻击力度以获得更高的期望收益，所以各企业的期望成本会不断增加。当预算充足时，内部脆弱性对安全投资具有非单调影响。当 v 相对较低时，各企业的信息系统相对安全，此时，黑客试图增加攻击投资以获得更高的期望收益，一旦黑客成功攻破企业，各企业都会遭受重大损失，因此他们会加大安全投资以避免更大的损失。当 v 相对较高时，各企业的信息系统相对不安全，此时，黑客更有动机增加攻击强度，以获得更高的期望收益，同时，安全投资已无法有效地提高安全水平，反而会带来更高的投资成本,因此企业会减少安全投资。尽管 Gordon 等(2002)基于决策理论模型为单家企业找到了类似的结果,但我们的结果通过额外引入资源共享环境和战略黑客来检查他们发现的稳健性。无论 v 是相对较低还是相对较高,v 的增长意味着不安全的环境,从而损害企业。令 $s=0.9, a=0.4, k=0.5, L=10, \phi=0.4, \alpha=0.7, \mu=0.2$,可以在图 6.7 中得到各企业的安全投资 z 和期望成本 C^F 随 v 变化的曲线。

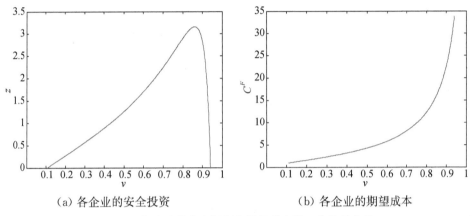

(a) 各企业的安全投资　　　　　(b) 各企业的期望成本

图 6.7　各企业的安全投资和期望成本随 v 变化的曲线

6.4　补偿机制

由于各企业不需要对来自其他企业的共享信息资产的安全性直接负责,各企业投资于信息安全的动机相对较弱,因此,由社会规划者或第三方设计的补偿机制或责任机制可能有利于双方企业,最终也有利于社会。在资源共享环境中,假设一家企业存储了另一家企业的信息资产,前一家企业应该对后一家企业的损失负责。为此,我们在本节中考虑一种补偿机制:当企业 i 被黑客成功攻破而企业 j 没有被攻破时,前者将补偿后者一笔金额 m 作为惩罚,反之亦然。当两家企业都被攻破或两家企业都没有被攻破时,不需要赔偿。Bandyopadhyay 等(2010)和 Wu 等(2021)讨论了这种补偿机制。有了这种补偿机制,企业的期望成本函数就变成了:

$$\begin{aligned} C_i^F &= p_i L + p_j \alpha L + p_i(1-p_j)m - (1-p_i)p_j m + z_i \\ &= (1+h_i)^\phi v^{1+k(z_i+sz_j)} L + (1+h_j)^\phi v^{1+k(z_j+sz_i)} \alpha L + \\ &\quad m\left[(1+h_i)^\phi v^{1+k(z_i+sz_j)} - (1+h_j)^\phi v^{1+k(z_j+sz_i)}\right] + z_i \end{aligned}$$

第6章 预算约束下安全信息共享对信息系统安全投资策略的影响

其中 $z_i \leqslant b$。

黑客的期望收益函数保持不变。在预算紧张的情形下,由于各企业的安全投资等于预算,补偿机制对均衡结果没有影响。因此,我们只讨论预算充足的情形,如下:

$$\frac{\ln\{(1-\mu s)^\phi [\phi a L(1+\alpha)]^{-\phi}[-k\ln v(L+m+L\alpha s-ms)]^{\phi-1} v^{-1}\}}{k\ln v(s+1)} \leqslant b$$

考虑到对称性,我们可以在引理 6.2 中得到以下均衡解。

引理 6.2 在补偿机制下,各企业最优的安全投资和期望成本为

$$z^* = \frac{\ln\{(1-\mu s)^\phi [\phi a L(1+\alpha)]^{-\phi}[-k\ln v(L+m+L\alpha s-ms)]^{\phi-1} v^{-1}\}}{k\ln v(s+1)},$$

$$C^{F*} = \frac{L(1+\alpha)}{-k\ln v(L+m+L\alpha s-ms)} + \frac{\ln\{(1-\mu s)^\phi [\phi a L(1+\alpha)]^{-\phi}[-k\ln v(L+m+L\alpha s-ms)]^{\phi-1} v^{-1}\}}{k\ln v(1+s)}$$

黑客最优的攻击投资和期望收益为

$$h^* = \frac{\phi a L(1+\alpha)}{-k\ln v(1-\mu s)(L+m+L\alpha s-ms)} - 1,$$

$$\pi^{H*} = \frac{2aL(1+\alpha)(\phi-1)}{k\ln v(L+m+L\alpha s-ms)} + 2(1-\mu s)$$

接下来分析补偿金额 m 对均衡结果的影响。

结论 6.5 随着补偿金额 m 的增加,各企业的安全投资增加,黑客的攻击投资和期望收益减少,各企业的期望成本先增加后减少。与没有补偿机制的情形相比,各企业的期望成本在 m 低时更低,在 m 高时更高。

结论 6.5 揭示了当引入补偿机制时,企业和黑客的均衡选择是如何变化的。在补偿机制下,如果仅一家企业被攻破,该企业不仅会遭受安全损失,还需支付一定数额的补偿金,随着补偿金额的增加,其需要承担的安全风险也越来越大,因此,各企业将增加安全投资以避免遭受重大损失。对于黑客来说,补偿金额不会带来任何好处,相反,由此带来的安全投资的增加提高了攻破信息系统的难度,因此黑客会减少攻击投资,补偿金对黑客只有负面作用,所以黑客的期望收益将不断降低。m 对各企业的期望成本有正面和负面的影响。一方面,m 鼓励两家企业增加安全投资,降低遭受安全损失的概率,如果一家企业未被攻破而另一家企业被攻破,m 可以弥补前者由于资源共享而造成的损失;另一方面,由此引起的安全投资

的增加会提高投资成本，且当企业需要支付给另一家企业补偿金时，也会给该企业带来更重的成本负担。当 m 相对较低时，积极影响更明显，各企业的期望成本不断下降，当 m 相对较高时，负面影响更明显，各企业的期望成本不断增加。

补偿机制是否有利于各企业取决于补偿金额 m 的大小。图 6.8 说明了各企业的期望成本在 $\alpha=0.5$ 和 $s=0.3$ 时是如何随着 m 而变化的。由此可以得出结论，补偿机制并不总是有利于企业，只有当补偿金额保持较低水平时，各企业的期望成本在有补偿机制时才会低于没有补偿机制时。

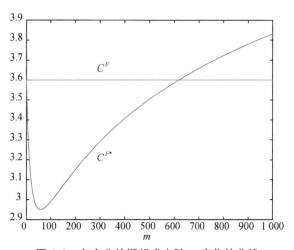

图 6.8　各企业的期望成本随 m 变化的曲线

上面我们已经讨论了给定的补偿金额 m 如何影响均衡结果，接下来，假设有社会规划者或第三方制定了一个最优补偿金额，使两家企业的总期望成本最小化，总期望成本是各企业期望成本的两倍，最优补偿金额可以通过各企业的期望成本最小化来计算得出。我们给出了这个最优补偿金额 m^*，并讨论了它是如何受关键因素的影响。

结论 6.6　最优补偿金额为 $m^*=L[(1+s)(1+\alpha)-(1+\alpha s)(1-\phi)]/[(1-\phi)(1-s)]$，其随着安全损失 L、安全信息共享程度 s、资源共享程度 α 以及黑客的攻击效率 ϕ 的增加而增加。

随着安全损失 L 或资源共享程度 α 的增加，一家企业会因另一家企业被攻破而承担更多的损失，此时只有增加补偿金额才能更好地补偿前一家企业，因此，m^* 随着 L 或 α 的增加而不断增加。随着安全信息共享程度 s 或黑客攻击效率 ϕ 的提高，入侵概率增加，各企业可能遭受更大的损失，增加补偿金额可以更好地激励企业增加安全投资从而降低入侵概率。因此，m^* 也随着 s 或 ϕ 的提高而保持增长。

6.5 主要结论

本章构建了一两家资源共享企业和一个黑客之间的博弈模型来研究安全信息共享和投资预算约束的影响。首先根据预算约束的影响，得到了两种情形下两家企业和黑客的最优策略选择，并分析了关键参数如何影响均衡解，对于一些较复杂的情况，借助数值仿真分析结果。最后扩展了模型来考虑补偿机制对企业和黑客决策的影响。

研究表明，当企业的安全预算过少时，企业无法提高安全水平，从而有损于企业利益。但当预算过多时，企业可能会因为过度的安全投资而导致投资成本的增加，适当的安全预算可以限制企业的安全投资并节省成本；并且与直觉不同，安全信息共享有可能适得其反地损害企业。无论预算如何，企业间的安全信息共享都不应过度，企业应该将安全信息共享程度控制在一个合理的范围内，否则负面影响超过正面影响，企业将受到伤害。此外，我们设计了一个补偿机制，发现存在一个最优补偿金额使两家企业的总期望成本最低，它随着资源共享程度的增加而增加。

第 7 章　竞争企业动态安全信息共享策略

7.1　问题提出

本章构建了一个微分博弈框架,讨论了两家面临黑客针对性攻击的竞争公司的动态安全投资和信息共享策略,这两家公司都能够通过内生定价选择影响与信息系统相关的信息资产的价值。本章专注于电子商务、电子支付、电子银行、信用卡等安全相关行业,在这些行业中,消费者更可能关注信息安全。安全投资和信息共享是公司防御黑客攻击和影响其市场份额的重要安全策略。面对每家公司,消费者将根据两家公司进行的安全投资做出选择。当给定公司增加其安全投资以防止其信息系统的安全漏洞时,消费者对于该公司交易的焦虑将会减轻,他们对产品的信心和支付意愿将会增强,从而吸引竞争对手的消费者。然而,如果竞争对手增加了其安全投资,给定公司就会因为消费者认为竞争对手是一个更可靠和安全的公司而失去消费者。换句话说,一家公司可以通过更大的安全投资从竞争对手那里获得市场份额。

Gal-Or 等(2005)、Cezar 等(2014)明确假设,在竞争环境中,公司的消费者需求函数取决于其自身的安全投资以及竞争对手的安全投资。有证据表明,消费者在做出购买决策时,确实能够感知到信息安全投资,至少在本章所考虑中的与安全相关的行业中是这样。公司在不同商业环境中投资和采用的安全机制和措施有许多方面。尽管一些安全工具,如防火墙、IDS 和加密传输在技术上非常复杂,因此并不总是对消费者可见,但消费者能够产生对公司信息安全水平的强烈感知(Kim et al.,2011)。其中,Kim 等(2011)将影响消费者对电子支付系统中信息安全感知的因素归类为技术保护、安全声明和交易程序。准确地说,技术保护涉及特定且技术性的机制,以确保在线交易的隐私、完整性、保密性和稳定性,这可以通过使用某些特定政策,如明确的标准化来实现。安全声明指的是与电子支付系统操作和相关安全解决方案一起提供给消费者的信息。通常在网站上发布的安全声明包括安全特性声明、数据保护和隐私声明、安全政策声明,以及有关安全预防措施的其他描述性内容。交易程序指的是认证、修改和确认的过程,这些过程可以受到并由消费者控制。显然,认证是一个可见的过程,它通过消费者的身份和密码来验证消费者的身份。例如,网上银行采用了不同类型的身份认证机制来保证信息安全,如第一代 USB 密钥、第二代 USB 密钥和动态密码。第一代 USB 密钥通过物理 USB 密钥保证身份认证安全,这可能被黑客发起的木马病毒劫持。第二代 USB 密钥不仅通过物理 USB 密钥,还通过消费者在额外的 LCD 显示屏上的手动确认来确保身份认证安全,这减少了被木马病毒劫持的风险。动态密码通过为每次交易使用可变的密码来确保最佳的身份认证安全。尽管一家公司遭受的安全漏洞数量并不一定与公司的安全投资完全相关,但公司较高的信息安全投资通常伴随着较少的安全漏洞。

在本模型中,信息共享是提高信息安全水平的另一个关键因素。美国联邦政府甚至鼓励建立基于行业的信息共享与分析中心(ISAC),包括航空 ISAC(A-ISAC)、国防工业基地 ISAC(DIB-ISAC)、电力部门 ISAC(ES-ISAC)、金融服务 ISAC(FS-ISAC)、信息技术 ISAC(IT-ISAC)、供应链 ISAC(SC-ISAC)、房地产 ISAC(RE-ISAC)、公共交通 ISAC(PT-ISAC)等。同时,还有其他信息共享组织,如计算机紧急响应小组(CERT)、信息共享与分析中心(ISAC)、电子犯罪特别工作组(ECTF)和首席安全官圆桌会议(CSORT)。当公司通过这些组织共享安全信息时,可以快速传播物理和网络威胁警报,甚至向会员公司推荐安全解决方案,以尽快保护公司的信息系统。通过在这些信息共享组织中报告安全漏洞并共享相关安全信息,所有会员公司都可以向客户发出强烈信息,表明他们致力于开发严格的信息安全程序,并采取所有必要措施来减轻未来漏洞造成的损害。信息安全水平的提高将促使消费者将更愿意与所有会员公司进行交易。因此,与安全投资不同,信息共享可以为所有会员公司带来需求的增长,以及市场份额的提升。

如前文所述,黑客网络攻击可分为针对性攻击和大规模攻击。针对性攻击如网络钓鱼、工业间谍、拒绝服务(DoS)和入侵是针对高回报公司的,而大规模攻击如蠕虫、病毒、垃圾邮件、间谍软件和僵尸网络是针对所有公司的(Cavusoglu et al.,2008)。也就是说,在针对性攻击中,黑客根据他们可以获得的相关回报有选择地执行网络攻击,但大规模攻击是不加区分地实施的(Png et al.,2009;Dey et al.,

2012,2014;Mookerjee et al.,2011)。除了行为特征外,黑客社区还可以根据动机划分为以利润驱动、名声驱动、兴奋驱动和政治驱动的群体(Kim et al.,2011)。然而,他们的动机主要已从名声和兴奋转向了财务和政治收益。本章关注以利润驱动的黑客发起的针对性攻击,这些黑客在电子商务网络世界中所占比例越来越大。

在本章中,除了安全投资和信息共享,我们还假设公司可以随时间内生地决定其产品和服务的价格,这进一步影响消费者需求,甚至影响信息系统中信息资产的价值。信息资产主要与客户姓名、信用卡数据、用户名、密码、社会安全号码、地址、电话号码和其他敏感数据有关。能够拥有和控制信息资产的公司将通过在商业活动中利用它们获得经济利益。因为信息资产有助于公司创造利润,当其他因素(如信息资产的转换效率)保持不变时,它们的价值可以通过公司利润反映出来。公司通过合法商业流程实现的信息资产价值,并不一定等于黑客通过在黑市上未经授权和非法使用所实现的价值。例如,信用卡公司通过在购买交易中促进客户支付过程来实现信息资产的价值,而黑客则通过欺诈购买和身份盗窃非法实现价值(Bandyopadhyay et al.,2010)。即便如此,黑客对信息资产的评估应与公司信息资产的价值正相关(Hausken,2007,2008;Png et al.,2009)。考虑到公司的信息资产价值可以通过其利润来衡量,黑客对信息资产的评估也会受到公司利润的影响。以信用卡公司为例,公司对信息资产的价格可以大致通过信用卡的状态和支付能力来评估。随着公司利润的增加,对于给定的市场份额,公司对信息资产的价格变得更高;或者反过来,对于给定的信息资产价格,公司的市场份额变得更大。黑客可以通过破坏利润更高的公司来获得更大的收益,因为这些公司拥有更有价值或数量更多的数据。黑客的回报与公司利润之间的正相关程度通常取决于黑客能否容易地在黑市上出售他们窃取的信息资产。针对性攻击旨在有区别地从信息系统中窃取公司的信息资产,信息资产的价值可能会受到内生定价的影响。因此,公司的定价策略变得复杂,需要全面考虑竞争对手和黑客行为的影响。

本章试图回答以下问题:① 在竞争环境中,公司的动态安全投资、动态信息共享、动态定价甚至长期利润应该是多少?② 市场特征和网络攻击特征如何影响这些动态策略和长期利润?③ 当公司在安全投资、信息共享或两方面合作时,这些动态策略和长期利润如何变化?本章创新性地在考虑针对性攻击的情况下,通过内生定价决策解决信息资产价值问题。这些问题在信息安全经济学中很重要,但尚未得到解决。本章可以帮助公司制定安全投资、信息共享和定价的动态策略，并分析市场特征、网络攻击特征和合作形式对这些策略及所产生的长期利润的影响。本章构建了一个微分博弈模型，该模型反映了在针对性攻击下安全投资、信息共享和定价的动态效应，并进一步促进了反馈均衡解的数学可处理性。

与静态博弈方法不同，微分博弈方法能够表征相关问题的内在动态特性，显然更适合制定信息安全问题。从现代公司的角度来看，当公司的业务结构发生变化时，支持这些结构的信息系统会动态变化，信息系统的安全程序必须相应调整。更重要的是，从黑客的角度来看，攻击模式（Mookerjee et al., 2011）、知识传播（Mookerjee et al., 2011）和病毒传播已在动态环境中被表述。许多关于信息安全配置和投资的研究都是基于最优控制（Mookerjee et al., 2011）和微分博弈（Bandyopadhyay et al., 2014; Garcia et al., 2014）进行的。除了安全投资和信息共享外，本章假设公司的定价决策是动态的。它包括配置和渗透定价在内的定价决策是长期战略，通常以动态方式表示。本章使用微分博弈构建模型，其中定价、安全投资和信息共享在公司的动态效应中相互交互。

7.2 模型构建

首先给出本章重要的数学符号以及含义，如表 7.1 所示。

表 7.1 重要符号总结

		描述
参数	a_i	公司 i 的安全投资率的效率，$a_i>0$
	c_i	公司 i 的信息共享率的效率，$c_i>0$
	b_i	公司 i 的定价率的敏感度参数，$b_i>0$
	d	黑客的目标攻击密度，$d>0$
	l_i	由于安全漏洞导致的消费者需求损失的系数，$l_i>0$
	r	两家公司的折损率，$r>0$
	α	安全投资率的成本系数，$\alpha>0$
	β	信息共享率的成本系数，$\beta>0$

续表 7.1

		描述
决策变量	$z_i(t)$	公司 i 的安全投资率,$z_i(t)>0$
	$s_i(t)$	公司 i 的信息共享率,$s_i(t)>0$
	$p_i(t)$	公司 i 的定价率,$p_i(t)>0$
状态变量	$x_{i,z}(t)$	公司 i 的被两家公司的安全投资率影响的消费者需求率,$x_{i,z}(t)>0$
	$x_{i,s}(t)$	公司 i 的被两家公司的信息共享率影响的消费者需求率,$x_{i,s}(t)>0$
	$x_{i,p}(t)$	公司 i 的被两家公司的定价率影响的消费者需求率,$x_{i,p}(t)>0$
	$x_i(t)$	公司 i 的消费者需求率,$x_i(t)>0$
函数	Π_i	公司 i 的长期利润
	$V_i(x_1,x_2)$	公司 i 的价值函数

接下来描述安全投资率、信息共享率和定价率对消费者需求率变化的影响。正如 Gal-Or 等(2005)所强调的:"当一家给定的公司增加其对安全技术的投入以防止安全漏洞或提高安全产品的有效性,并且消费者得知这一增加时,他们与该公司交易的焦虑水平下降,从而提高他们的预期效用和为产品支付的意愿。"Cezar 等(2014)也有非常相似的观点。也就是说,当一家给定的公司增加安全投资率时,其信息系统的安全水平变得更高,导致安全漏洞的可能性降低或安全漏洞造成的损失变小。因此,一些竞争对手的消费者会因为该公司在信息系统安全方面的优势而转向这家公司。相反,当竞争对手增加安全投资率时,一些给定公司的消费者将失去安全感,转而投向相对更安全的竞争对手。由于安全投资率的变化,公司 i 的消费者需求率的变化可以描述为:

$$\dot{x}_{i,z}(t)=a_i z_i(t)\sqrt{x_{3-i}(t)}-a_{3-i}z_{3-i}(t)\sqrt{x_i(t)}$$

其中,$z_i(t)$ 表示公司 i 在时间 $t\in[0,\infty)$ 时的安全投资率;a_i 是相关效率($i=1,2$)。该方程的形式已被广泛使用,它表示了两家公司安全投资率的影响,并且保证了问题的解析解。

请注意,每家公司的信息共享率都可以通过诸如 A-ISAC、DIB-ISAC、ES-ISAC、FS-ISAC、IT-ISAC 等行业信息共享组织,为整个相关行业的信息安全水平做出贡献。公司 i 将经历以下正面需求冲击:

$$\dot{x}_{i,s}(t)=c_1 s_1(t)+c_2 s_2(t)$$

其中,$s_i(t)$ 代表公司 i 提供给这些组织的信息共享率;c_i 是相关的效率。尽管公

司 i 已经拥有了安全共享信息率 $s_i(t)$，但是信息共享率对公司 i 的影响不应排除这样的信息共享率。也就是说，每家公司的信息共享率的影响应该由集体指标 $c_1s_1(t)+c_2s_2(t)$ 来衡量。原因是，在实践中，一家公司通过信息共享中心接收到的有关特定安全攻击的安全信息可能是零碎的，因此直到它与自己的相关安全信息结合起来时，才携带很少的实质性信息（Liu et al.，2015）。如上所述，当公司 i 通过信息共享中心提供和共享其安全信息时，这些中心的成员公司能够获得及时且更优质的安全决策信息，并改进公司的安全控制机制，从而提高其信息系统的安全水平。因此，这样的成员公司安全漏洞的可能性较低，一些潜在消费者会选择这些公司进行交易。

由于定价率导致的公司 i 消费者需求率的变化，其特征可以描述为：

$$\dot{x}_{i,p}(t)=-b_ip_i(t)x_i(t)+b_{3-i}p_{3-i}(t)x_{3-i}(t)$$

其中，$p_i(t)$ 是公司 i 的定价率；b_i 是敏感度参数。该方程是对 Feichtinger 和 Dockner 定义的市场份额变化的一种修订形式，他们假设从公司 i 流失的客户比例 $b_ip_i(t)x_i(t)$ 被动态寡头市场中的竞争对手所分配。

公司 i 的消费者需求率的总变化是 $\dot{x}_i(t)=\dot{x}_{i,z}(t)+\dot{x}_{i,s}(t)+\dot{x}_{i,p}(t)$。将上述三个方程相加，安全投资率、信息共享率和定价率的总效应由下式给出：

$$\dot{x}_i(t)=a_iz_i(t)\sqrt{x_{3-i}(t)}-a_{3-i}z_{3-i}(t)\sqrt{x_i(t)}+c_1s_1(t)+\\c_2s_2(t)-b_ip_i(t)x_i(t)+b_{3-i}p_{3-i}(t)x_{3-i}(t)$$

接下来讨论针对性黑客攻击对消费者需求的影响。针对性攻击意味着黑客对利润较高的公司发起更频繁的网络攻击，因为破坏利润较高的公司的信息系统可以为黑客带来更大的收益。在对信息安全事件有严格法律的环境里，黑客可以将从公司窃取的信息资产在黑市上以较低收益转换。相反，当相关法律宽松时，黑客可以获得更多利益。无论哪种情况，当公司信息资产的价值（以利润衡量）较高时，黑客可以获得更高的利润。Hausken（2007）假设附加在信息资产上的价值在公司和黑客之间保持不变。Png 等（2009）以及 Dey 等（2012）的研究均揭示了公司与黑客之间在信息资产价值上存在的正相关性。假设两家公司的边际生产成本为零，当前模型中公司 i 的即时利润为 $p_i(t)x_i(t)$。因此，黑客针对性攻击对公司 i 消费者需求率的影响是 $x_i(t)-l_idp_i(t)x_i(t)$，其中 d 是黑客针对性攻击的密度，l_i 是由安全漏洞引起的消费者需求损失系数。参数 d 反映了黑客对公司 i 单位利润的攻击力度，因此，更有利润动机的黑客有更高的 d。同样，参数 d 可以表明安全法律的严格程度,更高的 d 意味着安全法律宽松。参数 l_i 描述了消费者需求率的损失,以衡量针对性攻击的负面影响。当公司 i 有更多(更少)对安全敏感的消费者时,l_i 的值会更高(更低)。因此,公司 i 的利润是

$$\Pi_i = \int_0^{+\infty} e^{-rt}\{p_i(t)[x_i(t) - l_i d p_i(t) x_i(t)] - 0.5\alpha z_i^2(t) - 0.5\beta s_i^2(t)\}dt$$

其中,r 是两家公司的折损率;α 是安全投资的成本系数;β 是信息共享的成本系数。参数 β 指的是因信息共享而产生的安全信息泄露成本。信息共享泄露成本涉及公开安全漏洞信息,包括参与公司的道德风险、消费者忠诚度和满意度的损失(Gal-Or et al.,2005;Lee et al.,2013;Liu et al.,2015)、会员费,以及可能的福利减少。上述方程中的安全投资和信息共享的成本结构确保它们表现出边际收益递减。这类成本结构在其他经济活动中也常用,如广告投资和研发投资。因此,每家公司的决策变量是定价率、安全投资率和信息共享率,所以折后利润最大化问题可以通过以下微分博弈来描述:

$$V_1(x_1, x_2) = \max_{p_1(t), z_1(t), s_1(t)} \int_0^{+\infty} e^{-rt}\{p_1(t)[x_1(t) - l_1 d p_1(t) x_1(t)] - 0.5\alpha z_1^2(t) - 0.5\beta s_1^2(t)\}dt,$$

$$V_2(x_1, x_2) = \max_{p_2(t), z_2(t), s_2(t)} \int_0^{+\infty} e^{-rt}\{p_2(t)[x_2(t) - l_2 d p_2(t) x_2(t)] - 0.5\alpha z_2^2(t) - 0.5\beta s_2^2(t)\}dt$$

受约束于

$$\dot{x}_1(t) = a_1 z_1(t)\sqrt{x_2(t)} - a_2 z_2 \sqrt{x_1(t)} + c_1 s_1(t) + c_2 s_2(t) - b_1 p_1(t) x_1(t) + b_2 p_2(t) x_2(t),$$

$$\dot{x}_2(t) = a_2 z_2(t)\sqrt{x_1(t)} - a_1 z_1 \sqrt{x_2(t)} + c_1 s_1(t) + c_2 s_2(t) - b_2 p_2(t) x_2(t) + b_1 p_1(t) x_1(t),$$

$$x_1(0) = x_{10}, x_2(0) = x_{20}$$

其中,$V_i(x_1, x_2)$ 是公司 i 的价值函数。可以发现每家公司的安全投资率和信息共享率对其消费者需求率产生正面影响,而针对该公司的针对性攻击对消费者需求率产生负面影响。

7.3 均衡分析

在本章中,我们首先尝试推导出微分博弈问题的解析解,在这个博弈中,两家

公司非合作地选择定价率、安全投资率和信息共享率。然后讨论这些决策变量在一些关键参数上的比较静态分析,包括 a_i, l_i, b_i 和 d。

接下来尝试找到微分博弈的反馈均衡解。反馈均衡解,也称为马尔可夫完美均衡或闭环均衡,在意义上似乎比开环均衡更为重要,因为前者考虑了公司之间通过消费者需求率随时间的演变以及相关控制调整的策略互动。附录 B2 中提供了结论 7.1 的反馈均衡解求解过程。

结论 7.1 (1) 公司 i 的反馈均衡解是

$$p_i^*(t) = \frac{1}{2l_i d}[1 - b_i(\beta_i - \gamma_i)],$$

$$z_i^*(t) = \frac{a_i}{\alpha}(\beta_i - \gamma_i)\sqrt{x_{3-i}(t)} \text{ 和 } s_i^*(t) = \frac{c_i}{\beta}(\beta_i + \gamma_i)$$

条件是 $2a_i^2/\alpha - b_i^2/(l_i d) > 0$,其中参数 β_i 和 γ_i 满足以下等式:

$$r\beta_i = \frac{1}{4l_i d}[1 - b_i(\beta_i - \gamma_i)]^2 - \frac{a_{3-i}^2}{\alpha}(\beta_i - \gamma_i)(\beta_{3-i} - \gamma_{3-i})$$

$$r\gamma_i = \frac{a_i^2}{2\alpha}(\beta_i - \gamma_i)^2 + \frac{b_{3-i}}{2l_{3-i} d}(\beta_i - \gamma_i)[1 - b_{3-i}(\beta_{3-i} - \gamma_{3-i})]$$

(2) 公司 i 的长期利润是

$$\Pi_i = \frac{1}{4l_i d}[1 - b_i^2(\beta_i - \gamma_i)^2]\left(\frac{F_i}{O_1 + O_2 + r} + \frac{G_i}{r^2} + \frac{H_i}{r}\right) - \frac{a_i^2}{2\alpha}(\beta_i - \gamma_i)^2 \left(\frac{F_{3-i}}{O_1 + O_2 + r} + \frac{G_{3-i}}{r^2} + \frac{H_{3-i}}{r}\right) - \frac{c_i^2}{2\beta r}(\beta_i + \gamma_i)^2$$

其中 O_i, F_i, G_i 和 H_i 在附录 B2 中给出。

请注意,限制条件 $2a_i^2/\alpha - b_i^2/(l_i d) > 0$ 确保了一个正的反馈均衡解。当这个条件未能满足时,反馈均衡解可能仍然是正的,这意味着反馈均衡解可能适用于更广泛的参数设置范围。根据结论 7.1(1),每家公司的安全投资率随着其竞争对手的消费者需求率而增加,而每家公司的信息共享率和定价率是固定的。与即时情况下的价值函数不同,结论 7.1(2) 给出的积分均衡利润是在无限时间范围内推导出来的,对于注重长期利润的公司来说更为重要。

对称公司的反馈均衡解在推论 7.1 中得到了明确的表述,其中 $a_i = a, b_i = b$, $c_i = c, l_i = l, x_{10} = x_{20} = x_0$。

推论 7.1 在对称条件下,每家公司的反馈均衡解是

$$p_C^* = \frac{1}{2ld}(1-\Theta), \quad s_C^* = \frac{c}{\beta}\left[\frac{1}{4rld} - \left(\frac{b^2}{4rld} + \frac{a^2}{2r\alpha}\right)\Theta^2\right], \quad z_C^*(t) = \frac{\Theta a}{\alpha}\sqrt{2cs_C^* t + x_0}$$

并且长期利润是

$$\Pi_C = [p_C^*(1-ldp_C^*) - 0.5\Theta^2 a^2/\alpha](2cs_C^*/r^2 + x_0/r) - 0.5\beta(s_C^*)^2/r$$

其中,

$$\Theta = \frac{b\sqrt{4\alpha^2(b+ldr)^2 + 3\alpha(2a^2ld - \alpha b^2)} - 2\alpha b(b+ldr)}{3(2a^2ld - \alpha b^2)}$$

设 $a=1, b=1, c=1, l=1, x_0=0, r=0.05, \alpha=1, \beta=1$,可以在图 7.1 中得到反馈均衡解和随针对性攻击密度 d 变化的积分利润。从图 7.1(a)中,可以观察到安全投资率 z_C^*、信息共享率 s_C^* 和定价率 p_C^* 随着针对性攻击密度的增加而降低。当针对性攻击密度增加时,黑客变得更受利润驱动,即使公司的盈利率不一定更高,也会发起更频繁的针对性攻击。面对更频繁的针对性攻击,理性公司将不得不降低安全投资率和信息共享率的成本。与此同时,为了减少由针对性攻击引起的消费者需求损失,公司需要降低其定价率。如图 7.1(b)所示,针对性攻击密度越高总是损害公司的长期利润 Π_C,这与常识保持一致。

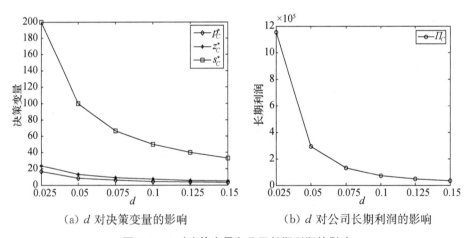

(a) d 对决策变量的影响　　(b) d 对公司长期利润的影响

图 7.1 d 对决策变量和公司长期利润的影响

给定安全投资率、信息共享率和定价率的最优决策,人们可以得到两家公司长期均衡市场份额,这在结论 7.2 中给出。

结论 7.2 当两家公司非合作地选择安全投资率和信息共享率时,其长期市场份额率是

$$\hat{x}_1 = \frac{(a_1^2/\alpha)(\beta_1-\gamma_1)+[b_2/(2l_2d)][1-b_2(\beta_2-\gamma_2)]}{(a_1^2/\alpha)(\beta_1-\gamma_1)+(a_2^2/\alpha)(\beta_2-\gamma_2)+[b_1/(2l_1d)][1-b_1(\beta_1-\gamma_1)]+[b_2/(2l_2d)][1-b_2(\beta_2-\gamma_2)]}$$

$$\hat{x}_2 = \frac{(a_2^2/\alpha)(\beta_2-\gamma_2)+[b_1/(2l_1d)][1-b_1(\beta_1-\gamma_1)]}{(a_1^2/\alpha)(\beta_1-\gamma_1)+(a_2^2/\alpha)(\beta_2-\gamma_2)+[b_1/(2l_1d)][1-b_1(\beta_1-\gamma_1)]+[b_2/(2l_2d)][1-b_2(\beta_2-\gamma_2)]}$$

可以观察到,长期市场份额率不受信息共享率的成本系数和效率的影响。可能的原因是信息共享率扩大了整个行业的消费者需求率,而不是两家公司消费者需求率的相对比例。其他关键模型参数对长期市场份额率的影响难以通过分析方法检验,因此在下一节中将通过数值方法进行讨论。

虽然上文获得了反馈均衡解的解析形式,但由于结果的复杂性,本章无法为这一结果的所有比较静态结果提供解析推导。因此,必须求助于数值方法。由于对称性,这部分只讨论了 a_1,l_1,b_1 和 d 对两家公司的反馈均衡解和所得利润的影响。在本章中都假设 $r=0.05$,$\alpha=\beta=1$,$c_1=c_2=1$,$x_{10}=x_{20}=0$。

设定 $a_2=1$,$b_1=b_2=0.1$,$l_1=l_2=1$,$d=0.1$,如表 7.2 所示,类似地,可以获得公司 1 的安全投资效率 a_1 变化时,两家公司的反馈均衡解和所得积分利润的变化。当 a_1 增加时,公司 1 可以通过投入更高的安全投资率更有效地保护其信息系统,而公司 2 发现很难吸引公司 1 的消费者,并合理地减少其安全投资率,如图 7.2 所示。在这种情况下,公司 1 变得更加积极,更愿意共享其安全信息。相比之下,公司 2 采取搭便车策略,共享较少的安全信息。搭便车效应似乎非常强烈,以至于公司 2 会在不太担心黑客攻击引起的消费者损失的情况下提高其定价率。可以观察到,a_1 并不总是增加公司 1 的定价率。直观地说,当 a_1 增加到一个较低的值时,尽管两者都在增加,公司 1 的安全投资率和信息共享率都较低。在这种情况下,公司 1 出于对消费者损失的考虑,不会提高其定价率。当 a_1 从较高的值增加时,公司 1 采取了充分的安全措施,并且不担心安全漏洞,提高了定价率。可以发现,与常识一致,公司 1 的积分利润随着 a_1 的增加而增加,而公司 2 的积分利润则随着 a_1 的增加而减少。

表 7.2 a_1 的影响

a_1	0.25	0.5	0.75	1	1.25	1.5
β_1	10.5572	12.7107	16.0952	20.1858	24.2935	27.9450
γ_1	9.5235	11.6744	15.0650	19.1794	23.3296	27.0355

续表 7.2

a_1	0.25	0.5	0.75	1	1.25	1.5
β_2	34.839 2	30.761 2	25.397 7	20.185 8	15.960 7	12.825 8
γ_2	33.405 6	29.436 2	24.226 4	19.179 4	15.103 2	12.090 5
$p_1^*(t)$	4.483 2	4.481 9	4.484 9	4.496 8	4.518 0	4.545 2
$p_2^*(t)$	4.283 2	4.337 5	4.414 4	4.496 8	4.571 3	4.632 4
$z_1^*(t)/\sqrt{x_2(t)}$	0.258 4	0.518 1	0.772 6	1.006 4	1.204 9	1.364 3
$z_2^*(t)/\sqrt{x_1(t)}$	1.433 6	1.325 0	1.171 3	1.006 4	0.857 5	0.735 3
$s_1^*(t)$	20.080 7	24.385 1	31.160 2	39.365 2	47.623 1	54.980 5
$s_2^*(t)$	68.244 8	60.197 4	49.624 1	39.365 2	31.063 9	24.916 3
$\hat{x}_1$	0.207 6	0.280 9	0.386 6	0.500 0	0.599 9	0.678 4
$\hat{x}_2$	0.792 4	0.719 1	0.613 4	0.500 0	0.400 1	0.321 6
Π_1	31 440	35 307	40 636	46 489	52 269	57 626
Π_2	73 982	65 595	55 551	46 489	39 237	33 605

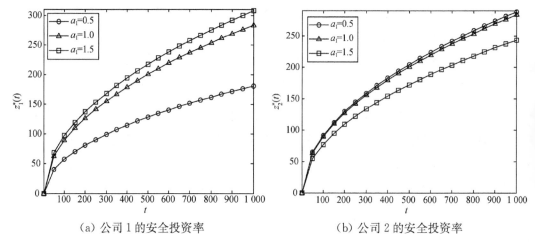

(a) 公司 1 的安全投资率　　　　　　(b) 公司 2 的安全投资率

图 7.2　a_1 对安全投资率的影响

假设 $a_1=a_2=1, l_1=l_2=1, b_2=0.1, d=0.1$,类似地,可以找到公司 1 定价率敏感度参数 b_1 变化时,两家公司的反馈均衡解和所得积分利润的变化。从表 7.3 中可以发现,随着 b_1 的增加,公司 1 的定价率下降,而公司 2 的定价率上升。较高的 b_1 对公司 1 的消费者需求率有更大的负面影响,但对公司 2 的消费者需求率有更大的正面影响。公司 1 限制其定价率以维持其消费者需求率,而公司 2 提高其定价率以获得更高的利润。由图 7.3 可以看出,公司 1 通过减少安全投资率和信息共享率来减少较高 b_1 对其消费者需求率变化的负面影响,因为两者都可以增加公司 1 的消费者需求率。公司 2 不需要增加信息安全投资以吸引消费者,因为 b_1 对其消费者需求率有正面影响。然而可以观察到,随着 b_1 的增加,公司 1 更多地共享安全信息,这意味着公司 1 专注于扩大整个行业的消费者需求率。较高的 b_1 对公司 1 有正面影响,因此总是提高公司 1 的积分利润。有趣的是,尽管 b_1 有负面影响,但它并不总是损害公司 2 的积分利润。可能的解释是,当 b_1 在较低值增加时,公司 1 的安全投资和信息共享的支出率下降,这种成本降低超过了消费者需求率的损失。

表 7.3 b_1 的影响

b_1	0.025	0.05	0.075	0.1	0.125	0.15
β_1	23.1825	22.1088	21.1116	20.1858	19.3260	18.5269
γ_1	22.0768	21.0380	20.0739	19.1794	18.3492	17.5781
β_2	15.6072	17.2887	18.8077	20.1858	21.4415	22.5899
γ_2	14.5178	16.2296	17.7761	19.1794	20.4582	21.6280
$p_1^*(t)$	4.8770	4.7691	4.6736	4.5885	4.5121	4.4431
$p_2^*(t)$	4.5282	4.5514	4.5713	4.5885	4.6037	4.6171
$z_1^*(t)/\sqrt{x_2(t)}$	0.9840	0.9237	0.8704	0.8230	0.7806	0.7425
$z_2^*(t)/\sqrt{x_1(t)}$	0.9437	0.8972	0.8575	0.8230	0.7927	0.7658
$s_1^*(t)$	52.2764	48.3055	44.8676	41.8718	39.2436	36.9227
$s_2^*(t)$	27.7281	33.2840	37.9295	41.8718	45.2601	48.2046
$\hat{x}_1$	0.5742	0.5484	0.5236	0.5000	0.4777	0.4567
$\hat{x}_2$	0.4258	0.4516	0.4764	0.5000	0.5223	0.5433
Π_1	51 016	53 199	54 158	54 300	53 891	53 119
Π_2	4 375	47 799	51 264	54 300	57 003	59 438

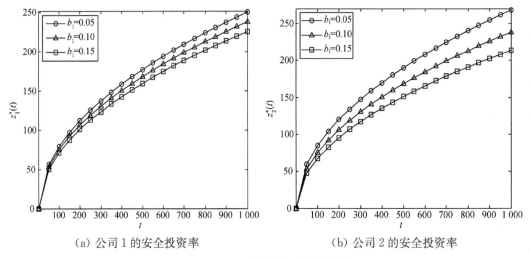

(a) 公司1的安全投资率　　　　　　(b) 公司2的安全投资率

图 7.3　b_1 对安全投资率的影响

假设 $a_1=a_2=1,b_1=b_2=0.1,l_2=1,d=0.1$，表 7.4 给出了公司 1 消费者需求损失系数 l_1 变化时，两家公司的反馈均衡解和所得积分利润的变化。可以发现，随着 l_1 的增加，公司 1 降低了其定价率，以减轻黑客攻击的负面影响。注意到公司 1 的定价率对公司 2 消费者需求率的正面影响减小，公司 2 需要降低其定价率以维持其消费者需求率。乍一看，从经济学角度，随着 l_1 的增加，公司 1 将增加其安全投资率和信息共享率以提高其消费者需求率似乎是合理的。然而，从表 7.4 和图 7.4 中可以观察到，公司 1 的安全投资率和信息共享率随着 l_1 的增加而降低。实际上，每家公司的消费者需求率就像一把双刃剑，既可以为其带来利润，同时也可能加强针对性攻击的负面影响。在这种情况下，负面影响占主导地位，公司 1 不需要更多投资和更多共享来减少这种影响。公司 2 在这种情况下增加投资以提高其消费者需求率，因为 l_1 对它没有负面影响。因此，公司 2 的信息共享率首先减少然后随着 l_1 的增加而增加。很容易理解，随着 l_1 从较高值增加，公司 1 愿意共享安全信息以增加其消费者需求率。当 l_1 增加到一个较低值时，尽管公司 1 的信息共享率在减少，但它仍然保持较高。公司 2 出于搭便车考虑减少了其信息共享率。此外，可以观察到，与常识一致，公司 1 的积分利润随着 l_1 的增加而减少。有趣的是，尽管公司 2 的长期市场份额率增加，其积分利润却随着 l_1 的增加而减少。原因可能是 l_1 的增加导致公司 1 的定价率大幅下降，超过了消费者需求率的损失。

表 7.4 l_1 的影响

l_1	0.25	0.5	0.75	1	1.25	1.5
β_1	87.290 8	44.913 5	28.571 1	20.185 8	15.238 5	12.050 8
γ_1	84.814 1	43.246 2	27.312 4	19.179 4	14.403 5	11.339 4
β_2	18.998 3	18.396 8	19.140 2	20.185 8	21.249 1	22.237 4
γ_2	18.475 2	17.661 5	18.251 7	19.179 4	20.149 7	21.063 1
$p_1^*(t)$	15.046 6	8.332 7	5.827 5	4.496 8	3.666 0	3.096 2
$p_2^*(t)$	4.738 5	4.632 4	4.555 7	4.496 8	4.450 3	4.412 8
$z_1^*(t)/\sqrt{x_2(t)}$	2.476 7	1.667 3	1.258 7	1.006 4	0.835 0	0.711 4
$z_2^*(t)/\sqrt{x_1(t)}$	0.523 1	0.735 3	0.888 5	1.006 4	1.099 4	1.174 3
$s_1^*(t)$	172.104 9	88.159 7	55.883 5	39.365 2	29.642 0	23.390 2
$s_2^*(t)$	37.473 5	36.058 3	37.391 9	39.365 2	41.398 8	43.300 5
$\hat{x}_1$	0.592 7	0.576 0	0.538 1	0.500 0	0.466 1	0.437 2
$\hat{x}_2$	0.407 3	0.424 0	0.461 9	0.500 0	0.533 9	0.562 8
Π_1	425 170	141 300	73 020	46 490	33 330	25 730
Π_2	143 030	76 580	55 770	46 490	41 680	39 010

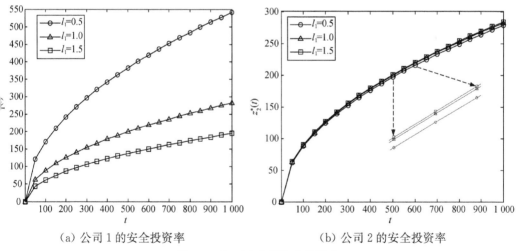

(a) 公司 1 的安全投资率　　　　(b) 公司 2 的安全投资率

图 7.4　l_1 对安全投资率的影响

设定 $a_1=1.1, a_2=1, l_1=0.9, l_2=1$ 和 $b_1=b_2=0.1$，可以获得表 7.5 中随着黑客的目标攻击密度 d 变化的两家公司的反馈均衡解和所得积分利润的变化。简单地将优势公司定义为具有更有利模型参数的公司,即安全投资率效率更高且消费者需求损失系数低于劣势公司的公司。也就是说,公司 1 是优势公司,而公司 2 是劣势公司。可以看到,随着 d 的增加,两家公司都降低了定价率以增加各自的消费者需求率。图 7.5 显示,随着 d 的增加,两家公司的安全投资率都有所下降,这意味着公司似乎不愿意防御黑客攻击。实际上,为了威慑黑客,公司需要巨额的安全预算来采用更好的访问控制政策、复杂的加密协议、先进的防火墙和 IDS,更好的系统评估工具和完美的代码设计。相比之下,黑客只需要利用一个缺陷便可以成功侵入公司的信息体系(Anderson et al.,2006)。可以观察到,随着 d 的增加,两家公司都会更少地共享安全信息。原因可能在于,在减少信息共享率之后,两家公司都会通过降低消费者需求率来减少黑客攻击的负面影响。可以观察到,尽管优势公司(即公司 1)的消费者需求率有所增加,两家公司的积分利润都随着 d 的增加而减少。

表 7.5　d 的影响

d	0.025	0.05	0.075	0.1	0.125	0.15
β_1	98.244 5	49.376 1	33.044 1	24.865 7	19.952 5	16.673 2
γ_1	96.494 1	47.984 2	31.843 2	23.790 0	18.967 6	15.758 5
β_2	79.920 1	37.846 3	24.445 2	17.947 6	14.137 9	11.644 1
γ_2	78.406 5	36.662 4	23.433 2	17.046 7	13.317 0	10.884 4
$p_1^*(t)$	18.332 4	9.564 6	6.517 9	4.957 9	4.006 7	3.364 9
$p_2^*(t)$	16.972 8	8.816 1	5.992 0	4.549 6	3.671 6	3.080 1
$z_1^*(t)/\sqrt{x_2(t)}$	1.925 4	1.531 1	1.321 0	1.183 3	1.083 4	1.006 2
$z_2^*(t)/\sqrt{x_1(t)}$	1.513 6	1.183 9	1.012 0	0.900 9	0.820 9	0.759 7
$s_1^*(t)$	194.738 6	97.360 3	64.887 3	48.655 7	38.920 1	32.431 7
$s_2^*(t)$	158.326 6	74.508 7	47.878 4	34.994 3	27.454 9	22.528 5
$\hat{x}_1$	0.532 7	0.545 2	0.552 3	0.557 1	0.560 7	0.563 4
$\hat{x}_2$	0.467 3	0.454 8	0.447 7	0.442 9	0.439 3	0.436 6
Π_1	995 880	239 870	104 240	57 720	36 520	25 130
Π_2	867 330	200 600	85 060	46 300	28 910	19 690

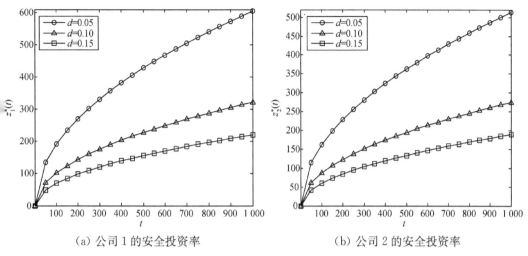

(a) 公司 1 的安全投资率　　　　　　　(b) 公司 2 的安全投资率

图 7.5　d 对安全投资率的影响

在这一小节中，由于分析处理极端困难，因此使用数值方法来检验关键模型参数的影响。将附录中获得的分析结果与上述数值结果一起总结在表 7.6 中。

表 7.6　分析结果和数值结果的简要总结

	$p_1^*(t)$	$p_2^*(t)$	$z_1^*(t)$	$z_2^*(t)$	$s_1^*(t)$	$s_2^*(t)$	$\hat{x}_1$	$\hat{x}_2$	Π_1	Π_2
a_1	∪	↑	↑	↓	↑	↓	↑	↓	↑	↓
b_1	↓	↑	↓	↓	↓	↑	↓	↑	∩	↑
l_1	↓	↓	↓	↑	↓	∪	↓	↓	↓	↓
d	↓	↓	↓	↓	↓	↓	↑	↓	↓	↓

注：↑ 表示增大；↓ 表示减小；∩ 表示先增大后减小；∪ 表示先减小后增大。

7.4　合作情境

如上所述，许多信息共享组织已经建立，这些组织可能会干预公司关于信息安全的决策，以便以集中的方式指定的安全投资率和/或信息共享率。此外，来自黑客的严重安全威胁迅速增长。已经出现了地下黑客产业链，包括从黑客专家那里购买攻击工具、出售从公司窃取的信息资产、在黑客群体中传播攻击知识以及培训新的黑客。为了遏制这些严重的威胁，公司有时需要在一系列安全措施上进行合作，以防止黑客攻击并满足其安全需求。本章研究了当安全投资率、信息共享率或两者都被合作性地调控时,两家公司的反馈均衡策略和所得积分利润是如何变化的。自然地,当两家公司合作行事时,其目标是使积分利润的总和最大化。

7.4.1 公司在安全投资上合作时的均衡解

在附录中不难观察到,在这种部分合作的情况下,两家公司中的一家拥有零安全投资率。为了不失一般性,在这一小节中,假设公司2的安全投资率为零。

结论7.3 当公司合作选择安全投资率而非合作选择信息共享率时:

(1) 每家公司的反馈均衡解是:

$$p_{zi}^*(t)=\frac{1}{2l_i d}[1-b_i(\beta_{zi}-\gamma_{zi})], \quad s_{zi}^*(t)=\frac{c_i}{\beta}(\beta_{zi}+\gamma_{zi}),$$

$$z_{z1}^*(t)=\frac{a_1}{\alpha}(\kappa_1-\kappa_2)\sqrt{x_2(t)}, \quad z_{z2}^*(t)=0$$

其中参数 β_{zi}, γ_{zi} 和 κ_i 满足等式

$$r\beta_{z1}=\frac{1}{4l_1 d}[1-b_1(\beta_{z1}-\gamma_{z1})]^2$$

$$r\gamma_{z1}=-\frac{a_1^2}{2\alpha}(\kappa_1-\kappa_2)^2+\frac{a_1^2}{\alpha}(\beta_{z1}-\gamma_{z1})(\kappa_1-\kappa_2)+\frac{b_2}{2l_2 d}(\beta_{z1}-\gamma_{z1})[1-b_2(\beta_{z2}-\gamma_{z2})]$$

$$r\beta_{z2}=-\frac{b_1}{2l_1 d}(\beta_{z2}-\gamma_{z2})[1-b_1(\beta_{z1}-\gamma_{z1})]$$

$$r\gamma_{z2}=\frac{a_1^2}{\alpha}(\beta_{z2}-\gamma_{z2})(\kappa_1-\kappa_2)+\frac{1}{4l_2 d}[1-b_2(\beta_{z2}-\gamma_{z2})][1+3b_2(\beta_{z2}-\gamma_{z2})]$$

$$r\kappa_1=\frac{1}{4l_1 d}[1-b_1(\beta_{z1}-\gamma_{z1})]\{1+b_1[\beta_{z1}-\gamma_{z1}-2(\kappa_1-\kappa_2)]\}$$

$$r\kappa_2=\frac{a_1^2}{2\alpha}(\kappa_1-\kappa_2)^2+\frac{1}{4l_2 d}[1-b_2(\beta_{z2}-\gamma_{z2})]\{1+b_2[\beta_{z2}-\gamma_{z2}+2(\kappa_1-\kappa_2)]\}$$

(2) 两家公司的长期利润是

$$\Pi_{z1}=\frac{1}{4l_1 d}[1-b_1^2(\beta_{z1}-\gamma_{z1})^2]\left(\frac{F_{z1}}{O_{z1}+O_{z2}+r}+\frac{G_{z1}}{r^2}+\frac{H_{z1}}{r}\right)-$$

$$\frac{a_1^2}{2\alpha}(\kappa_1-\kappa_2)^2\left(\frac{F_{z2}}{O_{z1}+O_{z2}+r}+\frac{G_{z2}}{r^2}+\frac{H_{z2}}{r}\right)-\frac{c_1^2}{2\beta r}(\beta_{z1}+\gamma_{z1})^2$$

$$\Pi_{z2}=\frac{1}{4l_2 d}[1-b_2^2(\beta_{z2}-\gamma_{z2})^2]\left(\frac{F_{z2}}{O_{z1}+O_{z2}+r}+\frac{G_{z2}}{r^2}+\frac{H_{z2}}{r}\right)-\frac{c_2^2}{2\beta r}(\beta_{z2}+\gamma_{z2})^2$$

其中 O_{zi}, F_{zi}, G_{zi} 和 H_{zi} 在附录中给出。

请注意,反馈均衡策略和两家公司所得积分利润与 a_2 无关。尽管结论 7.3 中(以及结论 7.4 和结论 7.5 中)确保正反馈均衡解的必要条件相当困难,但在广泛的参数范围内,均衡解始终是正的。考虑到这个的目的是比较这种情况与上面完全独立情况下的均衡解,在本章和后续几节中,仍用表 7.6 中的参数值来检验黑客的目标攻击密度 d 的影响,在这种情况下,公司 1 是优势公司,公司 2 是劣势公司。反馈均衡解和所得积分利润由表 7.7 和图 7.6 给出。

表 7.7 在合作安全投资率下 d 的影响

d	0.025	0.05	0.075	0.1	0.125	0.15
β_{z1}	129.449 3	67.004 5	45.997 9	35.376 5	28.925 4	24.570 2
γ_{z1}	127.081 6	64.770 0	43.878 0	33.356 3	26.992 7	22.715 1
β_{z2}	72.841 6	34.852 7	22.302 3	16.099 7	12.427 9	10.015 7
γ_{z2}	74.988 9	36.872 4	24.212 7	17.915 5	14.161 0	11.675 7
κ_1	202.290 8	101.857 2	68.300 2	51.476 2	41.353 3	34.585 9
κ_2	202.070 5	101.642 4	68.090 7	51.271 8	41.153 7	34.390 8
$p_{z1}^*(t)$	16.960 7	8.628 3	5.837 1	4.433 2	3.585 5	3.016 6
$p_{z2}^*(t)$	24.294 6	12.019 7	7.940 3	5.907 9	4.693 2	3.886 7
$z_{z1}^*(t)/\sqrt{x_2(t)}$	0.242 3	0.236 3	0.230 5	0.224 8	0.219 6	0.214 6
$z_{z2}^*(t)/\sqrt{x_1(t)}$	0	0	0	0	0	0
$s_{z1}^*(t)$	256.530 9	131.774 5	89.875 9	68.732 8	55.918 1	47.285 3
$s_{z2}^*(t)$	147.830 5	71.725 1	46.515 0	34.015 2	26.588 9	21.691 4
Π_{z1}	1 416 500	362 700	164 400	94 000	61 000	42 900
Π_{z2}	977 010	240 470	105 240	58 330	36 800	25 220

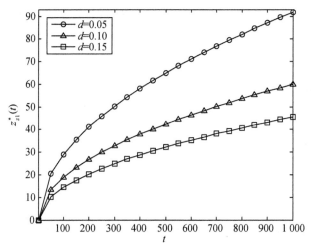

图 7.6 公司 1 在合作安全投资率下的安全投资率

7.4.2 公司在信息共享上合作时的均衡解

当公司非合作地选择安全投资率但合作地选择信息共享率时,可以得到以下结果。

结论 7.4 当公司非合作选择安全投资率但合作选择信息共享率时:

(1) 每家公司的反馈均衡解是

$$p_{si}^*(t) = \frac{1}{2l_i d}[1 - b_i(\beta_{si} - \gamma_{si})], \quad z_{si}^*(t) = \frac{a_i}{\alpha}(\beta_{si} - \gamma_{si})\sqrt{x_{3-i}(t)},$$

$$s_{si}^*(t) = \frac{c_i}{\beta}(\rho_1 + \rho_2)$$

其中参数 β_{si}, γ_{si} 和 ρ_i 满足等式:

$$r\beta_{si} = \frac{1}{4l_i d}[1 - b_i(\beta_{si} - \gamma_{si})]^2 - \frac{a_{3-i}^2}{\alpha}(\beta_{si} - \gamma_{si})(\beta_{s,3-i} - \gamma_{s,3-i})$$

$$r\gamma_{si} = \frac{a_i^2}{2\alpha}(\beta_{si} - \gamma_{si})^2 + \frac{b_{3-i}}{2l_{3-i} d}(\beta_{si} - \gamma_{si})[1 - b_{3-i}(\beta_{s,3-i} - \gamma_{s,3-i})]$$

$$r\rho_i = \frac{1}{4l_i d}[1 - b_i(\beta_{si} - \gamma_{si})]\{1 + b_i[\beta_{si} - \gamma_{si} - 2(\rho_i - \rho_{3-i})]\} - \frac{a_{3-i}^2}{2\alpha}(\beta_{s,3-i} - \gamma_{s,3-i})^2 - \frac{a_{3-i}^2}{\alpha}(\rho_i - \rho_{3-i})(\beta_{s,3-i} - \gamma_{s,3-i})$$

第7章 竞争企业动态安全信息共享策略

（2）公司 i 的长期利润是

$$\Pi_{si} = \frac{1}{4l_i d}[1-b_i^2(\beta_i-\gamma_i)^2]\left(\frac{F_{si}}{O_{s1}+O_{s2}+r}+\frac{G_{si}}{r^2}+\frac{H_{si}}{r}\right) -$$

$$\frac{a_i^2}{2\alpha}(\beta_{si}-\gamma_{si})^2\left(\frac{F_{s,3-i}}{O_{s1}+O_{s2}+r}+\frac{G_{s,3-i}}{r^2}+\frac{H_{s,3-i}}{r}\right)-\frac{c_i^2}{2\beta r}(\rho_1+\rho_2)^2$$

其中 O_{si}, F_{si}, G_{si} 和 H_{si} 在附录中给出。

通过比较可以得出，这种部分合作情况下可以保证正的定价率和正的安全投资率。这种部分合作情况下的反馈均衡解和所得积分利润由表 7.8 和图 7.7 给出。

表 7.8 在合作信息共享率下 d 的影响

d	0.025	0.05	0.075	0.1	0.125	0.15
β_{s1}	98.2445	49.3761	33.0441	24.8657	19.9525	16.6732
γ_{s1}	96.4941	47.9842	31.8432	23.7900	18.9676	15.7585
β_{s2}	79.9201	37.8463	24.4452	17.9476	14.1379	11.6441
γ_{s2}	78.4065	36.6624	23.4332	17.0467	13.3170	10.8844
ρ_1	176.6510	86.0385	56.4773	41.9125	33.2695	27.5576
ρ_2	176.4142	85.8305	56.2883	41.7375	33.1056	27.4026
$p_{s1}^*(t)$	18.3324	9.5646	6.5179	4.9579	4.0067	3.3649
$p_{s2}^*(t)$	16.9728	8.8161	5.9920	4.5496	3.6716	3.0801
$z_{s1}^*(t)/\sqrt{x_2(t)}$	1.9254	1.5311	1.3210	1.1833	1.0834	1.0062
$z_{s2}^*(t)/\sqrt{x_1(t)}$	1.5136	1.1839	1.0120	0.9009	0.8209	0.7597
$s_{s1}^*(t)$	353.0652	171.8690	112.7656	83.6500	66.3751	54.9602
$s_{s2}^*(t)$	353.0652	171.8690	112.7656	83.6500	66.3751	54.9602
Π_{s1}	1503700	373900	165500	92800	59300	41100
Π_{s2}	989450	216840	88800	47120	28830	19320

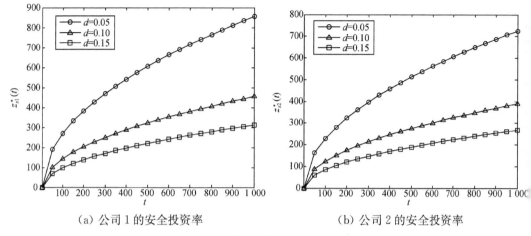

(a) 公司1的安全投资率　　　　　　(b) 公司2的安全投资率

图7.7　在合作信息共享率下的安全投资率

7.4.3　公司在安全投资和信息共享上都合作时的均衡解

接下来讨论完全合作的情况,在这种情况下,安全投资率和信息共享率都是集中决定的。为了不失一般性,再次假设公司2的安全投资率为零。

结论7.5　当公司合作选择安全投资率和信息共享率时:

(1) 每家公司的反馈均衡解是

$$p_{bi}^*(t)=\frac{1}{2l_id}[1-b_i(\beta_{bi}-\gamma_{bi})],\quad z_{b1}^*(t)=\frac{a_1}{\alpha}(\sigma_1-\sigma_2)\sqrt{x_2(t)},$$

$$z_{b2}^*(t)=0,\quad s_{bi}^*(t)=\frac{c_i}{\beta}(\sigma_1+\sigma_2)$$

其中参数 β_{bi}, γ_{bi} 和 σ_i 满足等式

$$r\beta_{b1}=\frac{1}{4l_1d}[1-b_1(\beta_{b1}-\gamma_{b1})]^2$$

$$r\gamma_{b1}=-\frac{a_1^2}{2\alpha}(\sigma_1-\sigma_2)^2+\frac{a_1^2}{\alpha}(\beta_{b1}-\gamma_{b1})(\sigma_1-\sigma_2)+\frac{b_2}{2l_2d}(\beta_{b1}-\gamma_{b1})[1-b_2(\beta_{b2}-\gamma_{b2})]$$

$$r\beta_{b2}=-\frac{b_1}{2l_1d}(\beta_{b2}-\gamma_{b2})[1-b_1(\beta_{b1}-\gamma_{b1})]$$

$$r\gamma_{b2}=\frac{1}{4l_2d}[1-b_2(\beta_{b2}-\gamma_{b2})][1+3b_2(\beta_{b2}-\gamma_{b2})]+\frac{a_1^2}{\alpha}(\beta_{b2}-\gamma_{b2})(\sigma_1-\sigma_2)$$

$$r\sigma_1=\frac{1}{4l_1d}[1-b_1(\beta_{b1}-\gamma_{b1})]\{1+b_1[\beta_{b1}-\gamma_{b1}-2(\sigma_1-\sigma_2)]\}$$

$$r\sigma_2 = \frac{a_1^2}{2\alpha}(\sigma_1-\sigma_2)^2 + \frac{1}{4l_2 d}[1-b_2(\beta_{b2}-\gamma_{b2})]\{1+b_2[\beta_{b2}-\gamma_{b2}+2(\sigma_1-\sigma_2)]\}$$

（2）两家公司的长期利润是

$$\Pi_{b1} = \frac{1}{4l_1 d}[1-b_1^2(\beta_{b1}-\gamma_{b1})^2]\left(\frac{F_{b1}}{O_{b1}+O_{b2}+r}+\frac{G_{b1}}{r^2}+\frac{H_{b1}}{r}\right) - $$
$$\frac{a_1^2}{2\alpha}(\sigma_1-\sigma_2)^2\left(\frac{F_{b2}}{O_{b1}+O_{b2}+r}+\frac{G_{b2}}{r^2}+\frac{H_{b2}}{r}\right) - \frac{c_1^2}{2\beta r}(\sigma_1+\sigma_2)^2$$

$$\Pi_{b2} = \frac{1}{4l_2 d}[1-b_2^2(\beta_{b2}-\gamma_{b2})^2]\left(\frac{F_{b2}}{O_{b1}+O_{b2}+r}+\frac{G_{b2}}{r^2}+\frac{H_{b2}}{r}\right) - \frac{c_2^2}{2\beta r}(\sigma_1+\sigma_2)^2$$

其中 O_{bi}, F_{bi}, G_{bi} 和 H_{bi} 在附录中给出。

反馈均衡解和所得利润如表7.9和图7.8所示。

表7.9 在安全投资率和信息共享率都合作下 d 的影响

d	0.025	0.05	0.075	0.1	0.125	0.15
β_{b1}	129.449 3	67.004 5	45.997 9	35.376 5	28.925 4	24.570 2
γ_{b1}	127.081 6	64.770 0	43.878 0	33.356 3	26.992 7	22.715 1
β_{b2}	72.841 6	34.852 7	22.302 3	16.099 7	12.427 9	10.015 7
γ_{b2}	74.988 9	36.872 4	24.212 0	17.915 5	14.161 0	11.675 7
σ_1	202.290 8	101.857 2	68.300 2	51.476 2	41.353 3	34.585 9
σ_2	202.070 5	101.642 4	68.090 7	51.271 8	41.153 7	34.390 8
$p_{b1}^*(t)$	16.960 7	8.628 3	5.837 1	4.433 2	3.585 5	3.016 6
$p_{b2}^*(t)$	24.294 6	12.019 7	7.940 3	5.907 9	4.693 2	3.886 7
$z_{b1}^*(t)/\sqrt{x_2(t)}$	0.242 3	0.236 3	0.230 5	0.224 8	0.219 6	0.214 6
$z_{b2}^*(t)/\sqrt{x_1(t)}$	0	0	0	0	0	0
$s_{b1}^*(t)$	404.361 3	203.499 6	136.390 9	102.748 0	82.507 0	68.976 7
$s_{b2}^*(t)$	404.361 3	203.499 6	136.390 9	102.748 0	82.507 0	68.976 7
Π_{b1}	2 514 100	658 500	304 300	176 900	116 500	82 900
Π_{b2}	756 020	169 710	67 730	34 230	19 670	12 260

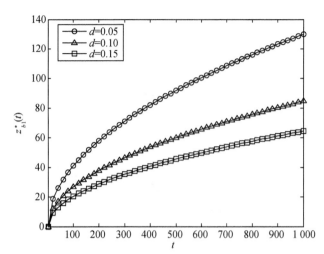

图 7.8 在安全投资率和信息共享率都合作下，公司 1 的安全投资率

7.4.4 非合作与合作情境间的比较

由结论 7.1 和结论 7.4 可以发现 $p_i^*(t)=p_{si}^*(t)$。同样，由结论 7.3 和结论 7.5 可以发现 $p_{zi}^*(t)=p_{bi}^*(t)$。

结论 7.6 $p_i^*(t)=p_{si}^*(t)$，$p_{zi}^*(t)=p_{bi}^*(t)$。

结论 7.6 的结果与哪家公司是优势公司无关。结论 7.6 意味着，当两家公司独立选择安全投资率时，无论公司在决定信息共享率时是采取非合作还是合作的方式，每家公司的定价策略都保持不变。此外，假设两家公司合作选择安全投资率，每家公司的定价率仍然与公司是独立还是合作选择信息共享率无关。接下来根据上面的数值结果比较安全投资率和信息共享率。

观察 7.1 （1）当安全投资率被合作选择时，无论两家公司的信息共享率是合作还是非合作决定，劣势公司始终有零安全投资率。

（2）当信息共享率被合作决定时，优势公司的安全投资率总是高于信息共享率被非合作决定时的情况，无论两家公司的安全投资率是合作还是非合作决定。

（3）在完全合作的情况下，两家公司的信息共享率最高，而在独立情况下最低。

公司的安全投资率旨在通过提高其相对安全水平来吸引对手的消费者；也就是说，投资信息安全是一种竞争策略。当安全投资率以集中方式选择时，如果两家公司都有正的安全投资率，就会出现投资浪费。劣势公司在有正的安全投资率的情况下只能带来微小的安全改进,最终将其安全投资率降至零,正如观察 7.1(1) 所说明的。观察 7.1(2)表明,当信息共享率被合作选择时,安全投资率似乎比独立选择时更有效,符合常识。观察 7.1(3)意味着信息共享率的搭便车效应在非合作决定时更为显著。也就是说,个体优化更有可能导致信息共享的搭便车效应。

观察 7.2 (1)优势公司在完全合作情况下享有最高的积分利润,在完全非合作情况下享有最低的积分利润。

(2)劣势公司在合作安全投资率时几乎获得最高的积分利润,在完全合作情况下始终获得最低的积分利润。

观察 7.2 显示,优势公司更倾向于两家公司在安全投资率和信息共享率选择上都进行合作的组织结构,而在大多数情况下,劣势公司更倾向于两家公司仅在安全投资率选择上进行合作的组织。有两个因素可以解释为什么优势公司在完全合作案例中享有最高的积分利润。一方面,由于其竞争对手,即劣势公司,在均衡时根本不投资,优势公司的安全投资正面效应更大。另一方面,劣势公司的搭便车较弱,能够有效提高两家公司的消费者需求。由于相反的原因,即安全投资无效和搭便车效应不明显,劣势公司在完全合作情况下受益最少。可以得出结论,尽管劣势公司倾向于在安全投资上合作,优势公司应该提供一些经济激励,如补贴给劣势公司,以便公司也能在信息共享上进行合作。此外不难看出,社会福利以两家公司的积分利润总和衡量,两家公司在安全投资和信息共享上都进行合作时积分利润总和最高。因此,鼓励甚至要求不同公司在安全投资和信息共享上都进行合作,这符合整个社会的利益。

7.5 主要结论

本章构建了一个微分博弈框架,考虑了安全投资、信息共享以及定价的影响。通过影响消费者需求的负面效应表述了黑客的针对性攻击,并假设公司的信息资产可以通过内生定价决定而改变。微分博弈能够推导出定价率、安全投资率和信息共享率的反馈均衡解。结果证明,公司在安全投资方面的高效率会导致安全投资率和信息共享率都较高。该公司的定价率与此类效率之间存在 U 形关系。结果指出,由针对性攻击引起的消费者需求损失系数较高会导致两家公司的定价率都较低。此外，黑客的目标攻击密度较高始终会降低两家公司的定价率、安全投资率、信息共享率，最终降低公司的利润。而且随着黑客的目标攻击密度的增加，两家公司并不总是愿意在安全投资或信息共享方面进行合作。尤其是优势公司更倾向于完全合作的情况，而劣势公司几乎更倾向于仅在安全投资方面进行合作的组织结构。

第四部分

考虑信息安全的软件质量投资和商业模式策略

第 8 章　考虑信息安全的竞争软件供应商质量投资策略

8.1　问题提出

随着信息技术的快速发展及其在商业和娱乐中的广泛应用，软件产品已成为企业运营和个人生活越来越重要的一部分。然而，人们通常忽视，软件产品消费群体的增长为网络黑客等恶意代理提供了更多利用软件漏洞的机会，从而对公司和个人的敏感数据资源带来更严重的安全威胁。例如，考虑两种占主导地位的智能手机操作系统，2013 年谷歌的 Android 和苹果的 iOS 分别占据 57% 和 23% 的市场份额。在 Symantec 的一份报告中，2012 年发现的移动设备上 95% 以上的新恶意程序针对的是 Android 设备(Garcia et al.，2014)。谷歌的安卓系统成为恶意代理首选目标的一个重要原因在于其受欢迎程度更高。

这种由软件产品消费者群体造成的负网络外部性可以从三个层面来说明(Chen et al.，2011)。首先，大量的网络攻击针对流行的软件产品，因为一方面，黑客可以通过发现的漏洞攻击更多的消费者，从而获得更敏感的信息。另一方面，他们可能会从成就感中获得更高的精神回报。其次，在这个网络连接的世界里，当一家公司使用流行的软件与许多合作伙伴互动时，该公司因其合作伙伴的安全漏洞而被黑客入侵的可能性会增加。例如，我国政府在 2009 年建议所有个人电脑安装"绿坝-花季"护航软件，以净化互联网环境。一些可远程利用的漏洞后来被恶意代理发现，最终数千名消费者的计算机系统也通过同样的漏洞受到了攻击。最后，考虑到病毒和蠕虫等漏洞，维护技术上内部同质的网络会增加多个系统并发故障的可能性。

除了采用相同技术的软件消费者群体之外，安全问题的负网络外部性也来自采用类似技术的消费者的规模。当软件产品中采用更多类似的技术时，其软件消费者之间就会共享更多的软件漏洞。例如，2010 年黑客对 Silverpop 的数据库发起了一次成功的网络攻击，这是一家拥有 105 家企业客户的流行电子邮件服务提供商,导致 Silverpop 的一些客户(如 McDonald 和 Walgreen)的数据丢失。如果 Silverpop 使用异构架构来托管其服务,这些数据丢失可能会避免(Hui et al., 2012)。实际上,消费者安装的软件若采用了一种技术框架,那么消费者几乎不会受到采用完全不同技术框架的软件产品的安全威胁。例如,Blaster 蠕虫是对 Windows 操作系统最严重的网络攻击之一,它通过远程过程调用中的一个漏洞传播,并在 2003 年通过在世界各地连续扫描 IP 地址来攻击 Windows 2000 和 Windows XP。然而,这种蠕虫未能攻击 Linux 操作系统,Linux 操作系统的技术框架与 Windows 操作系统不同。

尽管技术多样化能够在一定程度上减少安全问题所带来的负面网络影响,但同时它也可能削弱技术溢出效应。这种效应受技术特性、员工流动和技术学习等多重因素共同影响。显然,如果软件供应商在产品开发过程中采用更多相似技术,那么通过这些途径产生的技术溢出效果将更加明显。相反,在采用高度多样化技术架构的软件供应商之间,这种技术溢出效应会显著减弱。Belleflamme(1998)阐述了技术溢出的概念,他指出,给定两种类型的技术,采用相同技术的公司数量会降低企业的边际成本。与此类似,Wiethaus(2005)、Kamien 等(2000)的研究也提出了一个类似的假设,即两家竞争企业间的技术溢出程度取决于其对技术特征的选择。

软件的质量可以通过软件工程的许多方面来衡量,包括功能性、可靠性、可维护性、可修改性、灵活性、可转移性、可用性,尤其是安全性。功能性涉及软件产品满足设计规范和消费者满意度的程度;可靠性与软件正常工作而没有错误的程度有关;可维护性涉及从故障中恢复的努力程度;可修改性与软件在可变或扩展情况下的功能程度有关;灵活性的特点是当消费者的需求发生变化时,软件的变化程度;可转移性是指软件从一个平台转移到另一个平台时需要付出的努力的程度;可用性涉及消费者任务被正确、完整和有效地实现的程度;安全性是指软件抵御黑客网络攻击的程度。总体而言,软件质量可分为两类:一类涉及旨在提高消费者体验的软件性能,另一类涉及解决黑客等第三方恶意代理利用漏洞危害软件的安全性(Lahiri,2012)。因为本章只关注软件产品的性能,没有考虑软件供应商和黑客之间的互动,所以将软件产品的质量称为它们的性能。

在实践中,消费者可能对软件产品有不同的质量要求来满足他们的需求。例如,当消费者考虑购买营销软件系统来进行电子商务活动时,消费者会选择满足他们最低处理速度要求的软件供应商的系统。为了便于描述,本章将消费者对软件产品有一定质量要求的市场称为高端市场,而消费者对软件质量没有特定要求的市场则称为低端市场。当高端市场和低端市场共存时,软件供应商的软件产品市场规模显得更加复杂,安全问题的网络负外部性分析也变得更加具有挑战性。在这种情况下,软件供应商必须考虑他们的市场定位,并决定是占领高端市场还是只关注低端市场。毕竟,对于软件供应商来说,对高端市场的额外考虑可以增加市场份额,但不幸的是,由于网络外部性,会带来更多的安全威胁。

如上所述,受技术多样化影响的安全问题对软件质量投资以及最终对其市场定位产生了重要影响。然而,目前关于安全问题的研究主要集中在安全投资决策以及供应商和黑客之间的战略互动上。他们忽视了安全问题对软件质量投资的影响。同时,现有关于软件质量投资的文献主要考虑了盗版等市场因素,但没有考虑安全问题。为了填补这一研究空白,本章通过建立博弈论模型,考察了竞争环境中安全问题对软件质量投资和市场定位的影响。特别是,本章正式考虑了技术多样化,这缓解了安全问题,但同时增加了高质量投资的成本。详细分析了技术多样化在积极影响和消极影响之间的权衡,这在学术界通常被忽视,但在工业界相当重要。本章的研究问题如下:① 安全威胁对竞争软件供应商的质量投资和利润有什么影响? ② 供应商的市场定位策略是什么? ③ 技术多元化、高端市场的质量要求和市场竞争会产生什么影响? 安全问题并不总是对软件供应商不利,因为它可以在一定程度上缓解价格竞争。消费者盈余是指总体消费者(净)效用,它随着企业价格的下降而下降。因此,对于两家相互竞争的软件供应商来说,他们不必总是过分担忧安全问题,因为这可能使他们以牺牲消费者盈余为代价来获得利益。此外,本章还进一步探讨了即使是两家对称的竞争供应商,也可能会选择针对不同细分市场进行定位的情况。

总之,随着信息安全事件的频繁发生,安全问题已经成为一个相当严重的问题,其对软件行业的影响不容忽视。本章研究了安全问题在软件质量投资中的作用。特别是进一步考虑技术多样化,这与安全问题和软件质量密切相关。通过构建两家有竞争力的软件供应商的博弈论模型来解决研究问题,并得出了一些违反直觉的发现,以指导软件行业的实践。

8.2 模型构建

考虑两家有竞争力的供应商,供应商 1 和供应商 2,销售差异化的软件产品。将 $z_1>0$ 和 $z_2>0$ 表示为供应商 1 和供应商 2 的软件质量级别。设 $\eta\in[0,1]$ 为两家厂商软件产品的技术相似度,可以得到厂商 1、厂商 2 的软件产品总质量水平,$z_1+\beta\eta z_2$ 和 $z_2+\beta\eta z_1$,其中 $\beta\in[0,1]$ 为技术溢出的最大潜力。当参数 η 从 0 增加到 1 时,两家厂商的软件产品技术更加同质化,即用 $1-\eta$ 衡量的技术多样化程度降低。更相似的技术意味着通过员工流动和技术学习产生的技术溢出更强,并进一步表明供应商可以在相同的支出下实现更高的质量改进。注意到随着竞争对手的软件质量越来越高,软件供应商能够享受更高的质量改进,使用上面的简单线性形式来描述竞争对手技术溢出的影响。

考虑两个不同的市场,一个是低端市场,消费者对软件产品没有特定的质量要求,另一个是高端市场,消费者在软件产品的质量水平满足其特定要求时才选择软件产品。例如,考虑到一些支持电子商务网站的软件产品,打算进行在线交易的消费者不太可能购买处理速度慢或处理能力低的信息系统。假设低端市场和高端市场的消费者群体分别为 N 和 M,并且消费者对这两种软件产品的偏好沿一条单位线均匀分布。根据经典的 Hotelling 模型,供应商 1 的软件产品位于 0,供应商 2 的软件产品位于 1。当消费者购买的软件产品与他们的理想产品不同时,将产生一个不匹配成本 t。t 越高,水平分化越大,市场竞争越弱。这里考虑了两种软件产品之间的横向差异,因此所有元素都是平等的,一些消费者会对一种软件产品有固有的偏好,而另一些则会喜欢另一种。现实中,消费者有着不同的应用习惯、先验知识、品牌忠诚度等消费心理,这些都会影响消费者的消费偏好。横向差异化还意味着,消费者对产品的偏好取决于特定产品与消费者特定需求的匹配程度。同时,消费者接受不理想软件产品的难易程度也会影响消费者的偏好。将 V 表示为两个没有任何质量改进的软件产品的基本效用,可以发现位于点 $x\in[0,1]$ 的消费者从公司 1 购买软件产品时享有 $V+z_1+\beta\eta z_2-tx-p_1$ 的效用,从公司 2 购买软件产品时享有 $V+z_2+\beta\eta z_1-t(1-x)-p_2$ 的效用。注意 p_1 和 p_2 是公司 1 和公司 2 收取的软件产品的价格。假设 V 是如此之大,以至于低端市场和高端市场(如果目标)都被完全覆盖。

现在,转向衡量安全威胁的网络外部性。当在低端市场和高端市场从供应商 1 购买产品的消费者人数分别为 n_{l1} 和 n_{h1} 时,在这两种市场从供应商 2 购买产品的消费者人数分别为 $N-n_{l1}$ 和 $M-n_{h1}$。R 为高端市场消费者对软件产品的质量要求,因此总质量水平不低于 R 的厂商可以进入高端市场。考虑到低端市场的消费者没有特定的质量要求,在接下来的讨论中提到没有特定规格的质量要求时,指的是高端市场 R 的质量要求。

根据供应商的软件产品总质量水平是否超过质量要求,可以描述出四种市场策略,如图 8.1 所示。特别地,当两家公司都只瞄准低端市场时,在区域 I 可以得到 $z_1+\beta\eta z_2<R$ 和 $z_2+\beta\eta z_1<R$,消费者从供应商 1 和供应商 2 购买的效用分别为

$$U_{l1}=V+z_1+\beta\eta z_2-tx-d[n^e_{l1}+\eta(N-n^e_{l1})]-p_1,$$
$$U_{l2}=V+z_2+\beta\eta z_1-t(1-x)-d(N-n^e_{l1}+\eta n^e_{l1})-p_2$$

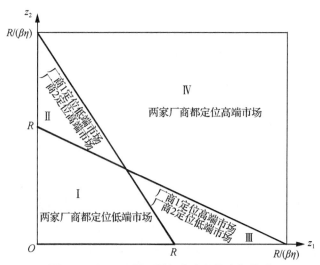

图 8.1 (z_1,z_2) 区不同细分市场的市场策略

其中,n^e_{l1} 为消费者对低端市场厂商 1 的市场规模的预期。显然,两家供应商的技术越相似,他们的软件产品所共享的漏洞就越多。当两家供应商的技术完全异构时,一家供应商的消费者人口不会对另一家供应商的消费者人口安全造成威胁,因为没有漏洞是共享的。当技术完全同质化时,安全威胁的传染效应最大。令参数 d 描述蠕虫、病毒等大规模攻击造成的安全威胁损失系数。当两家供应商的目标都是高端市场时,在区域 IV 中可以获得 $z_1+\beta\eta z_2 \geqslant R$ 和 $z_2+\beta\eta z_1 \geqslant R$,并且两种市

场中从供应商 1 和供应商 2 购买的消费者的效用分别为

$$U_{l1}=U_{h1}=V+z_1+\beta\eta z_2-tx-d[n_{l1}^e+n_{h1}^e+\eta(N-n_{l1}^e)+\eta(M-n_{h1}^e)]-p_1,$$
$$U_{l2}=U_{h2}=V+z_2+\beta\eta z_1-t(1-x)-d(N-n_{l1}^e+M-n_{h1}^e+\eta n_{l1}^e+\eta n_{h1}^e)-p_2$$

其中，n_{h1}^e 为消费者对厂商 1 在高端市场的市场规模的预期，下标 l 和 h 分别指低端市场和高端市场。注意，当供应商以高端市场为目标时，其软件产品仍然可以用于低端市场。当供应商 1 以高端市场为目标，供应商 2 以低端市场为目标时，在区域Ⅲ中有 $z_1+\beta\eta z_2 \geqslant R$ 和 $z_2+\beta\eta z_1 < R$，消费者在两种类型的市场结构中从供应商 1 和供应商 2 购买的效用分别为

$$U_{l1}=U_{h1}=V+z_1+\beta\eta z_2-tx-d(n_{l1}^e+M+\eta n_{l2}^e)-p_1,$$
$$U_{l2}=V+z_2+\beta\eta z_1-t(1-x)-d(n_{l2}^e+\eta n_{l1}^e+\eta M)-p_2$$

其中，n_{l2}^e 为消费者对厂商 1 在低端市场的市场规模的预期。注意在这种情况下，高端市场中的所有消费者都将从供应商 1 购买软件产品。最后，当供应商 1 以低端市场为目标，供应商 2 以高端市场为目标时，可以得到类似的效用。

8.3 均衡分析

两家竞争公司之间的博弈时序如下：在第一阶段，两家供应商选择是只关注低端市场还是通过选择他们的软件质量来占领高端市场。在第二阶段，两家供应商收取软件产品的价格。在第三阶段，消费者选择从供应商 1 或供应商 2 购买软件产品。

8.3.1 给定软件质量的影响

通过逆向归纳法可以推导出上述三阶段博弈中两家厂商的均衡利润。首先，计算消费者选择（即每家供应商的需求）作为给定市场策略和前两个阶段供应商价格的函数。在此阶段，使用已实现需求等于预期需求的均衡概念。然后，给定两家供应商的市场策略，代入计算出的每家供应商的需求，求解均衡价格。可以通过四种不同的市场策略获得供应商的最终利润。下面的结论 8.1 给出了两家供应商在这四种市场策略下的利润。

结论 8.1 （1）当供应商 1 和供应商 2 都瞄准低端市场时，他们的利润为

$$\pi_1=\frac{N[3t+3d(1-\eta)N+(1-\beta\eta)(z_1-z_2)]^2}{18[t+d(1-\eta)N]},$$

$$\pi_2 = \frac{N[3t+3d(1-\eta)N-(1-\beta\eta)(z_1-z_2)]^2}{18[t+d(1-\eta)N]}.$$

(2) 当供应商 1 以高端市场为目标，供应商 2 以低端市场为目标时，他们的利润为

$$\pi_1 = \frac{[(3N+4M)t+3Nd(1-\eta)(N+M)+N(1-\beta\eta)(z_1-z_2)]^2}{18N[t+Nd(1-\eta)]},$$

$$\pi_2 = \frac{[(3N+2M)t+3Nd(1-\eta)(N+M)-N(1-\beta\eta)(z_1-z_2)]^2}{18N[t+Nd(1-\eta)]}.$$

(3) 当供应商 1 以低端市场为目标，供应商 2 以高端市场为目标时，其利润为

$$\pi_1 = \frac{[(3N+4M)t+3Nd(1-\eta)(N+M)-N(1-\beta\eta)(z_1-z_2)]^2}{18N[t+Nd(1-\eta)]},$$

$$\pi_2 = \frac{[(3N+2M)t+3Nd(1-\eta)(N+M)+N(1-\beta\eta)(z_1-z_2)]^2}{18N[t+Nd(1-\eta)]}.$$

(4) 当两家厂商都瞄准高端市场时，其利润为

$$\pi_1 = \frac{(N+M)[3t+3d(1-\eta)(N+M)+(1-\beta\eta)(z_1-z_2)]^2}{18[t+d(1-\eta)(N+M)]},$$

$$\pi_2 = \frac{(N+M)[3t+3d(1-\eta)(N+M)-(1-\beta\eta)(z_1-z_2)]^2}{18[t+d(1-\eta)(N+M)]}.$$

可以看出，在所有的市场策略中，两家厂商的利润都取决于两家厂商的软件质量之差。通过结论 8.1，可以检验低端市场和高端市场的消费者规模 N 和 M，安全威胁的风险 d，技术溢出的最大潜力 β 和技术多样化程度 $1-\eta$（或技术相似程度 η）等关键参数对供应商利润的影响。考虑到两家供应商之间的对称性，可以在不损失任何一般性的情况下假设供应商 1 的软件质量不低于供应商 2 的软件质量，即 $z_1 \geqslant z_2$。这个假设排除了供应商 1 瞄准低端市场而供应商 2 选择高端市场的可能性。注意 $z_1 \leqslant z_2$ 的结果可以直接通过交换 z_1 和 z_2 得到。

结论 8.2 （1）当供应商 1 和供应商 2 都以低端市场为目标时，

当 $\frac{\partial \pi_2}{\partial \eta} > 0$ 且仅当

$$d < \frac{-[3t+(1+\beta\eta-2\beta)(z_1-z_2)]+\sqrt{[3t+(1+\beta\eta-2\beta)(z_1-z_2)]^2+24\beta t(1-\eta)(z_1-z_2)}}{6N(1-\eta)}$$

总是有 $\frac{\partial \pi_1}{\partial N} > 0, \frac{\partial \pi_2}{\partial N} > 0, \frac{\partial \pi_1}{\partial d} > 0, \frac{\partial \pi_2}{\partial d} > 0, \frac{\partial \pi_1}{\partial \beta} < 0, \frac{\partial \pi_2}{\partial \beta} > 0, \frac{\partial \pi_1}{\partial \eta} < 0$。

第8章　考虑信息安全的竞争软件供应商质量投资策略

(2) 当供应商1针对高端市场,而供应商2针对低端市场时,

当 $\frac{\partial \pi_1}{\partial N}<0$ 且 $\frac{\partial \pi_2}{\partial N}<0(N\to 0)$, $\frac{\partial \pi_1}{\partial N}>0$ 且 $\frac{\partial \pi_2}{\partial N}>0(N\to +\infty)$,总有 $\frac{\partial \pi_1}{\partial M}>0$, $\frac{\partial \pi_2}{\partial M}>0$;当 $\frac{\partial \pi_2}{\partial \eta}>0$ 且仅当

$$\frac{[(3N+4M)t+N(1+\beta\eta-2\beta)(z_1-z_2)]+\sqrt{[(3N+4M)t+N(1+\beta\eta-2\beta)(z_1-z_2)]^2+24N(1-\eta)(N+M)\beta t(z_1-z_2)}}{6N(1-\eta)(N+M)},$$

总是有 $\frac{\partial \pi_1}{\partial d}>0$, $\frac{\partial \pi_2}{\partial d}>0$, $\frac{\partial \pi_1}{\partial \beta}<0$, $\frac{\partial \pi_2}{\partial \beta}>0$, $\frac{\partial \pi_1}{\partial \eta}<0$。

(3) 当两家厂商都以高端市场为目标时,N,M,d,β 和 η 对两家厂商利润的影响与情形(1)相似。

结论8.2中有一些反直觉的结果。首先,结论8.2揭示了无论低端市场还是高端市场,随着消费者规模的增加,即使消费者人数的增加会带来更严重的安全威胁,但除了低端市场的消费者规模较小外,两家厂商都可以获得更高的利润。造成这一现象的原因是,消费者规模的增加所导致的消费者需求的增加对供应商的利润做出了积极的贡献,除了在低端市场足够小的情况下,这种贡献大于安全威胁的增加。有趣的是,随着安全威胁风险的增加,两家供应商在所有市场结构中都将受益。在目前的框架下,安全威胁将作为一种机制,缓解竞争厂商之间的价格竞争。显然,在竞争环境中,在没有安全威胁的情况下,每家厂商为了抢占市场份额,都会激烈地降低软件产品的价格,这可能会损害其利润。然而,安全威胁的风险对每家供应商降低其价格的愿望提供了经济上的抑制,因为消费者规模的增加伴随着更大的安全威胁。实际上,竞争激烈的软件供应商以牺牲消费者剩余为代价从安全威胁中获利。

技术溢出的最大潜力和技术相似度对高质量厂商(厂商1)和低质量厂商(厂商2)的影响是不同的。具体来说,随着技术溢出最大潜力的增大,三种市场策略下供应商1的利润较低,而供应商2的利润较高。原因在于,在竞争环境中,供应商1从供应商2那里获得的质量改进相对较低,而供应商2从供应商1那里获得的质量改进相对较高。对于完全覆盖的市场,供应商2获得更显著的竞争优势。随着技术相似度的增加,即技术多样化程度的降低,在安全威胁风险足够小的情况下,供应商1获得的利润总是较低,而供应商2获得的利润总是较高。原因之一是,厂商1作为高质量的厂商,其技术溢出回报较低,市场占有率较高,安全威胁严

重,尤其是当技术相似度增加时。而技术溢出回报较高的厂商2,其市场份额较低,安全威胁进一步轻微,尤其是在安全威胁风险足够低的情况下。

8.3.2 均衡市场策略

上面的讨论假设两家供应商的软件质量(以及市场策略)是外生的,而不考虑他们的支出(注意:包括这些支出并不改变结论8.2中的结果)。接下来,假设两家供应商的软件质量是内生的,这样两家供应商都可以在第一阶段选择他们的市场策略。让两家供应商的软件质量支出为 $kz_1^2/2$ 和 $kz_2^2/2$,可以得出两家供应商在第一阶段的利润,在第一阶段,他们通过选择他们的软件质量来瞄准高端市场或低端市场。由于这种情况下的对称性,供应商1占领低端市场和供应商2占领高端市场时的利润都可以从供应商1占领高端市场和供应商2占领低端市场时的利润中得到。因此,只需要在以下三种市场策略下推导出两家供应商的利润。

结论8.3 两家厂商在三种市场策略下的利润如图8.2所示,其中 R_{ll},R_1,R_2,R_{hh},式(8.1)、式(8.2)、式(8.3)的具体表达式忽略。

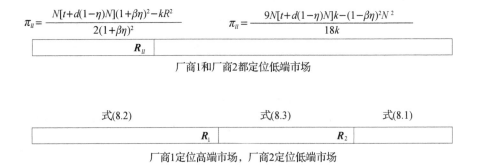

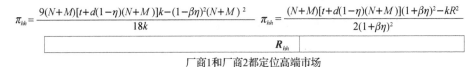

图8.2 两家厂商在三种市场策略下的利润

通过比较图8.2中两家供应商的利润,可以找到均衡的市场策略。

结论8.4 在均衡状态下,当质量要求较低时,即 $R < R_v^*$,一家厂商以高端市场为目标,另一家厂商以低端市场为目标;反之,当质量要求较高时,即 $R \geqslant R_v^*$,两家厂商都瞄准低端市场。其中,

第8章 考虑信息安全的竞争软件供应商质量投资策略

$$R_v^* \approx \frac{1}{3}\sqrt{\frac{M[8(3N+2M)t^2+6Nd(1-\eta)(7N+4M)t+9N^2d^2(1-\eta)^2(2N+M)]}{N[t+Nd(1-\eta)]k}}$$

结论8.4表明,当质量要求降低时,供应商更有可能占领高端市场。对于给定的厂商来说,占领高端市场的好处是增加了厂商的需求。不过由于网络外部性带来的安全威胁上升,降低了消费者的购买意愿。同时,随着质量要求越来越高,每家厂商进入高端市场的成本会越来越高。当质量要求较低时,进入高端市场的支出较低,增加进入厂商需求的回报超过了增加安全威胁的负面影响。在这种情况下,两家厂商中的一家会选择抢占高端市场。通过结论8.4可以发现,即使质量要求变得足够低,两家供应商也不可能同时瞄准高端市场。结果表明,虽然增加进入厂商的数量对一家厂商的需求的收益占主导地位,但其优势并不显著,在竞争环境下,每家厂商的收益仍然占主导地位。随着质量要求的提高,占领高端市场的成本很高,即使有了额外的市场,厂商也不愿意提高质量投资。

结论8.5 (1)随着高端市场规模的增大,或者随着两家厂商之间竞争程度的降低,或者随着安全威胁损失系数的增大,或者随着技术多样化的增加,两家厂商更有可能针对不同的市场,即$\partial R_v^*/\partial M>0$,$\partial R_v^*/\partial t>0$,$\partial R_v^*/\partial d>0$且$\partial R_v^*/\partial(1-\eta)>0$。

(2)随着低端市场规模的增大,两家厂商在竞争激烈的环境下更有可能瞄准不同的市场,在竞争较弱的环境下更有可能瞄准低端市场,即t较小时,$\partial R_v^*/\partial N>0$,$t$较大时,$\partial R_v^*/\partial N<0$。

由此可见,高端市场的规模越大,两家厂商中的一家就越有动力去占领这个市场。在消费者的安全威胁变得更严重的情况下,供应商需求的增加对其利润的贡献更大。当两家厂商之间的竞争程度降低时,以抢占高端市场为目标的厂商会因其更高的质量投入而获得显著优势。有趣的是,当安全威胁的损失系数增加时,两家厂商中的一家更有可能在安全威胁增加的情况下抢占高端市场。一种可能的解释是,尽管安全威胁对每家供应商的需求都产生了负面影响,但由于两种市场都被完全覆盖,打算进入高端市场的供应商可以获得更多的消费者。随着安全威胁损失系数的增大,该机制的强度也随之增大。当技术多样化程度提高时,两家厂商的软件产品所使用的技术模块的相似度降低,两家厂商的消费者群体之间的安全威胁会受到感染,从而使每一家厂商的需求增加的回报变得更高。

根据两家厂商之间的竞争程度,随着低端市场规模的增大,两家厂商更有可能选择异质市场。然而,当竞争变得相当激烈时,尽管低端市场的消费者需求回报可能会提高,但两家厂商中的一方更愿意选择高端市场来减少竞争压力。此外,考虑到高端市场所需的高额投入以及日益加剧的安全风险,两家厂商也有可能都更倾向定位于低端市场。

结论 8.6 与两家厂商同时瞄准高端市场的情况相比,当且仅当质量要求足够高时,$R > R_p^*$,其中,$R_p^* = (1+\beta\eta)\sqrt{\dfrac{M[t+d(1-\eta)(2N+M)]}{k} + \dfrac{2(1-\beta\eta)^2 N^2}{18k^2}}$ 时,两家厂商都无法占领高端市场,此时对两家厂商更有利。

当技术多样化在一个小值范围内减少或在一个大值内增加时,这种情况更有可能成立,相当于 $\partial R_p^*/\partial(1-\eta) < 0 \Leftrightarrow 1-\eta > 1-\eta^*$,其中 $\eta^* = \dfrac{2\beta t - (1-2\beta)d(2N+M)}{3\beta d(2N+M)}$。

根据结论 8.6,如果两家厂商都占领了高端市场,那么只要质量要求足够高,当两家厂商都不关注高端市场时,两家厂商的情况会更好。换句话说,由于价格竞争的加剧,双方都陷入了囚徒困境。很容易发现,更高程度的竞争促进了囚徒困境的存在。需要注意的是,较高的技术溢出潜力、较大的低端市场规模或较大的高端市场规模抑制了囚徒困境的存在,因为它们都可能软化价格竞争。

技术多样化可能促进囚徒困境的出现,也可能抑制这种出现,这取决于其价值的范围。当技术多元化以较小的价值增加时,由于技术溢出,价格竞争的程度可能会被软化,在这种情况下,囚犯困境不太可能发生。然而,当技术多元化以较大的价值增加时,由于安全威胁,价格竞争的程度可能会加剧,在这种情况下更容易出现囚徒困境。

由 $\partial R_p^*/\partial d > 0$ 可知,随着安全威胁损失系数的增大,囚徒困境出现的可能性减小。换句话说,随着安全威胁的日益严重,每家厂商都可以通过瞄准高端市场来获得更高的利润。

8.3.3 行业利润分析

一些软件供应商(如微软)的激进市场策略受到了批评,因为他们不断增长的消费者人口将给整个软件行业带来巨大的潜在安全威胁。这意味着这些软件供应商的市场策略应该受到限制,从而促使他们专注于较小的市场份额,以满足软件行业的利益。换句话说,在这个研究框架中,应该鼓励软件供应商瞄准低端市场。本章将通过比较供应商的均衡市场策略和行业利润的最大化得出的最优行业市场策略来讨论这种论点是否得到支持。

为了得出最优的行业市场策略,行业首先确定两家供应商的市场策略,并根据第一阶段的市场策略选择质量投资。与结论8.2的模型类似,定价和消费者随后决策。首先计算三种市场策略下的行业利润,如结论8.7所示。注意,当供应商1以低端市场为目标,供应商2以高端市场为目标时,行业利润等于供应商1以高端市场为目标,供应商2以低端市场为目标时的行业利润。

结论8.7 三种市场策略下的行业利润如图8.3所示,其中R_T^*,式(8.4)和式(8.5)省略。

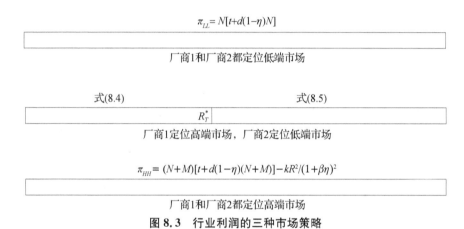

图8.3 行业利润的三种市场策略

通过比较三种市场策略下的行业利润,可以推导出结论8.8中最优的行业市场策略。

结论8.8 如果$\beta<\bar{\beta}$,最优行业市场策略:当$R\leqslant R_V^*$时,两家厂商针对不同市场;当$R>R_V^*$时,两家厂商针对低端市场。否则,最优行业市场策略是两家厂商在$R\leqslant R_W^*$时针对不同市场,在$R_W^*<R\leqslant R_I^*$时针对高端市场,在$R>R_I^*$时针对低端市场。最优行业市场策略如图8.4所示。

由图8.4可以看出,当技术溢出的最大潜力较小时,供应商有不同的市场定位。直观地说,质量要求的提高意味着高端市场的高进入成本,从而对激进的市场战略起到经济抑制作用。然而,当技术溢出的最大潜力变大时,随着质量要求的提高,行业可能会鼓励供应商采取激进的市场策略,从而使两家供应商同时占领高端市场。在这种情况下,提高质量要求并不一定总是会阻止更多的供应商占领高端

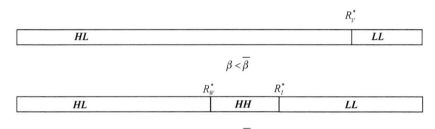

图 8.4 最优行业市场策略

市场。一个可能的原因是,当技术溢出的最大潜力变大时,高端市场的进入成本就会降低。

比较结论 8.4 和结论 8.8,可以发现供应商的均衡市场策略是否与结论 8.9 中的最优行业市场策略一致。

结论 8.9 与最优行业市场策略相比,当质量要求保持温和时,供应商的均衡市场策略具有较小的侵略性。

当质量要求非常低或非常高时,可以发现供应商的均衡市场策略与最优行业市场策略是一致的。然而,当质量要求处于中等水平时,厂商采取的市场策略与最优行业选择并不一致。特别是当 $\beta<\bar{\beta}$ 时,对于满足 $R_v^*<R<R_V^*$ 的质量要求,供应商的目标是低端市场,而行业选择的市场不同。当 $\bar{\beta}<\beta$ 时,对于满足 $R_v^*<R<R_I^*$ 的质量要求,供应商瞄准低端市场,而行业则抓住不同的市场或高端市场。因此,政府补贴似乎是必要的,以激励供应商增加质量投资,最终占领高端市场。尽管高端市场的潜在安全威胁日益增加,但某些软件供应商的激进市场策略有时不应受到限制。因此,在某些情况下,认为主导消费者群体的软件供应商应该受到批评似乎是不合理的。

8.4 主要结论

如今,软件产品已广泛应用于电子商务等各个行业,并带来了巨大的经济回报。然而,黑客频繁发动网络攻击给企业带来了严重安全威胁。消费者越来越关注信息安全,这促使软件供应商在做出质量投资决策时考虑消费者的安全问题。同时,有竞争力的软件供应商应仔细考虑其技术多样化,这一方面通过减少软件漏洞的共享来减少安全威胁,但另一方面通过削弱技术溢出的强度来增加高质量投资的成本。尽管安全问题和技术多样化是突出的特点,但它们对有竞争力的软件供应商的质量投资决策的影响仍然未知。为了填补这一空白,本章研究了安全问题和技术多样化对两家有竞争力的软件供应商的质量投资和市场定位策略的影响。通过构建一个博弈论模型来刻画复杂的战略互动和利益依赖,本章推导出了竞争软件供应商和消费者之间的管理机制。

通过对均衡解的推导和分析,本章得到了一些有趣的学术发现和管理建议。首先,无论供应商采取何种市场策略,安全威胁风险都可能作为价格竞争的缓解机制,从而使供应商受益。传统观点认为,安全问题对软件供应商总是起消极作用,因为它降低了消费者的效用。然而,应该注意的是,安全问题以负外部性的方式降低了消费者的效用,这意味着竞争性的软件供应商不得不提高价格,因为较低的价格增加了需求,并招致严重的负外部性。这一结果表明,软件供应商不必总是对安全事件的增加趋势感到焦虑。尽管软件行业仍然是高度竞争的,但安全问题可以缓解竞争厂商之间的价格战。其次,尽管技术溢出可以帮助软件供应商节省质量投资的成本,但其并不总是使这些供应商受益。技术溢出效应通过提高消费者效用来提高供应商的需求,但也可能加剧消费者的安全担忧,降低消费者的评价。竞争的软件供应商应该严格控制质量信息泄露的渠道,并意识到他们之间关于质量改进的沟通并不总是有益的。最后,因为竞争温和、安全问题严重或技术多样化,两家对称的软件供应商更有可能瞄准异质市场。这个结果很有趣,因为对称的供应商可能有不对称的市场定位策略。这种市场定位的差异可能会削弱竞争,因此一家供应商将其重点转移到增加的需求上,而另一家供应商则密切关注减少的安全问题和投资成本。这个结果表明,一家供应商不应该盲目跟随其竞争对手,即使处于相同的地位。

此外本章仍存在一些局限性,这是进一步研究的方向。第一,模型假设供应商的关键参数是对称的,未来可以检查不对称性对这些参数的影响。第二,模型讨论了供应商如何投资于软件性能质量。实际上,供应商也可能在软件安全方面进行投资,因此可以通过考虑内生安全投资甚至战略黑客来扩展该模型。第三,虽然博弈论模型适合描述两家竞争软件供应商之间的互动,但这种建模方法无法描述安全状态随时间的演变,未来可以建立微分对策模型来考虑安全状态的演化动态,从而得到动态的质量投资。第四,可以考察顺序投资选择下从投资领导者到投资追随者或从高投资供应商到低投资供应商的单向溢出效应的影响(Tesoriere,2008;

Amir et al.,2000;Amir et al.,1999)。第五,本章假设企业要么在低端市场,要么在高端市场,但是在现实中大多数公司通常有两条产品线——一条针对低端市场,另一条针对高端市场,考虑两条产品线的情况是相当有趣的研究方向。第六,在构建和分析理论模型过程中,为了使得模型易加易于处理和理解,笔者对模型中的变量和参数做了一些简化的假设。这种方法是理想的,未来可以通过实证研究或案例分析的方法来验证这些结果在现实世界中是否仍然成立。

第9章 考虑信息安全的专有和开源软件供应商质量投资策略

9.1 问题提出

如今,信息技术已渗透到各行各业,企业普遍使用软件和服务来提高生产效率,获得竞争力。软件和服务主要有两类,即专有软件和开源软件。专有供应商向用户收取软件和服务费,而开源供应商免费向用户提供软件,但向用户收取附加服务费,包括信息系统和业务流程的内聚集成,以及这些集成系统的维护和运行等(August et al.,2013)。无论是专有软件还是开源软件供应商,都面临着个人应用等低端市场和企业级应用等高端市场的市场定位选择。厂商在调整市场策略时,应重视由软件漏洞引发并通过网络外部性传播的软件安全威胁。随着市场定位的扩大,软件产品的用户群也随之扩大,这就为网络黑客等恶意代理提供了更多利用软件缺陷的机会。开放源码和专有供应商都必须在市场份额回报和由此产生的网络安全威胁之间进行权衡。

用户对厂商的安全威胁不仅受厂商市场份额的影响,还受厂商与其他厂商之间技术多样化或技术相似性的影响(Chen et al.,2011)。当其他厂商采用类似的技术框架时,其软件产品之间就会共享更多的软件漏洞。黑客可以很容易地通过从其他厂商的用户身上挖掘软件漏洞来攻击某厂商的用户。相反,当另一家软件供应商采用多样化的技术框架时,两家供应商用户之间的安全威胁传染效应就会降低。需要注意的是,尽管技术多样化会抑制网络安全,但当专有供应商采用开源供应商的某些模块时,技术多样化也会降低技术溢出效应。

伴随着开源软件的持续发展,一个重要议题浮现出来,即在专有厂商与开放源码厂商通过其软件产品及服务进行市场竞争的背景下,他们应如何精准地制定并执行各自的市场战略?高端市场与低端市场不同,前者的用户只有在软件产品和服务的质量超过某个临界值时才会考虑,而后者的用户则没有这样的特殊考虑。目前已有一些关于专有和开源厂商的研究,如专有和开源之间的战略选择

(Tesoriere et al.,2017;Suh et al.,2019;Llanes,2019)、开源厂商竞争带来的影响(Zhu et al.,2012;Sacks,2015;Zhou et al.,2022)、开源许可政策的影响(August et al.,2018,2021)等。然而,目前的研究文献在探讨市场策略时,往往忽视了信息安全问题,而在当今信息和通信技术迅猛发展的时代背景下,信息安全已显得至关重要。为了弥补这一研究领域的空白,本章旨在深入探讨安全问题对专有软件供应商和开源软件供应商市场策略制定的影响。

具体而言,本章通过构建一个多阶段博弈理论模型,讨论专有供应商和开源供应商占领高端市场的经济激励机制。本章主要研究两个问题:其一,在各厂商决定只专注于低端市场还是占领高端市场的所有市场策略下,深入分析开源软件的用户创新程度、安全威胁风险和技术相似程度的影响。其二,通过分析两家厂商在四种不同市场策略下的利润,确定并研究这些均衡市场策略是在何种条件下出现的。

9.2 模型构建

考虑两家相互竞争的供应商,一家是开放源码供应商,另一家是专有供应商,他们销售不同的软件产品和附加服务,服务包括集成、支持和咨询服务。根据 August 等(2013)的报告,集成是指将软件安装到公司的服务器上,并尽可能有效地与业务流程和现有信息系统集成;支持是指对这些集成系统的持续维护;咨询是指提供人力资源,为 IT 解决方案提供建议、实施和部署。按照 August 等(2013)的观点,供应商所提供产品的质量被定义为该供应商所提供软件和服务的综合质量。显然,如果用户认为软件功能具有很高的价值,而且相应的服务(包括集成、支持和咨询)质量也很高,那么用户从软件供应商那里购买的价值就会更高。

$z_o>0$ 和 $z_p>0$ 表示开源厂商和闭源厂商在软件产品和服务质量方面所做的努力。一般来说,软件产品和服务的质量可分为两类:一类是指软件产品和服务的性能,其目的是改善用户体验;另一类是指软件产品和服务的安全性,其目的是解决黑客等第三方恶意代理利用的漏洞(Lahiri,2012)。由于本章的重点是软件产品的性能,而不考虑软件供应商与黑客之间的互动,因此在本章中将软件产品的质量称为其性能。

由于开源软件的源代码可以被相应的用户访问和改进,因此,开源厂商提供的软件产品和服务的总体质量水平可以用 $z_o+\alpha n_o$ 来表征,其中 n_o 衡量从开源厂商

第9章　考虑信息安全的专有和开源软件供应商质量投资策略

购买软件产品和服务的用户规模，$\alpha>0$ 是这些用户的创新程度。开源厂商提供的软件产品和服务的总价格为 p_o，软件产品可以免费获得，因此它实际上等于软件产品附带服务的价格。由于专有供应商可以通过采用开源供应商的某些模块来改进其开发工作，因此专有供应商的软件产品和服务的总质量为 $z_p+\beta\eta z_o$，其中 $\beta\in[0,1]$ 为开源软件产品向专有软件产品溢出技术的最大潜力，$\eta\in[0,1]$ 为两家供应商软件产品之间的技术相似程度。因此，技术多样化的程度可以用 $1-\eta$ 来衡量。显然，如果两家厂商软件产品的技术框架更为相似，那么专有厂商就可以从开源软件中采用更多模块，吸收更多知识。用户创新是零散的，因此我们排除了用户创新对专有供应商软件产品和服务总质量的影响。需要注意的是，在对专有供应商的影响仍然温和的情况下，纳入这种创新不会改变主要定性结果。自主厂商提供的软件产品和服务的总价格用 p_p 表示，等于其软件产品和服务的价格之和。

技术相似性 η 不仅会影响技术从开源软件向专有软件的溢出，还会影响网络负外部性带来的安全威胁。每种软件一旦被更多用户使用，就会成为黑客等恶意代理的攻击目标，这些代理就有更多机会利用软件漏洞。例如，谷歌的开源安卓系统和苹果的专有 iOS 系统是智能手机的两种异构主流操作系统。2013 年，谷歌 Android 系统的市场份额为 57%，而苹果 iOS 系统的市场份额为 23%。令人遗憾的是，市场份额较高的安卓设备却产生了超过 95% 的新移动设备恶意程序(Garcia et al.,2014)。如果开源软件和专有软件之间的技术相似性 η 增加，两类软件就会共享更多的漏洞，这意味着一类软件的安全威胁会提前向另一类软件蔓延。假设选择购买专有厂商软件产品和服务的用户规模为 n_p，则其软件产品的安全威胁可以用 $d(n_o+\eta n_p)$ 来描述，其中参数 d 描述了安全威胁的风险。类似地，由专有供应商提供的软件产品的安全威胁为 $d(n_p+\eta n_o)$。

$R>0$ 表示为高端市场用户对软件产品和服务的质量要求，表示总质量水平不低于 R 的厂商可以进入高端市场。由于低端市场的用户没有特别的质量要求，所以在提到质量要求时指的是高端市场的质量要求。软件产品和服务行业普遍存在高端市场。举例来说，在电子商务网站上，当用户有意向购买软件产品和服务时，如果他们对网站的响应速度或软件产品的反应速度感到不满，那么他们就不太可能购买反应速度较慢的软件产品和服务。同样，当客户端规模足够大时，这些用户也不愿意选择在线访问客户端容量较低的软件产品和服务。假设低端市场和高端市场的用户规模分别为 N 和 M。

两家供应商在价格上竞争用户,这种战略互动通常具有博弈论模型的特征。在经典的 Hotelling 模型中(Hotelling,1929;Etzion et al.,2014),假设开源供应商位于0,专有供应商位于1。用户偏好 x 沿一条单位线[0,1]均匀分布。当用户购买的软件产品和服务与他的理想产品和服务不同时,将产生一个单位的不匹配成本 t。t 越高意味着横向分化越大,市场竞争越弱。这里考虑的是水平差异,因此所有元素都是平等的,一些用户会对一种类型的软件产品和服务有固有的偏好,而另一些用户会喜欢另一种。在现实中,用户有不同的应用习惯、先验知识、品牌忠诚度等消费心理,这些都会影响用户的偏好。横向差异化还意味着,用户对产品和服务的偏好取决于给定产品与他们特定需求的匹配程度。V 表示在没有任何质量改进的情况下,这两种类型的软件产品和服务的基本效用。

当两家供应商都瞄准低端市场时,他们的总质量水平满足 $z_o+\alpha n_{ol}<R$ 和 $z_p+\beta\eta z_o<R$,并且当从开放源代码供应商和专有供应商购买软件产品和服务时,位于点 $x\in[0,1]$ 的用户享受的效用为

$$U_{ol}=V+z_o+\alpha n_{ol}-tx-d[n_{ol}+\eta(N-n_{ol})]-p_o,$$
$$U_{pl}=V+z_p+\beta\eta z_o-t(1-x)-d(N-n_{ol}+\eta n_{ol})-p_p$$

本章中,下标"l""h""o"和"p"分别表示"低端市场""高端市场""开源厂商"和"专有厂商"。例如 n_{ol} 表示低端市场中选择开源厂商软件产品和服务的用户规模。

当开源厂商瞄准低端市场,而专有厂商占领高端市场时,他们的总体质量水平分别满足 $z_o+\alpha n_{ol}<R$ 和 $z_p+\beta\eta z_o\geqslant R$。位于点 x 的用户享有的效用分别为

$$U_{ol}=V+z_o+\alpha n_{ol}-tx-d[n_{ol}+\eta(N+M-n_{ol})]-p_o,$$
$$U_{pl}=U_{ph}=V+z_p+\beta\eta z_o-t(1-x)-d(N+M-n_{ol}+\eta n_{ol})-p_p$$

需要注意的是,低端市场的用户可能会选择专有供应商的软件产品和服务,即使该供应商占据了高端市场。

当开源厂商进入高端市场,而专有厂商专注于低端市场时,他们的总体质量水平分别满足 $z_o+\alpha(M+n_{ol})\geqslant R$ 和 $z_p+\beta\eta z_o<R$。位于点 x 的用户享有的效用分别为

$$U_{ol}=U_{oh}=V+z_o+\alpha(M+n_{ol})-tx-d[M+n_{ol}+\eta(N-n_{ol})]-p_o,$$
$$U_{pl}=V+z_p+\beta\eta z_o-t(1-x)-d[N-n_{ol}+\eta(M+n_{ol})]-p_p$$

当两家供应商都进入高端市场时,他们的总体质量水平都能满足 $z_o+\alpha(n_{ol}+n_{oh})\geqslant R$ 和 $z_p+\beta\eta z_o\geqslant R$。位于点 x 的用户享有效用分别为

第9章　考虑信息安全的专有和开源软件供应商质量投资策略

$$U_{ol}=U_{oh}=V+z_o+\alpha(n_{ol}+n_{oh})-tx-d[n_{ol}+n_{oh}+\eta(N-n_{ol}+M-n_{oh})]-p_o,$$
$$U_{pl}=U_{ph}=V+z_p+\beta\eta z_o-t(1-x)-d(N-n_{ol}+M-n_{oh}+\eta n_{ol}+\eta m_{oh})-p_p$$

请注意，每家供应商的利润函数等于其价格与需求函数的乘积。具体来说，当开源和专有厂商分别以终端市场 X 和终端市场 Y 为目标时 $(X,Y\in\{L,H\})$，他们的利润函数分别为 $\pi^o_{XY}=p_oD_o$ 和 $\pi^p_{XY}=p_pD_p$，其中 D_o 和 D_p 表示他们的需求函数。

9.3　均衡分析

本章给出了两家厂商四种不同的市场策略和相关质量水平，试图分析用户创新程度、安全威胁风险和技术相似程度对两家厂商利润的影响。两家竞争厂商博弈的时间线如下：在第一阶段，两家厂商对各自的软件产品和服务进行定价。在第二阶段，用户选择购买开源厂商或专有厂商的软件产品和服务。这里使用的是满足预期均衡的概念，即实现的需求等于均衡时预期的网络规模 (Etzion et al., 2014; Galbreth et al., 2010)。均衡解可以通过逆向归纳法得出 (Etzion et al., 2014; Galbreth et al., 2010)。具体而言，首先通过满足期望的方法计算用户需求的最佳响应函数。然后，将这些最佳响应函数代入两家竞争厂商的利润函数，通过相关的一阶条件求解其均衡价格。两家供应商的均衡利润见结论 9.1。

结论 9.1　（1）当两家供应商都以低端市场为目标时，他们的利润是

$$\pi^o_{LL}=\frac{N[3t+3d(1-\eta)N-\alpha N+(1-\beta\eta)z_o-z_p]^2}{9[2t+2Nd(1-\eta)-\alpha N]},$$

$$\pi^p_{LL}=\frac{N[3t+3d(1-\eta)N-2\alpha N-(1-\beta\eta)z_o+z_p]^2}{9[2t+2Nd(1-\eta)-\alpha N]}$$

（2）当开源供应商瞄准低端市场，而专有供应商占领高端市场时，他们的利润是

$$\pi^o_{LH}=\frac{N[(2MN^{-1}+3)t+3d(1-\eta)(N+M)-\alpha(N+M)+(1-\beta\eta)z_o-z_p]^2}{9[2t+2Nd(1-\eta)-\alpha N]},$$

$$\pi^p_{LH}=\frac{N[(4MN^{-1}+3)t+3d(1-\eta)(N+M)-2\alpha(N+M)-(1-\beta\eta)z_o+z_p]^2}{9[2t+2Nd(1-\eta)-\alpha N]}$$

（3）当开源厂商进入高端市场，而专有厂商专注于低端市场时，他们的利润是

$$\pi^o_{HL}=\frac{N[(4MN^{-1}+3)t+3(N+M)d(1-\eta)-\alpha(N+M)+(1-\beta\eta)z_o-z_p]^2}{9[2t+2Nd(1-\eta)-\alpha N]},$$

$$\pi^p_{HL}=\frac{N[(2MN^{-1}+3)t+3(N+M)d(1-\eta)-2\alpha(N+M)-(1-\beta\eta)z_o+z_p]^2}{9[2t+2Nd(1-\eta)-\alpha N]}$$

(4) 当两家供应商都占领高端市场时,他们的利润是

$$\pi^o_{HH}=\frac{(N+M)[3t+3d(1-\eta)(N+M)-\alpha(N+M)+(1-\beta\eta)z_o-z_p]^2}{9[2t+2(N+M)d(1-\eta)-\alpha(N+M)]},$$

$$\pi^p_{HH}=\frac{(N+M)[3t+3d(1-\eta)(N+M)-2\alpha(N+M)-(1-\beta\eta)z_o+z_p]^2}{9[2t+2(N+M)d(1-\eta)-\alpha(N+M)]}$$

根据结论 9.1,可以研究结论 9.2 所给出的 α、d 和 η 对两家供应商利润的影响。

结论 9.2 (1) 当两家厂商都瞄准低端市场时,随着用户创新程度 α 的增加,开源厂商的利润先降后升,而专有厂商的利润始终下降;随着安全威胁风险的增加,两家厂商都享有较高的利润;随着技术相似程度的增加,在安全威胁风险足够高的情况下,两家厂商的利润都下降,而在安全威胁风险足够低的情况下,开源厂商的利润下降,专有厂商的利润增加。当且仅当 $\alpha>\alpha_T$,$\frac{\partial \pi^o_{LL}}{\partial \alpha}>0$。$\frac{\partial \pi^o_{LL}}{\partial d}>0$,$\frac{\partial \pi^p_{LL}}{\partial d}>0$。对于足够大的 d,$\frac{\partial \pi^o_{LL}}{\partial \eta}<0$ 且 $\frac{\partial \pi^p_{LL}}{\partial \eta}<0$;对于足够小的 d,$\frac{\partial \pi^o_{LL}}{\partial \eta}<0$ 且 $\frac{\partial \pi^p_{LL}}{\partial \eta}>0$,其中

$$\alpha_T=\frac{t+d(1-\eta)N-(1-\beta\eta)z_o+z_p}{N}$$

(2) 当开源厂商瞄准低端市场,而专有厂商进入高端市场时,α,d 和 η 对两家厂商利润的影响与(1)中的影响相似,只是 α_T 修正为

$$\alpha_T=\frac{(MN^{-1}+2)t+d(1-\eta)(N+M)-(1-\beta\eta)z_o+z_p}{(N+M)}$$

(3) 当开源厂商进入高端市场,而专有厂商瞄准低端市场时,α,d 和 η 对两家厂商利润的影响与(1)中的影响相似,只是 α_T 修正为

$$\alpha_T=\frac{t+d(1-\eta)(N+M)-(1-\beta\eta)z_o+z_p}{N+M}$$

(4) 当两家厂商都占领高端市场时,α,d 和 η 对两家厂商利润的影响与(1)中的影响相似,除了 α_T 与(3)中的形式相同之外。

根据结论 9.2 可以发现,在四种不同的市场策略下,α,d 和 η 对两家厂商利润的影响是相似的。不难理解,在这种竞争环境下,对开源厂商来说,用户创新有助于提高软件产品和服务的质量,而对专有厂商来说,用户创新则会损害其利益。值

第9章　考虑信息安全的专有和开源软件供应商质量投资策略

得注意的是，当用户创新的程度不够高时，开源厂商的利润就会减少。考虑到用户创新的程度，只有当开源厂商的用户规模变得足够大时，用户创新才会对开源厂商产生相对吸引力。为此，开源厂商会大幅降低其服务价格，此时，专有厂商为了保持一定市场份额，也会选择降低其软件产品和服务的价格。两家供应商之间的价格竞争变得异常激烈，由此产生的负面效应大于质量改进的正面效应。在这种情况下，随着用户创新程度的提高，开源厂商的利润会出人意料地降低。然而，当用户创新的幅度足够大时，质量改进的正效应就会超过激烈的价格竞争效应，导致开源厂商的利润随着创新幅度的增加而增加。

可以发现，在所有四种不同的市场策略下，安全威胁的风险不仅不会减少开源厂商和专有厂商的利润，反而会增加利润。随着安全威胁风险的增加，更大的市场份额会增加用户对安全的担忧，从而促使两家厂商提高软件产品和服务的价格。换言之，在每种市场策略下，安全威胁风险的增加都会削弱两家供应商之间的价格竞争。实质上，两家厂商都以用户（消费者）剩余为代价，从安全威胁风险中获利。这一结果在一定程度上说明，信息安全事件增加的根本原因在于利益相关者之间的激励机制不一致（Anderson et al.，2006）。也就是说，当保护信息安全的个人或组织不是受害者时，信息安全事件就更有可能发生。在现实中，供应商似乎总是不愿意采取足够的措施来降低其软件产品和服务的安全威胁，因此一些经济激励措施也被规范起来（August et al.，2006，2011；Kim et al.，2011）。Arora 等（2006）发现，造成这种现象的原因是修补漏洞的固定成本。但是本章尝试通过开源厂商和专有厂商混合双头垄断中的价格竞争机制来解释这种现象。

在安全威胁风险足够高的情况下，对于每家供应商来说，来自竞争对手的传染安全威胁会随着技术相似程度的增加而增加。在这种情况下，安全威胁的传染实际上成为各厂商通过增加市场份额来击败竞争对手的竞争手段。为此，每家厂商都会降低软件产品和服务的价格。技术相似性加剧了两家供应商之间的价格竞争，最终降低了他们的利润。因此，选择不同的技术框架对两家供应商来说都是帕累托最优选择。然而，当安全威胁的风险足够低时，这种加剧价格竞争的机制就会消失，技术相似性会给两家供应商的利润带来不同的影响。其中，开源厂商获得的利润较低，而专有厂商获得的利润较高。这是因为专有供应商可以采用某些模块，吸收其竞争对手开放源码供应商的开发知识，而无需额外支出。

9.4 市场定位战略

为了讨论市场定位战略,不同的市场定位需要不同的质量投资。假设内生的质量投资有助于分析进入高端市场的成本与由此带来的回报之间的权衡。因此,前面描述的博弈应作如下修改:在第一阶段,每家供应商都选择瞄准低端市场或占领高端市场。在第二阶段,两家供应商内生地选择各自的质量投资。假设两家厂商在软件产品和服务质量方面的支出分别为 $kz_o^2/2$ 和 $kz_p^2/2$,其中 $k>0$ 表示质量工作的效率。在下面的讨论中,假设 k 为足够大,这意味着两家供应商的质量工作效率都不高。在第三阶段,两家供应商对软件产品和服务定价。在第四阶段,用户在两家供应商之间选择购买软件产品和服务。同样,可以通过逆向归纳法得出均衡解。此外,假设用户的创新能力 α 不是很强。如结论 9.3 所述,在四种不同的市场策略下,两家厂商的利润都可以得出。

结论 9.3 图 9.1 给出了开源厂商和专有厂商在四种市场策略下的利润,其中 $R_{ll} < R_{lh} < R_{hh} < R_{hl}$,并且 z_{o1} 和 z_{o2} 都与 k 独立。

根据结论 9.3 中两家供应商的利润,可以很容易地验证,结论 9.2 中的定性结果在内生质量投资的情况下仍然有效。随着越来越多的供应商选择进入高端市场,这些供应商的利润更有可能随着参数 k 的增加而减少。显然,占领高端市场需要大量的质量投资。随着参数 k 的增加,进入高端市场的支出会进一步增加。

在下面的讨论中,假设质量要求不会太低,即 $R > R_{lh}$。用户创新本身就会产生开源厂商的质量限制,即使该厂商没有在质量方面做出任何投资。可以发现,根据质量要求的不同,两家厂商可能会采取不同的市场策略,如结论 9.4 所示。

结论 9.4 如果 $R \leqslant R_{hl}$,则开源厂商占领高端市场,而专有厂商瞄准低端市场;否则,两家厂商都瞄准低端市场。

不难理解,当质量要求足够高时,两家厂商都不会选择占领高端市场。事实上,进入高端市场需要付出更高的质量投资,而两家厂商都不愿意以巨大的开支为代价抢占这一市场份额。当对质量的要求不高时,开放源码供应商的目标是高端市场,而专有供应商的目标仍然是低端市场。这一发现有些出乎意料,因为专有厂商可以通过搭便车的方式采用开源厂商的某些模块,即使专有厂商在质量方面不做太多投资,也很容易进入高端市场。我们可以从两个角度解释为什么专有供应

第9章 考虑信息安全的专有和开源软件供应商质量投资策略

N/A	$\pi_{LL}^o \approx \dfrac{N[3t+3d(1-\eta)N-\alpha N]^2}{9[2t+2Nd(1-\eta)-\alpha N]}$	$\pi_{LL}^p \approx \dfrac{N[3t+3d(1-\eta)N-2\alpha N]^2}{9[2t+2Nd(1-\eta)-\alpha N]}$

R_{ll}

两家厂商都定位低端市场

N/A	$\pi_{LH}^o \approx \dfrac{N[(2MN^{-1}+3)t+3d(1-\eta)(N+M)-\alpha(N+M)-R]^2}{9[2t+2Nd(1-\eta)-\alpha N]}$
	$\pi_{LH}^p \approx \dfrac{N[(4MN^{-1}+3)t+3d(1-\eta)(N+M)-2\alpha(N+M)+R]^2}{9[2t+2Nd(1-\eta)-\alpha N]} - \dfrac{k}{2}R^2$

R_{lh}

开源厂商定位低端市场,专有厂商定位高端市场

$\pi_{HL}^o \approx \dfrac{N[(4MN^{-1}+3)t+3(N+M)d(1-\eta)-\alpha(N+M)]^2}{9[2t+2Nd(1-\eta)-\alpha N]}$

$\pi_{HL}^p \approx \dfrac{N[(2MN^{-1}+3)t+3(N+M)d(1-\eta)-2\alpha(N+M)]^2}{9[2t+2Nd(1-\eta)-\alpha N]}$

R_{hl}

$\pi_{HL}^o \approx \dfrac{N\{3[2t+2Nd(1-\eta)-\alpha N][(4MN^{-1}+3)t+3(N+M)d(1-\eta)]-\alpha(N+M)[6t+6Nd(1-\eta)+\alpha N(1-4\beta\eta)]+3(1-\beta\eta)[2t+2Nd(1-\eta)-\alpha N]R\}^2}{9[2t+2Nd(1-\eta)-\alpha N][6t+6Nd(1-\eta)-\alpha N(2+\beta\eta)]^2} - \dfrac{k}{2}z_{o1}^2$

$\pi_{HL}^p \approx \dfrac{N\{[(2MN^{-1}+3)t+3(N+M)d(1-\eta)-2\alpha(N+M)][6t+6Nd(1-\eta)-\alpha N(2+\beta\eta)]+\alpha(1-\beta\eta)[(3N+4M)t+3\alpha N(1-\eta)(N+M)+3Nd(1-\eta)(N+M)]-3(1-\beta\eta)[2t+2Nd(1-\eta)-\alpha N]R\}^2}{9[2t+2Nd(1-\eta)-\alpha N][6t+6Nd(1-\eta)-\alpha N(2+\beta\eta)]^2}$

开源厂商定位高端市场,专有厂商定位低端市场

$\pi_{HH}^o \approx \dfrac{(N+M)[3t+3d(1-\eta)(N+M)-\alpha(N+M)-R]^2}{9[2t+2(N+M)d(1-\eta)-\alpha(N+M)]}$

$\pi_{HH}^p \approx \dfrac{(N+M)[3t+3d(1-\eta)(N+M)-2\alpha(N+M)+R]^2}{9[2t+2(N+M)d(1-\eta)-\alpha(N+M)]} - \dfrac{k}{2}R^2$

R_{hh}

$\pi_{HH}^o = \dfrac{(N+M)\{18[t+d(1-\eta)(N+M)][t+(N+M)d(1-\eta)-\alpha(N+M)]+4\alpha^2(N+M)^2+\alpha(N+M)R\}^2}{81[2t+2(N+M)d(1-\eta)-\alpha(N+M)]^3} - \dfrac{k}{2}z_{o2}^2$

$\pi_{HH}^p = \dfrac{(N+M)\{6[t+(N+M)d(1-\eta)][3t+3d(1-\eta)(N+M)-2\alpha(N+M)]+\alpha^2(N+M)^2-\alpha(N+M)R\}^2}{81[2t+2(N+M)d(1-\eta)-\alpha(N+M)]^3} - \dfrac{k}{2}(R-\beta\eta z_{o2})^2$

两家厂商都定位高端市场

图 9.1 两家厂商四种市场定位下的均衡利润

商以温和的质量要求瞄准低端市场。首先,在结论 9.4 中,成本系数 k 被假定为足够大,这意味着在考虑支出的情况下,过多地提高质量并不符合厂商双方的利益。搭便车的效应肯定会减弱。另外,由于安全威胁会带来负面的网络外部性,专有供应商不应总是倾向于高端市场。相比之下,如果没有专有厂商的搭便车行为,开放源码厂商可以通过用户创新提高软件产品和服务质量,而无需额外支出。有鉴于此,开源厂商有能力也有意愿进入高端市场。同时,开源厂商的用户创新可以部分

抵消安全威胁的负面网络效应。

从结论9.4可以得出结论,开源软件相对更容易进入高端市场。例如,Linux在银行支付系统、电信计费系统、商业交易系统、企业ERP系统等高端服务器中的应用已经进入了一个新阶段。

9.5 主要结论

尽管安全威胁已成为软件行业面临的一个相当严峻的挑战,但开源厂商和竞争激烈的专有厂商在制定市场战略时却没有给予足够的重视。本章构建了一个博弈理论模型来研究这一问题,并讨论了用户创新程度、安全威胁风险和技术相似程度等几个关键因素的影响。具体而言,研究的内容可归纳如下。

首先,本章通过逆向归纳法推导出开源厂商和专有厂商在四种可能的市场策略下的均衡利润。接下来,发现在所有市场策略下上述关键因素的一些有趣结果。① 用户创新并不总是有利于开源厂商;② 在用户创新程度温和的情况下,开源厂商的利润可能会随着用户创新程度的增加而减少;③ 安全威胁的风险会弱化价格竞争,以牺牲用户利益为代价增加两家厂商的利润;④ 技术相似性会加剧两家厂商之间的价格竞争。最后,考虑到内生的质量投资,本章推导并分析了两家供应商的均衡市场定位策略,指出当质量要求保持温和时,开源厂商进入高端市场,专有厂商瞄准低端市场;当质量要求较高时,两家厂商都选择低端市场。

第 10 章 考虑信息安全的软件供应商的商业模式策略

10.1 问题提出

随着信息技术的日益普及与深入应用，众多个人、公司及组织纷纷采用软件产品以助推其娱乐及商业活动。以往，这些用户群体主要向封闭的源代码公司采购软件，此类公司的源代码不对外公开，用户无法访问及修改。闭源代码的公司依赖软件产品的销售来维系其营收。然而，这一传统的软件开发与商业模式正面临开源软件的冲击。开源软件赋予用户访问其源代码的权限，并允许他们自由使用，改进与修复漏洞，增强功能，以及无偿地重新分发该软件。开源软件在过去的十年中取得了巨大的成功。例如，网络浏览器火狐，网络服务器 Apache，应用服务器 JBoss 和 ApacheTomcat，办公软件套件 Apache OpenOffice，电子邮件程序 Ximian Evolution，以及数据库 MySQL 和 PostgreSQL。为了节省开支，促进知识交流，削弱 Windows 等闭源公司的主导地位，许多国家和地区都实施了一些措施，旨在促进开源运动，并在公共管理部门推广这类软件的使用。例如，德国、法国和意大利发布了支持开源软件的声明，日本、韩国和印度等国家宣布了鼓励甚至迫使国内公司采用开源软件的项目。开源软件的成功可以归功于其独特的商业模式。然而，值得注意的是，开源软件本身并不直接产生经济利润；因此，为了获得收益，必须销售补充性服务或增值服务。这些服务的形式多样，可能涵盖信息系统的内聚集成、业务流程整合，以及集成系统的可靠维护和操作等。对于软件企业而言，在开源与闭源商业模式间作出抉择往往颇具复杂性，并非一目了然。

由软件漏洞引起的信息安全事件，并且它们已经成为用户越来越高度关注的问题，并最终将影响公司对其商业模式的定位。显然，软件产品的用户基础为恶意代理，如网络黑客，提供了更多的机会来利用软件漏洞。拥有庞大用户群的开源公司从提供付费的互补或增值服务中获益更多，但由于价格可能下降，闭源公司并不一定受益。市场份额与安全威胁相互作用，并对开源公司和非开源公司的利润产生不同的影响。

本章通过构建两阶段双头垄断模型,讨论一家软件公司在考虑安全问题的前提下的商业模式的选择。本章着重从三个核心维度探讨了开源与闭源软件的差异:用户创新、软件产品的免费获取性、以及通过向用户群体销售附加或增值服务所实现的盈利。在此基础上,我们深入研究了两个核心问题。

首要问题关注的是,在两家竞争公司所提供的软件产品均面临安全挑战的情况下,何种条件下它们会倾向于采用不同的商业模式,并进一步探讨安全因素如何左右其商业模式的选择。

其次,我们聚焦于两家实力不对称的公司之间的竞争态势:一家公司提供的软件产品存在安全隐患,而另一家则能提供无漏洞的优质产品。在此情境下,我们深入分析了这两家公司如何在竞争激烈的市场环境中,合理布局并优化其商业模式。

本章的研究结论可概括为以下几点:当两家竞争公司在其软件产品中均感知到安全威胁时,可能会出现异构商业模式的均衡状态,即一家公司选择闭源代码策略,而另一家公司则选择开源代码策略;在开源回报处于中高水平的情况下,存在一种囚徒困境现象,即两家公司均倾向于选择开源代码策略,尽管闭源代码可能会带来更高的利润。此外,在两家公司实力不对称的情况下,若其中一家公司在其软件产品中面临安全威胁,而另一家公司则无此困扰,那么异构业务模式将成为唯一的均衡状态,即前者选择闭源代码,后者选择开源代码。

10.2 模型构建

考虑两家提供替代软件产品的竞争公司。当没有安全威胁时,假设公司 i 的需求函数在自我效应和交叉价格效应中是线性的:

$$q_i = 1 - p_i + \lambda p_j$$

其中,q_i 是公司 i 的软件产品数量;p_i 是公司 i 的软件产品价格;p_j 是公司 j 的软件产品价格($i,j=1,2;j\neq i$)。在这里,公司 i 的初始需求被归一化为 1,这衡量了当两家公司将价格设为零时需求截距的潜力。参数 λ 是两家公司的软件产品之间的替代率,并以此衡量公司之间的竞争强度。由于公司 i 的价格对其需求的影响大于公司 j 的价格,因此参数 λ 满足 $\lambda \in [0,1]$。随着 λ 的增加,两家公司的软件产品成为更好的替代品,公司的竞争变得激烈。特别是,$\lambda=0$ 暗示这两家公司的软件产品是独立的,而 $\lambda=1$ 暗示这两家公司的软件产品是完美的替代品,并且是完全同质的。

现在,考虑一下软件安全对每家公司的需求功能的影响。当两家公司的软件产品都存在安全威胁时,安装此类软件产品的用户数量等于 q_1+q_2。假设一个随机攻击,如蠕虫攻击,是源于对具有 $g>0$ 强度的中间脆弱用户的开发。然后根据 August 和 Tunca 两位学者的研究,蠕虫成功穿透用户网络的概率为 $g(q_1+q_2)$。在这里,假设 g 足够小,因此 $g(q_1+q_2)$ 位于 0 和 1 之间。

可以用 Dey 等(2022)的类似方法来解释这种入侵概率。对于给定的攻击,假设 $z(t)$ 是时间 $t\in[0,+\infty)$ 时入侵的用户数量,$\mu(t)$ 是每个入侵用户的该攻击的瞬时传播速率。考虑到随机攻击遵循一条偶然的路径,由于企业之间的漏洞,入侵用户的数量应该与 q_1+q_2 成正比,这可以用 $z(0)=\gamma(q_1+q_2)$ 来描述,其中 $\gamma>0$ 且连续。在一个短时间间隔内入侵用户数量的变化 Δt 可以写成 $z(t+\Delta t)-z(t)=\mu(t)z(t)\Delta t$。当 $\Delta t \to 0$ 时 $\mathrm{d}z(t)/\mathrm{d}t=\mu(t)z(t)$;即

$$z(t)=z(0)\mathrm{e}^{\int_0^t \mu(v)\mathrm{d}v}=\gamma \mathrm{e}^{\int_0^t \mu(v)\mathrm{d}v}(q_1+q_2)=g(q_1+q_2)$$

其中,g 是 $\gamma \mathrm{e}^{\int_0^t \mu(v)\mathrm{d}v}$ 的平均值。要注意:一个相对低(高)的 $\mu(t)$ 值代表稀疏(紧密)连接的用户网络。

鉴于这种讨论,由于用户网络之间的相互依赖性,用户能够从黑客攻击中生存下来的概率是 $1-g(q_1+q_2)$。黑客攻击往往利用某一类型软件产品的安全漏洞,或是两种类型软件产品共同存在的安全漏洞,进而渗透到用户网络中。此外,黑客攻击也可能通过社交网络或用户间的业务关系进行,例如通过电子数据交换连接的上游供应商和下游零售商的供应链。换言之,黑客对两家软件公司用户网络的攻击渗透,可能通过采用相似技术框架并利用共享的安全漏洞进行,或是通过感染相互关联的第三方用户进行商业形式的攻击。因此,由于两家公司的软件产品存在安全威胁,公司 i 的需求功能应修改为

$$q_i=\{1-g[(1-p_1+\lambda p_2)+(1-p_2+\lambda p_1)]\}(1-p_i+\lambda p_j)$$
$$=\{1-g[2-(1-\lambda)(p_1+p_2)]\}(1-p_i+\lambda p_j)$$

两家公司可以选择两种商业模式:闭源模式,公司通过收取软件产品费用使利润最大化;开源模式,公司免费提供软件产品,并从互补或增值服务中获益。软件产品作为一种信息产品,固定成本高,可变成本可以忽略不计。排除固定成本并不

会改变主要结果,因此在不失一般性的情况下,本章假设软件产品的成本为零。如果公司 i 选择了闭源的商业模式,其利润(收入)函数为

$$\pi_i = p_i q_i = \{1 - g[2 - (1-\lambda)(p_1 + p_2)]\}(1 - p_i + \lambda p_j) p_i$$

如果公司 i 选择了开源的商业模式,用户可以访问和提高软件产品的质量,从而得出公司 i 的数量是

$$q_i + \alpha q_i = \{1 - g[2 - (1-\lambda)(p_1 + p_2)]\}(1 + \alpha)(1 - p_i + \lambda p_j)$$

其中,$\alpha > 0$ 为每个用户的创新幅度。公司 i 的利润函数就是

$$\pi_i = b(q_i + \alpha q_i) = b(1+\alpha)\{1 - g[2 - (1-\lambda)(p_1 + p_2)]\}(1 - p_i + \lambda p_j)$$

其中,$b > 0$ 为销售补充或增值服务的单位。因为 b 和 α 都总是为开源公司的利润做出贡献,下面提到 $b(\alpha+1)$ 只是为了讨论开源的回报。

博弈时序如下:在第一阶段,公司会在闭源和开源的业务模式之间进行选择。在第二阶段,公司决定其软件产品的价格。特别是,当公司选择闭源商业模式时,他们对软件产品进行收费,并在制定开源商业模式时将其价格设置为零。

10.3 均衡分析

(X, Y) 表示公司1选择 X、公司2选择 Y,$X, Y \in \{C, O\}$ 的业务模式,其中 C 和 O 分别表示闭源和开源。假设 g 相对较小,我们可以在三种商业模式下得出公司的均衡价格和利润,如引理10.1所示。请注意 (O, C) 的均衡价格和利润与 (C, O) 的是对称的。

引理10.1 表10.1给出了三种商业模式下的均衡价格和利润。

表10.1 g 较小时,两家对称公司的均衡价格和利润

商业模式	价格	利润
(C, C)	$p^{CC} = \dfrac{1}{(2-\lambda)} + g\dfrac{(1-\lambda)}{(2-\lambda)^3}$	$\pi^{CC} = \dfrac{1}{(2-\lambda)^2} - g\dfrac{(4-3\lambda+\lambda^2)}{(2-\lambda)^4}$
(C, O)	$p_1^{CO} = \dfrac{1}{2} + \dfrac{1}{8}g(1-\lambda),$ $p_2^{CO} = 0$	$\pi_1^{CO} = \dfrac{1}{4} - \dfrac{1}{8}g(3+\lambda),$ $\pi_2^{CO} = b(\alpha+1)\left[\left(1 + \dfrac{1}{2}\lambda\right) - \dfrac{3}{8}g(4+3\lambda+\lambda^2)\right]$
(O, O)	$p^{OO} = 0$	$\pi^{OO} = b(\alpha+1)(1-2g)$

这两家公司的均衡价格和利润的完整表达式都相当复杂。可以发现,选择闭源商业模式的公司的价格总是随着黑客攻击的增强而增加。事实上,随着 g 值的增加,安全威胁对两家公司需求的负面影响也会增加。通过减少两家公司的数量来遏制这种负面影响,这两家公司都将提高其软件产品的价格。利用引理 10.1 中的利润,可以在第一阶段得出均衡的商业模型。令

$$T_1(\lambda,g)=\frac{8[(2-\lambda)^2-g(4-3\lambda+\lambda^2)]}{(2-\lambda)^4[4(2+\lambda)-3g(4+3\lambda+\lambda^2)]},$$

$$T_2(\lambda,g)=\frac{2-g(3+\lambda)}{8(1-2g)}, \qquad g<\frac{1}{2}$$

$T_1(\lambda,g)$ 和 $T_2(\lambda,g)$ 的剖面图如图 10.1 所示。当替代率 λ 保持相对较低(高),黑客攻击强度 g 保持相对较高(低)时,不等式 $T_1(\lambda,g)<T_2(\lambda,g)$,$[T_1(\lambda,g)>T_2(\lambda,g)]$ 成立。

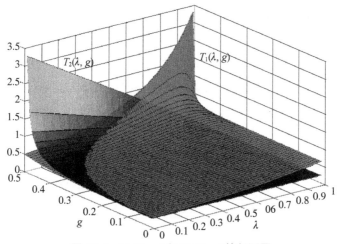

图 10.1　$T_1(\lambda,g)$ 和 $T_2(\lambda,g)$ 的剖面图

结论 10.1　(1) 如果 $T_1(\lambda,g)<T_2(\lambda,g)$,当 $b(\alpha+1)<T_1(\lambda,g)$ 时,平衡为 (C,C);当 $T_1(\lambda,g)<b(\alpha+1)<T_2(\lambda,g)$,平衡为 (C,O);当 $b(\alpha+1)>T_2(\lambda,g)$,平衡为 (O,O)。

(2) 如果 $T_1(\lambda,g)>T_2(\lambda,g)$,当 $b(\alpha+1)<T_2(\lambda,g)$,平衡为 (C,C);当 $T_2(\lambda,g)<b(\alpha+1)<T_1(\lambda,g)$,平衡点为 (C,C) 和 (O,O);当 $b(\alpha+1)>T_1(\lambda,g)$,平衡为 (O,O)。

根据结论 10.1,当参数 λ 相对较低,参数 g 相对较高时,即使两家公司完全对

称，异构商业模式(C,O)也可能处于均衡状态。例如，均衡业务模型如图 10.2 所示，其中 $b(\alpha+1)=0.45$。在这种情况下，开源 $b(\alpha+1)$ 的回报不是很低，而且对公司有些吸引力，但这可能导致两家公司都选择开源，因为开源会导致充足的安全，因此由于相对较高的 g，安全威胁不可忽视。相对较低的 λ 意味着这些公司的软件产品价格很高，因为每家公司降价的动机都较低。高价格导致数量减少，意味着不存在严重的安全威胁。即便如此，安全威胁也会改变两家公司的商业模式，因为高 g 比低 λ 更重要。可以观察到，当 g 相对较低时，$T_1(\lambda,g)>T_2(\lambda,g)$ 始终成立，异构商业模式(C,O)永远不构成均衡。在这种情况下，两家公司的安全问题都可以忽略不计，并且可以简单地根据开源的回报 $b(\alpha+1)$ 来选择商业模式。换句话说，异构商业模式(C,O)是特定于信息安全的情境的。2017 年，安卓和 iOS 系统占据了全球智能手机操作系统市场份额的 99%。虽然苹果和谷歌采取了一系列措施来确保用户信息安全，但漏洞攻击和恶意软件威胁频繁发生。事实上，iOS 并不像人们通常预期的那样安全。例如，间谍软件 Pegasus 利用 iOS 中的三个零日漏洞入侵 iPhone，并访问其信息、手机和电子邮件应用程序。至于替代率，我们可以观察到这两种手机操作系统在许多方面的不同，如它们的状态栏、返回密钥、类型的多样性、文件读取权限、应用程序市场规则和虚拟商品的版税规则。相对较高的安全性问题 g，加上相对较低的替代率 λ，产生了它们的异构商业模式(C,O)，如图 10.2 所示。

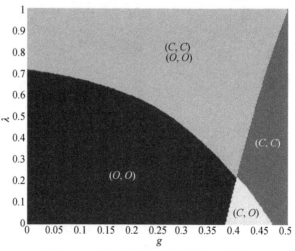

图 10.2　两家对称公司的均衡商业模式

令 $Q(\lambda,g)=\dfrac{(2-\lambda)^2-g(4-3\lambda+\lambda^2)}{(2-\lambda)^4(1-2g)}$,结论 10.2 对这两家公司的商业模式进行了一些有趣的分析。

结论 10.2 (1) 当 $\max\{T_1(\lambda,g),T_2(\lambda,g)\}<b(\alpha+1)<Q(\lambda,g)$ 时,存在着一个囚徒的困境;

(2) 当 $T_2(\lambda,g)<b(\alpha+1)<T_1(\lambda,g)$ 时,(C,C) 为帕累托最佳商业模式。

结论 10.2 的结果如图 10.3 所示。可以发现,$\pi^{CC}>\pi^{OO}$ 当且仅当 $b(\alpha+1)<Q(\lambda,g)$。当 $\max\{T_1(\lambda,g),T_2(\lambda,g)\}<b(\alpha+1)<Q(\lambda,g)$ 时,开源的回报仍然相对较高,所以两家公司都会选择开源来实现利润最大化。然而,开源带来了大量的客户,由于 $b(\alpha+1)$ 不够高,因此产生的严重安全威胁优于开源的收益。如前所述,许多国家和地区都在推广开源的商业模式。结论 10.2(1) 表明,由于安全威胁的不断增加,除非开源 $b(\alpha+1)$ 的回报较高,否则这些措施可能会对公司造成伤害,即超过 $Q(\lambda,g)$。结论 10.2(2) 给出了类似的管理见解,即使公司有两种均衡的商业模式 (C,C) 和 (O,O) 的中等回报,选择闭源来尽可能逃避安全威胁也符合公司的利益。人们可以很容易地发现,如果没有安全威胁 $(g=0)$,结论 10.2 的结果将不成立。

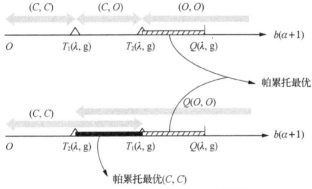

图 10.3 囚徒的困境与帕累托最优性

10.4 不对称企业分析

结论 10.1 表明,两家对称公司的异质商业模式可能处于均衡模式。本章讨论了两家公司在安全威胁不对称的情况下如何规范公司的商业模式,即一家公司的软件产品有安全漏洞,而另一家公司的软件产品没有。在不丧失一般性的前提下,假设只有公司 2 的软件产品存在安全漏洞,因此具有 g 强度的黑客攻击将以 gq_2 的概率成功穿透用户网络。换句话说,如果用户在安装软件产品时已经确保了该产品没有安全漏洞,那么黑客针对这类用户的攻击将不太可能成功,进而这样的攻击也不会增加整个用户网络衩攻击的概率。注意,由于用户网络之间的安全相互依赖性,如社交网络或业务关系,安装没有安全漏洞的软件产品的用户也可能会受到黑客的成功攻击。在这里,针对安全威胁的建模方法类似于 Dey 等(2022)的建模方法,他们考虑了安全级别对黑客成功攻击概率的影响。考虑到这些,两家公司的需求函数形式为 $[1-g(1-p_2+\lambda p_1)](1-p_1+\lambda p_2)$ 和 $[1-g(1-p_2+\lambda p_1)](1-p_2+\lambda p_1)$。

引理10.2 表10.2给出了两家不对称企业在四种商业模式下的均衡价格和利润。

表 10.2 g 较小时,两家不对称公司的均衡价格与利润

商业模式	价格	利润
(C,C)	$p_1^{CC}=\dfrac{1}{(2-\lambda)}-g\dfrac{\lambda}{(2-\lambda)^3(2+\lambda)},$ $p_2^{CC}=\dfrac{1}{(2-\lambda)}+g\dfrac{\lambda}{(2-\lambda)^3(2+\lambda)}$	$\pi_1^{CC}=\dfrac{1}{(2-\lambda)^2}-g\dfrac{(4-2\lambda-\lambda^2+\lambda^3)}{(2-\lambda)^4(2+\lambda)},$ $\pi_2^{CC}=\dfrac{1}{(2-\lambda)^2}-g\dfrac{4}{(2-\lambda)^4(2+\lambda)}$
(C,O)	$p_1^{CO}=\dfrac{1}{2}-\dfrac{1}{8}g\lambda,$ $p_2^{CO}=0$	$\pi_1^{CO}=\dfrac{1}{4}-\dfrac{1}{8}g(2+\lambda),$ $\pi_2^{CO}=b(\alpha+1)\left(\dfrac{2+\lambda}{2}-g\dfrac{8+8\lambda+3\lambda^2}{8}\right)$
(O,C)	$p_1^{OC}=0,$ $p_2^{OC}=\dfrac{1}{2}+\dfrac{1}{8}g$	$\pi_1^{OC}=b(\alpha+1)\left(\dfrac{2+\lambda}{2}-g\dfrac{4+\lambda}{8}\right),$ $\pi_2^{OC}=\dfrac{1}{4}-\dfrac{1}{8}g$
(O,O)	$p_1^{OO}=0,$ $p_2^{OO}=0$	$\pi_1^{OO}=b(\alpha+1)(1-g),$ $\pi_2^{OO}=b(\alpha+1)(1-g)$

与引理10.1相比,引理10.2表明在选择闭源时,公司1的价格会随着黑客攻击 g 的强度而下降,而公司2的价格会上涨。由于公司2的软件产品存在安全漏洞,价格的上涨降低了用户的购买意图,从而减少了安全威胁的负面影响。但是,

由于公司 1 的需求对安全威胁没有负面影响,公司 1 价格的降低可以吸引公司 2 的一些用户,进一步降低安全威胁的风险。对于两家对称公司,结论 10.1 指出,当开源的回报保持为中等时,一家公司采用开源,另一家公司选择封闭开源。下面的讨论询问两个不对称的结果是否适用于类似的公司。令:

$$T_3(\lambda,g)=\frac{8[(2+\lambda)(2-\lambda)^2-g(4-2\lambda-\lambda^2+\lambda^3)]}{(2+\lambda)(2-\lambda)^4[4(2+\lambda)-g(4+\lambda)]},$$

$$T_4(\lambda,g)=\frac{2-g}{8(1-g)}, \qquad g<\frac{2}{2+\lambda}$$

$T_3(\lambda,g)$ 和 $T_4(\lambda,g)$ 的剖面如图 10.4 所示,说明当替代率 λ 变低(高),黑客攻击强度变高(低)时,不等式 $T_3(\lambda,g)<T_4(\lambda,g)[T_3(\lambda,g)<T_4(\lambda,g)]$ 可能成立。

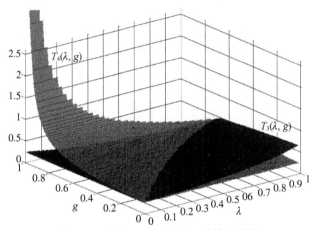

图 10.4　$T_3(\lambda,g)$ 和 $T_4(\lambda,g)$ 的剖面图

结论 10.3　(1) 若 $T_3(\lambda,g)<T_4(\lambda,g)$,当 $b(\alpha+1)<T_3(\lambda,g)$,平衡为 (C,C);当 $T_3(\lambda,g)<b(\alpha+1)<T_4(\lambda,g)$,平衡为 (O,C);当 $b(\alpha+1)>T_4(\lambda,g)$,平衡为 (O,O)。

(2) 若 $T_4(\lambda,g)<T_3(\lambda,g)$,当 $b(\alpha+1)<T_4(\lambda,g)$,平衡为 (C,C);当 $T_4(\lambda,g)<b(\alpha+1)<T_3(\lambda,g)$,平衡为 (C,C) 和 (O,O);当 $b(\alpha+1)>T_3(\lambda,g)$,平衡为 (O,O)。

当 λ 低而 g 高时,当开源的回报仍然是中等时,就会出现一些有趣的结果。在这种情况下,公司 1 的软件产品没有安全漏洞,它选择了开源,而提供具有安全漏洞的软件产品的公司 2 则选择了闭源代码。与低 λ 导致更高的价格,更低的数量,从而对公司2的安全威胁有较弱的影响相比,高 g 对安全威胁有更直接和更强大的影响。这个开源公司将其软件产品的价格设置为零,因此其数量高于一个封闭的开源公司的数量。为了抑制安全威胁的负面影响,公司2选择了一个闭源的业务模式来保持低数量。相比之下,公司1选择了一个开源的商业模式,并且在不太担心安全威胁的情况下获得了很高的利润。结论10.3表明,对于两家不对称竞争的公司,从来不存在异构商业模式 (C,O)。也就是说,在选择异构业务模式时,选择闭源代码的公司永远不会是没有安全漏洞的公司,而选择开源的公司也永远不会是有安全漏洞的公司。两家公司的商业模式选择如图10.5所示,使用 $b(\alpha+1)=0.45$。

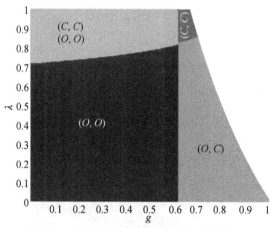

图 10.5 两家不对称企业的均衡经营模型

关于 Windows 或 Linux 是否更安全(被赋予了较低的 g 值)一直有很多争论。图 10.5 在某种程度上反映了 Linux 作为一个开源操作系统,比闭源代码操作系统 Windows 更安全,事实上,是 Linux 较少的安全漏洞(Windows 更大的安全漏洞)更有可能促使它遵循开源(闭源)。

结论10.3(2)表明,当 λ 高而 g 低时,两家不对称公司的商业模式与两家对称公司相似。如在结论10.1中所分析的那样,低 g 会带来较弱的安全威胁。在这种情况下,这两家公司选择的商业模式主要是基于开源的回报。

当 λ 低且 g 高时,$T_3(\lambda,g)<T_1(\lambda,g)$ 和 $T_4(\lambda,g)<T_2(\lambda,g)$ 均保持不变。在这种情况下,当开源的回报高(低)时,两家公司都选择开放(封闭)开源。结论10.4讨论了是对称公司还是不对称公司更有可能同时选择开放(封闭)源。

结论 10.4 考虑到 $T_3(\lambda,g)<T_1(\lambda,g)$ 和 $T_4(\lambda,g)<T_2(\lambda,g)$，其中 $g<1/2$，当 $b(\alpha+1)$ 足够低时，两家不对称公司不太可能选择闭源，但当 $b(\alpha+1)$ 足够高时，更有可能选择开源。

结论 10.4 很简单。与对称公司相比，不对称公司因其对安全构成的威胁相对较小，因此更可能倾向于采用开源商业模式。

10.5 主要结论

本章深入探讨了两家竞争激烈的企业在商业模式选择上的战略考量——开源与闭源。与之前这一领域相关的研究文献相比，本章的独特之处在于充分考虑了软件产品安全威胁这一日益凸显的问题对企业和用户的影响。研究结果显示，当两家实力相当的公司均面临软件产品中的安全威胁时，若开源软件的回报相对稳定，安全威胁可能会催生异构的商业模式选择。同时，由于安全威胁的存在，一种开源的困境现象浮现出来：两家公司都倾向于选择开源策略，即便在选择闭源策略时公司本可以获得更高的利润。进一步地，在两家公司实力不对称的情况下，如果其中一家公司提供的软件产品存在安全威胁，而另一家则无此问题，研究发现前者更可能采用闭源策略，而后者在开源回报保持稳定时则倾向于选择开源。值得注意的是，在选择异构商业模式时，提供存在安全威胁软件产品的公司绝不会选择开源策略，而另一家公司也同样不会选择闭源策略。

本章存在一些局限性，值得进一步分析和讨论。首先，可以讨论两家竞争激烈的公司在进入软件市场时的商业模式，并依次为软件产品设定价格。其次，可以将两家竞争公司的模型推广到多个公司，并分析公司规模对商业模式选择的影响。最后，通过引入黑客的策略行为，可以检验本章主要结果的稳健性（Gao et al.，2013；Gao et al.，2015a）。

参考文献

Amir R, Wooders J, 1999. Effects of one-way spillovers on market shares, industry price, welfare, and R & D cooperation[J]. Journal of Economics & Management Strategy, 8(2): 223 - 249.

Amir R, Wooders J, 2000. One-way spillovers, endogenous innovator/imitator roles, and research joint ventures[J]. Games and Economic Behavior, 31(1): 1 - 25.

Anderson R, Moore T, 2006. The economics of information security[J]. Science, 314(5799): 610 - 613.

Arora A, Caulkins J P, Telang R, 2006. Research note: sell first, fix later: impact of patching on software quality[J]. Management Science, 52(3): 465 - 471.

August T, Chen W, Zhu K, 2021. Competition among proprietary and open-source software firms: the role of licensing in strategic contribution[J]. Management Science, 67(5): 3041 - 3066.

August T, Dao D, Kim K, 2019. Market segmentation and software security: pricing patching rights[J]. Management Science, 65(10): 4575 - 4597.

August T, Niculescu M F, Shin H, 2014. Cloud implications on software network structure and security risks[J]. Information Systems Research, 25(3): 489 - 510.

August T, Shin H, Tunca T I, 2013. Licensing and competition for services in open source software[J]. Information Systems Research, 24(4): 1068 - 1086.

August T, Shin H, Tunca T I, 2018. Generating value through open source: software service market regulation and licensing policy[J]. Information Systems Research, 29(1): 186 - 205.

August T, Tunca T I, 2006. Network software security and user incentives[J]. Management Science, 52(11): 1703 - 1720.

August T, Tunca T I, 2011. Who should be responsible for software security? A comparative analysis of liability policies in network environments[J]. Management Science, 57(5): 934 - 959.

Bandyopadhyay T, Jacob V, Raghunathan S, 2010. Information security in networked supply chains: impact of network vulnerability and supply chain integration on incentives to invest[J]. Information Technology and Management, 11(1): 7 - 23.

Bandyopadhyay T, Liu D P, Mookerjee V S, et al., 2014. Dynamic competition in IT security: a differential games approach[J]. Information Systems Frontiers,16(4):643-661.

Belleflamme P,1998. Adoption of network technologies in oligopolies[J]. International Journal of Industrial Organization,16(4):415-444.

Bodin L D,Gordon L A,Loeb M P,2005. Evaluating information security investments using the analytic hierarchy process[J]. Communications of the ACM,48(2):78-83.

Campbell K, Gordon L A, Loeb M P, et al., 2003. The economic cost of publicly announced information security breaches: empirical evidence from the stock market[J]. Journal of Computer Security,11(3):431-448.

Casadesus-Masanell R,Ghemawat P,2006. Dynamic mixed duopoly: a model motivated by linux vs. windows[J]. Management Science,52(7):1072-1084.

Casadesus-Masanell R,Llanes G,2015. Investment incentives in open-source and proprietary two-sided platforms[J]. Journal of Economics & Management Strategy,24(2):306-324.

Caulkins J P,Feichtinger G,Grass D,et al.,2013. When to make proprietary software open source [J]. Journal of Economic Dynamics and Control,37(6):1182-1194.

Cavusoglu E, Ghose A, 2005. The economic incentives for sharing security information[J]. Information Systems Research,16(2):186-208.

Cavusoglu H, Mishra B, Raghunathan S, 2004. The effect of Internet security breach announcements on market value: capital market reactions for breached firms and Internet security developers[J]. International Journal of Electronic Commerce,9(1):70-104.

Cavusoglu H,Raghunathan S,Yue W T,2008. Decision-theoretic and game-theoretic approaches to IT security investment[J]. Journal of Management Information Systems,25(2):281-304.

Cezar A,Cavusoglu H,Raghunathan S,2014. Outsourcing information security: contracting issues and security implications[J]. Management Science,60(3):638-657.

Chai SM,Kim M,Rao H R,2011. Firms' information security investment decisions: stock market evidence of investors' behavior[J]. Decision Support Systems,50(4):651-661.

Chen P,Kataria G,Krishnan R,2011. Correlated failures, diversification, and information security risk management[J]. MIS Quarterly,35(2),397-422.

Cheng H K,Liu Y P,Tang Q C,2011. The impact of network externalities on the competition between open source and proprietary software[J]. Journal of Management Information Systems,27(4):201-230.

Cho W, Subramanyam R, Xia M, 2013. Vendors' incentives to invest in software quality in enterprise systems[J]. Decision Support Systems,56:27-36.

Dey D,Ghoshal A,Lahiri A,2022. Circumventing circumvention: an economic analysis of the role of education and enforcement[J]. Management Science,68(4):2914-2931.

Dey D,Lahiri A,Zhang G Y,2012. Hacker behavior,network effects,and the security software market[J]. Journal of Management Information Systems,29(2):77-108.

Dey D,Lahiri A,Zhang G Y,2014. Quality competition and market segmentation in the security software market[J]. MIS Quarterly,38(2):589-606.

Economides N, Katsamakas E, 2006. Two-sided competition of proprietary vs. open source technology platforms and the implications for the software industry[J]. Management Science, 52(7):1057-1071.

Etzion H,Pang M S,2014. Complementary online services in competitive markets: maintaining profitability in the presence of network effects[J]. MIS Quarterly,38(1):231-248.

Fedele A,Roner C,2022. Dangerous games: a literature review on cybersecurity investments[J]. Journal of Economic Surveys,36(1):157-187.

Furnell S,2005. Why users cannot use security[J]. Computer and Security,24:274-279.

Galbreth M R,Shor M,2010. The impact of malicious agents on the enterprise software industry [J]. MIS Quarterly,34(3):595-612.

Gal-Or E, Ghose A, 2005. The economic incentives for sharing security information [J]. Information Systems Research,16(2):186-208.

Gao X, Gong S Y, 2022a. An economic analysis of information security outsourcing with competitive firms[J]. Managerial and Decision Economics,43(7):2748-2758.

Gao X,Gong S Y,Wang Y,et al.,2022b. An economic analysis of information security decisions with mandatory security standards in resource sharing environments[J]. Expert Systems with Applications,206:117894.

Gao X,Zhong W J,2016a. A differential game approach to security investment and information sharing in a competitive environment[J]. IIE Transactions,48(6):511-526.

Gao X,Zhong W J,2016b. Economic incentives in security information sharing: the effects of market structures[J]. Information Technology and Management,17(4):361-377.

Gao X, Zhong W J, Mei S E, 2013a. A differential game approach to information security investment under hackers' knowledge dissemination[J]. Operations Research Letters,41(5): 421-425.

Gao X,Zhong W J,Mei S E,2013b. Information security investment when hackers disseminate knowledge[J]. Decision Analysis,10(4):352-368.

Gao X,Zhong W J,Mei S E,2014. A game-theoretic analysis of information sharing and security investment for complementary firms[J]. Journal of the Operational Research Society,65(11):

1682-1691.

Gao X, Zhong W J, 2015a. Information security investment for competitive firms with hacker behavior and security requirements[J]. Annals of Operations Research, 235(1): 277-300.

Gao X, Zhong W J, Mei S E, 2015b. Security investment and information sharing under an alternative security breach probability function[J]. Information Systems Frontiers, 17(2): 423-438.

Garcia A, Horowitz B, 2007. The potential for underinvestment in Internet security: implications for regulatory policy[J]. Journal of Regulatory Economics, 31(1): 37-55.

Garcia A, Sun Y, Shen J, 2014. Dynamic platform competition with malicious users[J]. Dynamic Games and Applications, 4(3): 290-308.

Gordon L A, Loeb M P, 2002. The economics of information security investment[J]. ACM Transactions on Information and System Security, 5(4): 438-457.

Gordon L A, Loeb M P, 2006. Economic aspects of information security: an emerging field of research[J]. Information Systems Frontiers, 8(5): 335-337.

Gordon L A, Loeb M P, Lucyshyn W, 2003. Sharing information on computer systems security: an economic analysis[J]. Journal of Accounting and Public Policy, 22(6): 461-485.

Gordon L A, Loeb M P, Lucyshyn W, et al., 2015. Increasing cybersecurity investments in private sector firms[J]. Journal of Cybersecurity, 1(1): 3-17.

Haruvy E, Sethi S P, Zhou J, 2008. Open source development with a commercial complementary product or service[J]. Production and Operations Management, 17(1): 29-43.

Hausken K, 2006. Income, interdependence, and substitution effects affecting incentives for security investment[J]. Journal of Accounting and Public Policy, 25(6): 629-665.

Hausken K, 2007. Information sharing among firms and cyber attacks[J]. Journal of Accounting and Public Policy, 26(6): 639-688.

Hausken K, 2008. Whether to attack a terrorist's resource stock today or tomorrow[J]. Games and Economic Behavior, 64(2): 548-564.

Hotelling H, 1929. Stability in competition[J]. The Economic Journal, 39: 41-57.

Huang C D, Behara R S, 2013. Economics of information security investment in the case of concurrent heterogeneous attacks with budget constraints[J]. International Journal of Production Economics, 141(1): 255-268.

Huang C D, Hu Q, Behara R S, 2008. An economic analysis of the optimal information security investment in the case of a risk-averse firm[J]. International Journal of Production Economics, 114(2): 793-804.

Hui K L, Hui W, Yue W T, 2012. Information security outsourcing with system interdependency and mandatory security requirement[J]. Journal of Management Information Systems, 29(3): 117-156.

Hui K L, Ke P F, Yao Y X, et al., 2019. Bilateral liability-based contracts in information security outsourcing[J]. Information Systems Research, 30(2): 411-429.

Hui W, Yoo B, Tam K Y, 2008. Economics of shareware: how do uncertainty and piracy affect shareware quality and brand premium? [J]. Decision Support Systems, 44(3): 580-594.

Jain S, 2008. Digital piracy: a competitive analysis[J]. Marketing Science, 27(4): 610-626.

Jaisingh J, 2009. Impact of piracy on innovation at software firms and implications for piracy policy[J]. Decision Support Systems, 46(4): 763-773.

Jaisingh J, See-To E W K, Tam K Y, 2008. The impact of open source software on the strategic choices of firms developing proprietary software[J]. Journal of Management Information Systems, 25(3): 241-276.

Kamien M I, Zang I, 2000. Meet me halfway: research joint ventures and absorptive capacity[J]. International Journal of Industrial Organization, 18(7): 995-1012.

Kankanhalli A, Teo H H, Tan B C Y, et al., 2003. An integrative study of information systems security effectiveness[J]. International Journal of Information Management, 23(2): 139-154.

Kim B C, Chen P Y, Mukhopadhyay T, 2011. The effect of liability and patch release on software security: the monopoly case[J]. Production and Operations Management, 20(4): 603-617.

Kort P M, Zaccour G, 2011. When should a firm open its source code: a strategic analysis[J]. Production and Operations Management, 20(6): 877-888.

Krutilla K, Alexeev A, Jardine E, et al., 2021. The benefits and costs of cybersecurity risk reduction: a dynamic extension of the Gordon and Loeb model[J]. Risk Analysis, 41(10): 1795-1808.

Kumar V, Gordon B R, Srinivasan K, 2011. Competitive strategy for open source software[J]. Marketing Science, 30(6): 1066-1078.

Kunreuther H, Heal G, 2003. Interdependent security[J]. Journal of Risk and Uncertainty, 26(2/3): 231-249.

Lahiri A, 2012. Revisiting the incentive to tolerate illegal distribution of software products[J]. Decision Support Systems, 53(2): 357-367.

Lahiri A, Dey D, 2013. Effects of piracy on quality of information goods[J]. Management Science, 59(1): 245-264.

Lee C H, Geng X J, Raghunathan S, 2013. Contracting information security in the presence of double moral hazard[J]. Information Systems Research,24(2):295-311.

Lee C H, Geng X J, Raghunathan S, 2016. Mandatory standards and organizational information security[J]. Information Systems Research,27(1):70-86.

Lee D, Mendelson H, 2008. Divide and conquer: competing with free technology under network effects[J]. Production and Operations Management,17(1):12-28.

Levitin G, Hausken K, 2012. Resource distribution in multiple attacks with imperfect detection of the attack outcome[J]. Risk Analysis,32(2):304-318.

Liu D P, Ji Y H, Mookerjee V, 2011. Knowledge sharing and investment decisions in information security[J]. Decision Support Systems,52(1):95-107.

Liu Y P, Sheng X, Marston S R, 2015. The impact of client-side security restrictions on the competition of cloud computing services[J]. International Journal of Electronic Commerce,19(3):90-117.

Li X T, 2021. Decision making of optimal investment in information security for complementary enterprises based on game theory[J]. Technology Analysis & Strategic Management,33(7):755-769.

Li X T, 2022. An evolutionary game-theoretic analysis of enterprise information security investment based on information sharing platform[J]. Managerial and Decision Economics,43(3):595-606.

Li X T, Xue Q Y, 2021. An economic analysis of information security investment decision making for substitutable enterprises[J]. Managerial and Decision Economics,42(5):1306-1316.

Llanes G, 2019. Competitive strategy for open and user innovation[J]. Journal of Economics & Management Strategy,28(2):280-297.

Mookerjee V, Mookerjee R, Bensoussan A, et al., 2011. When hackers talk: managing information security under variable attack rates and knowledge dissemination[J]. Information Systems Research,22(3):606-623.

Novos I E, Waldman M, 1984. The effects of increased copyright protection: an analytic approach[J]. Journal of Political Economy,92(2):236-246.

Ogüt H, Raghunathan S, Menon N, 2011. Cyber security risk management: public policy implications of correlated risk, imperfect ability to prove loss, and observability of self-protection[J]. Risk Analysis,31(3):497-512.

Png I P L, Wang Q H, 2009. Information security: facilitating user precautions vis-à-vis enforcement against attackers[J]. Journal of Management Information Systems,26(2):97-121.

Purohit D,1994. What should you do when your competitors send in the clones? [J]. Marketing Science,13(4):392 – 411.

Qian X F, Liu X B, Pei J, et al., 2017. A game-theoretic analysis of information security investment for multiple firms in a network[J]. Journal of the Operational Research Society,68(10):1290 – 1305.

Sacks M,2015. Competition between open source and proprietary software:strategies for survival [J]. Journal of Management Information Systems,32(3):268 – 295.

Sen R,2007. A strategic analysis of competition between open source and proprietary software [J]. Journal of Management Information Systems,24(1):233 – 257.

Suh J, Yilmaz M, 2019. Economics of open source technology:a dynamic approach[J]. Dynamic Games and Applications,9(1):254 – 280.

Tanaka H, Matsuura K, Sudoh O, 2005. Vulnerability and information security investment:an empirical analysis of e-local government in Japan[J]. Journal of Accounting and Public Policy, 24(1):37 – 59.

Temizkan O, Park S, Saydam C, 2017. Software diversity for improved network security:optimal distribution of software-based shared vulnerabilities[J]. Information Systems Research,28(4): 828 – 849.

Tesoriere A,2008. Endogenous R&D symmetry in linear duopoly with one-way spillovers[J]. Journal of Economic Behavior & Organization,66(2):213 – 225.

Tesoriere A, Balletta L, 2017. A dynamic model of open source vs proprietary R&D[J]. European Economic Review,94:221 – 239.

Tosh D, Sengupta S, Kamhoua C A, et al., 2018. Establishing evolutionary game models for CYBer security information EXchange (CYBEX) [J]. Journal of Computer and System Sciences,98:27 – 52.

Wang J G, Chaudhury A, Rao H R, 2008. Research note:a value-at-risk approach to information security investment[J]. Information Systems Research,19(1):106 – 120.

Wang Q H, Miller S M, Deng R H, 2020a. Driving cybersecurity policy insights from information on the Internet[J]. IEEE Security & Privacy,18(6):42 – 50.

Wang Y, Chen Y, Koo B, 2020b. Open to your rival:competition between open source and proprietary software under indirect network effects[J]. Journal of Management Information Systems,37(4):1128 – 1154.

Wiethaus L, 2005. Absorptive capacity and connectedness:why competing firms also adopt identical R&D approaches[J]. International Journal of Industrial Organization,23(5/6):467 –

481.

Wu Y, Feng G Z, Wang N M, et al., 2015. Game of information security investment: impact of attack types and network vulnerability[J]. Expert Systems with Applications, 42(15/16): 6132-6146.

Wu Y, Fung R Y K, Feng G Z, et al., 2017. Decisions making in information security outsourcing: impact of complementary and substitutable firms[J]. Computers & Industrial Engineering, 110:1-12.

Wu Y, Wang L P, Cheng D, et al., 2021. Information security decisions of firms considering security risk interdependency[J]. Expert Systems with Applications, 178:114990.

Wu Y, Xiao H C, Dai T, et al., 2022a. A game-theoretical model of firm security reactions responding to a strategic hacker in a competitive industry[J]. Journal of the Operational Research Society, 73(4):716-740.

Wu Y, Xu M Y, Cheng D, et al., 2022b. Information security strategies for information-sharing firms considering a strategic hacker[J]. Decision Analysis, 19(2):99-122.

Zhou Z Z, Choudhary V, 2022. Impact of competition from open source software on proprietary software[J]. Production and Operations Management, 31(2):731-742.

Zhuang J, 2010. Impacts of subsidized security on stability and total social costs of equilibrium solutions in an N-player game with errors[J]. The Engineering Economist, 55(2):131-149.

Zhuang J, Bier V M, Gupta A, 2007. Subsidies in interdependent security with heterogeneous discount rates[J]. The Engineering Economist, 52(1):1-19.

Zhu X G, Zhou Z Z, 2012. Research note: lock-in strategy in software competition: open-source software *vs.* proprietary software[J]. Information Systems Research, 23(2):536-545.

附录 A 第二部分相关附录

附录 A1 第 3 章相关结论证明

引理 3.1 的证明

(1) $l < 3t$

在这种情况下，消费者的信息安全损失很低，而且两家企业在信息安全漏洞的所有情况下都有正的市场份额。当两家企业都被成功攻破时，企业 A 的利润是 $t/2$；当企业 A 被成功攻破但其竞争对手没有被攻破时，企业 A 的利润是 $(3t-l)^2/(18t)$；当企业 A 没有被成功攻破而其竞争对手被攻破时，企业 A 的利润是 $(3t+l)^2/(18t)$；当两家企业均未被成功攻破时，企业 A 的利润是 $t/2$。因此，企业 A 的期望利润为

$$E[\pi_A] = [1-\alpha(1-z_A)][1-\alpha(1-z_B)]t/2 + \\ \alpha(1-z_A)[1-\alpha(1-z_B)](3t-l)^2/(18t) + \\ [1-\alpha(1-z_A)]\alpha(1-z_B)(3t+l)^2/(18t) + \\ \alpha(1-z_A)\alpha(1-z_B)t/2 - cz_A^2/2$$

企业 B 的期望利润可以通过交换下标来获得。

通过两家企业期望利润的一阶条件得出对称的均衡信息安全投资为 $z_A = z_B = z = [\alpha l(6t-l) + 2\alpha^2 l^2]/[2(9tc+\alpha^2 l^2)]$。$z<1$ 意味着 $c > \alpha l(6t-l)/(18t)$。将均衡信息安全投资代入，我们可以得到每家企业的均衡期望利润为

$$E[\pi] = [-2l^4(-l^2+18t^2+18tc)\alpha^4 + 36tcl^3(l+6t)\alpha^3 + \\ 27tcl^2(l^2-4lt+12t^2-24tc)\alpha^2 + 648t^2c^2l^2\alpha + 2916t^4c^2]/ \\ [72t(\alpha^2 l^2+9tc)^2]$$

(2) $l \geqslant 3t$

在这种情况下，消费者的信息安全损失很高，因此，如果一家企业被成功攻破，而其竞争对手没有被攻破，该企业将不得不退出市场。在这里，当一家企业没有成功攻破，但其竞争对手被成功攻破时，该企业将收取 $l-t$ 的费用并获得实现利

润 $l-t$。因此，企业 A 在第一阶段的期望利润为

$$E[\pi_A]=[1-\alpha(1-z_A)][1-\alpha(1-z_B)]t/2+[1-\alpha(1-z_A)]\alpha(1-z_B)(l-t)+$$
$$\alpha(1-z_A)\alpha(1-z_B)t/2-cz_A^2/2$$

并且可以类似地获得企业 B 的期望利润。根据一阶条件得出对称的均衡信息安全投资

$$z_A=z_B=z=[\alpha t+2\alpha^2(l-2t)]/\{2[c+\alpha^2(l-2t)]\}$$

$z<1$ 意味着 $c>\alpha t/2$。每家企业的均衡期望利润是

$$E[\pi]=[-2(l-2t)(2lc-4ct+t^2)\alpha^4+4c(2l-3t)(l-2t)\alpha^3+$$
$$c(-8lc+16tc-9t^2+4lt)\alpha^2+8c^2(l-2t)\alpha+4tc^2]/$$
$$8(c+\alpha^2l-2\alpha^2t)^2$$

结论 3.1 的证明

(1) $l<3t$

由于

$$9t(6t-l+4\alpha l)c-\alpha^2l^2(6t-l)>$$
$$9t(6t-l+4\alpha l)\alpha l(6t-l)/(18t)-\alpha^2l^2(6t-l)=$$
$$\alpha l(6t-l)(6t-l+2\alpha l)/2>0$$

我们发现每家企业的均衡信息安全投资对 α 的偏导数满足

$$\partial z/\partial \alpha=l[9t(6t-l+4\alpha l)c-\alpha^2l^2(6t-l)]/[2(9tc+\alpha^2l^2)^2]>0$$

与此同时，由于 $\alpha l(6t-l+\alpha l)/(9t)>\alpha l(6t-l)/(18t)$，每家企业被成功突破的均衡概率对 α 的偏导数满足

$$\partial \alpha(1-z)/\partial \alpha=9tc[9tc-\alpha l(6t-l+\alpha l)]/[(9tc+\alpha^2l^2)^2]>0$$

当且仅当 $c>\alpha l(6t-l+\alpha l)/(9t)$。

我们可以得到每家企业的均衡期望利润对 α 的偏导数

$$\frac{\partial E[\pi]}{\partial \alpha}=\{-l^2c[2l^3(l+6t)\alpha^4+l^2(18t+l)(6t-l)\alpha^3-54ltc(6t-l)\alpha^2+$$
$$27tc(12t^2+24tc-l^2+4lt)\alpha-324t^2c^2]\}/4(\alpha^2l^2+9tc)^3$$
$$=\frac{-l^2cf_1(\alpha)}{4(\alpha^2l^2+9tc)^3}$$

这与 $f_1(\alpha)$ 的符号相反。我们来检验一下 $f_1(\alpha)$ 的符号。我们可以得到

$$f_1(\alpha=0)=-324t^2c^2<0,$$

$$f_1(\alpha=1)=324t^2c^2+27t(6t-l)(2t-l)c+l^2(l^2+108t^2)$$

注意到当 $l\leq 2t$ 时，$f_1(\alpha=1)\geq 36tl\sqrt{l^2+108t^2}c+27t(6t-l)(2t-l)c=9tc[4l\sqrt{l^2+108t^2}+3(6t-l)(2t-l)]$ 是正的。当 $l>2t$ 时，$4l\sqrt{l^2+108t^2}+3(6t-l)(2t-l)>0\Leftrightarrow(7l^2+60lt-36t^2)(l+6t)^2>0\Leftrightarrow l/t>2(-15+12\sqrt{2})/7\approx 0.5630$。因此 $f_1(\alpha=1)>0$。

$f_1(\alpha)$ 对 α 的导数为

$$\begin{aligned}\mathrm{d}f_1(\alpha)/\mathrm{d}\alpha &= 8l^3(l+6t)\alpha^3+3l^2(18t+l)(6t-l)\alpha^2-54ltc(6t-l)\alpha^2+\\ &\quad 27tc(12t^2+24tc-l^2+4lt)\\ &= 648t^2c^2+27t(6t-l)(2t-4l\alpha+l)c+\\ &\quad l^2\alpha^2(8l^2\alpha+48lt\alpha+324t^2-36lt-3l^2)\\ &\geq [36x\alpha\sqrt{2(8x^2\alpha+48x\alpha+324-36x-3x^2)}+\\ &\quad 27(6-x)(2-4\alpha x+x)]t^3c\end{aligned}$$

其中 $x=l/t<3$。

$36x\alpha\sqrt{2(8x^2\alpha+48x\alpha+324-36x-3x^2)}+27(6-x)(2-4\alpha x+x)$ 对 α 的导数是

$$36x\sqrt{2(8x^2\alpha+48x\alpha+324-36x-3x^2)}+\\ 36x^2\alpha\frac{8(x+6)}{\sqrt{2(8x^2\alpha+48x\alpha+324-36x-3x^2)}}-108x(6-x)$$

当且仅当

$$\sqrt{2}(12x^2\alpha+72x\alpha+324-36x-3x^2)>3(6-x)\sqrt{8x^2\alpha+48x\alpha+324-36x-3x^2}$$

或者 $288x^2(x+6)^2\alpha^2+216x(x+10)(6-x)(x+6)\alpha+9(x+18)(5x+18)(6-x)^2>0$ 时值为正。从 $[36x\alpha\sqrt{2(8x^2\alpha+48x\alpha+324-36x-3x^2)}+27(6-x)(2-4\alpha x+x)]|_{\alpha=0}=27(6-x)(2+x)>0$ 可以得到 $\mathrm{d}f_1(\alpha)/\mathrm{d}\alpha>0$。因此，存在这样一个临界值 $\alpha_1(l,t,c)\in(0,1)$ 使得 $f_1(\alpha=\alpha_1(l,t,c))=0$。当 $\alpha<\alpha_1(l,t,c)$ 时，$E[\pi]$ 随着 α 的增加而增加，当 $\alpha>\alpha_1(l,t,c)$ 时，$E[\pi]$ 随着 α 的增加而减少，从而呈现出随 α 的倒 U 形曲线。

(2) $l\geq 3t$

由于 $(t+4\alpha l-8\alpha t)c-\alpha^2 t(l-2t)>(t+4\alpha l-8\alpha t)\alpha t/2-\alpha^2 t(l-2t)=\alpha t(t+2\alpha l-4\alpha t)/2>0$，每家企业的均衡信息安全投资对 α 的偏导数 $\partial z/\partial\alpha=[(t+4\alpha l-$

$8\alpha t)c - \alpha^2 t(l-2t)]/2[c+\alpha^2(l-2t)]^2 > 0$。

此外，考虑到$\alpha t/2 < \alpha(t+\alpha l - 2\alpha t)$，即$t+2\alpha l - 4\alpha t > 0$总成立，每家企业被成功攻破的均衡概率对$\alpha$的偏导数

$$\partial_\alpha(1-z)/\partial\alpha = c[c-\alpha(t+\alpha l - 2\alpha t)]/[c+\alpha^2(l-2t)]^2$$

是正的，当且仅当$c > \alpha(t+\alpha l - 2\alpha t)$。

我们可以通过计算得到

$$\frac{\partial E[\pi]}{\partial \alpha} = \{c[2(3t-2l)(2t-l)^2\alpha^4 - t(2t-l)(5t-4l)\alpha^3 - 6tc(2t-l)\alpha^2 + c(-8lc+16tc-4lt+7t^2)\alpha - 4c^2(2t-l)]\}/4(c+\alpha^2 l - 2\alpha^2 t)^3$$

$$= \frac{cf_2(\alpha)}{4(c+\alpha^2 l - 2\alpha^2 t)^3}$$

这和$f_2(\alpha)$的符号相同。注意到

$$f_2(\alpha=0) = -4c^2(2t-l) > 0,$$

$$f_2(\alpha=1) = -4(l-2t)c^2 + t(2l-5t)c - (l-2t)(4l^2-10lt+7t^2)$$

其中$4l^2-10lt+7t^2$随着$l>3t$的增加而增加，并且比$4(3t)^2-10(3t)t+7t^2 = 13t^2 > 0$大。我们可得如果$t(2l-5t) < 4(l-2t)\sqrt{4l^2-10lt+7t^2}$或者$(16l^2-56lt+47t^2)(2l-3t)^2 > 0$，那么$f_2(\alpha=1) \leq -4c(l-2t)\sqrt{4l^2-10lt+7t^2} + t(2l-5t)c = [-4(l-2t)\sqrt{4l^2-10lt+7t^2} + t(2l-5t)]c < 0$，这总是成立的。这是因为$16l^2-56lt+47t^2$随着$l>3t$的增加而增加，并且比$16(3t)^2 - 56(3t)t + 47t^2 = 23t^2 > 0$大。

可以计算得

$$\partial f_2(\alpha)/\partial\alpha = -8(l-2t)c^2 + t[12(l-2t)\alpha - (4l-7t)]c - \alpha^2(l-2t)[8(l-2t)(2l-3t)\alpha + 3t(4l-5t)]$$

当$12(l-2t)\alpha - (4l-7t) \leq 0$时，即当$\alpha \leq (4l-7t)/[12(l-2t)]$时，$\partial f_2(\alpha)/\partial\alpha < 0$成立。

当$\alpha > (4l-7t)/[12(l-2t)]$时，如果

$$t[12(l-2t)\alpha - (4l-7t)] < 4(l-2t)\alpha\sqrt{2[8(l-2t)(2l-3t)\alpha + 3t(4l-5t)]}$$

即$-256(2l-3t)(l-2t)^3\alpha^3 - 48t(8l-13t)(l-2t)^2\alpha^2 - 24t^2(4l-7t)(l-2t)\alpha + t^2(4l-7t)^2 < 0$时，那么我们可得

$$\partial f_2(\alpha)/\partial \alpha \leqslant \{-4(l-2t)\alpha\sqrt{2[8(l-2t)(2l-3t)\alpha+3t(4l-5t)]}+$$
$$t[12(l-2t)\alpha-(4l-7t)]\}c$$
$$<0$$

注意到 $-256(2l-3t)(l-2t)^3\alpha^3-48t(8l-13t)(l-2t)^2\alpha^2-24t^2(4l-7t)(l-2t)\alpha+t^2(4l-7t)^2$ 随着 α 的增加而减少，因此其比

$$[-256(2l-3t)(l-2t)^3\alpha^3-48t(8l-13t)(l-2t)^2\alpha^2-$$
$$24t^2(4l-7t)(l-2t)\alpha+t^2(4l-7t)^2]|_{\alpha=\frac{4l-7t}{12(l-2t)}}=$$
$$-2(4l-7t)^2(16l^2-16lt-3t^2)/27<0$$

小，其中 $16l^2-16lt-3t^2>16(3t)^2-16(3t)t-3t^2=93t^2>0$。因此，$\partial f_2(\alpha)/\partial \alpha<0$ 总是成立。$f_2(\alpha)=0$ 存在一个唯一的根 $\alpha_2(l,t,c)$，使得 $E[\pi]$ 在 $\alpha<\alpha_2(l,t,c)$ 时随着 α 的增加而增加，在 $\alpha>\alpha_2(l,t,c)$ 时随着 α 的增加而减少。

结论 3.2 的证明

(1) $l<3t$

因为

$$3(1-2\alpha)c+2\alpha^2 l > \begin{cases} 2\alpha^2 l>0, \alpha\leqslant 1/2 \\ 3(1-2\alpha)\alpha l(6t-l)/(18t)+2\alpha^2 l=\alpha l(6t-l+2\alpha l)/(6t)>0, \\ \alpha>1/2 \end{cases}$$

我们可以得到每家企业的均衡信息安全投资对 t 的偏导数

$$\partial z/\partial t=3\alpha l^2[3(1-2\alpha)c+2\alpha^2 l]/[2(9tc+\alpha^2 l^2)^2]>0$$

我们可以通过计算得到 $E[\pi]$ 对 t 的偏导数为

$$\frac{\partial E[\pi]}{\partial t}=\frac{1}{36t^2(\alpha^2 l^2+9tc)^3}[1\ 458t^3(9t^2+2\alpha^2 l^2-2\alpha l^2)c^3+243\alpha^2 t^2 l^2(18t^2+2lt-$$
$$4\alpha lt-l^2)c^2+27\alpha^4 l^4 t(18t^2+4\alpha lt-2lt-l^2)c-\alpha^6 l^6(18t^2+l^2)]$$

其中

$$9t^2+2\alpha^2 l^2-2\alpha l^2>(9t^2+2\alpha^2 l^2-2\alpha l^2)|_{l=3t}=9t^2(1-2\alpha+2\alpha^2)>0,$$
$$18t^2+2lt-4\alpha lt-l^2>18t^2+2lt-4lt-l^2=18t^2-2lt-l^2$$
$$>18t^2-2(3t)t-(3t)^2=3t^2>0$$
$$18t^2+4\alpha lt-2lt-l^2>18t^2-2lt-l^2>0$$

上式中的分子比

$$[1\,458t^3(9t^2+2\alpha^2l^2-2\alpha l^2)c^3+243\alpha^2t^2l^2(18t^2+2lt-4\alpha lt-l^2)c^2+$$
$$27\alpha^4l^4t(18t^2+4\alpha lt-2lt-l^2)c-\alpha^6l^6(18t^2+l^2)]|_{c=\frac{\alpha l(6t-l)}{18t}}=$$
$$\alpha^3l^3[l(18t^2-6lt-l^2)\alpha+9t^2(6t-l)](6t-l+2\alpha l)^2/4$$

大，其中$l(18t^2-6lt-l^2)\alpha+9t^2(6t-l)>\min\{9t^2(6t-l),l(18t^2-6lt-l^2)+$
$9t^2(6t-l)=-l^3-6tl^2+9t^2l+54t^3\}$。我们可以得到

$$\partial(-l^3-6tl^2+9t^2l+54t^3)/\partial l=-3l^2-12tl+9t^2=-3(l^2+4tl-3t^2)$$
$$=-3[l+(\sqrt{7}+2)t][l-(\sqrt{7}-2)t]$$

这意味着当$l<(\sqrt{7}-2)t$时，$-l^3-6tl^2+9t^2l+54t^3$随着l的增加而增加，当$l>(\sqrt{7}-2)t$时，$-l^3-6tl^2+9t^2l+54t^3$随着l的增加而减少，其最小值为

$$\min[(-l^3-6tl^2+9t^2l+54t^3)|_{l=0},(-l^3-6tl^2+9t^2l+54t^3)|_{l=3t}]=$$
$$\min[54t^3,0]=0$$

因此，$l(18t^2-6lt-l^2)\alpha+9t^2(6t-l)>0$，所以$\partial E[\pi]/\partial t>0$。

(2) $l\geqslant 3t$

因为$(t+4\alpha l-8\alpha t)c-\alpha^2t(l-2t)>(t+4\alpha l-8\alpha t)\alpha t/2-\alpha^2t(l-2t)=\alpha t(t+2\alpha l-4\alpha t)/2>0$，我们可以得到每家企业的均衡信息安全投资对$t$的偏导数

$$\partial z/\partial t=[(t+4\alpha l-8\alpha t)c-\alpha^2t(l-2t)]/\{2[c+\alpha^2(l-2t)]^2\}>0$$

同样，我们可以得到

$$\frac{\partial E[\pi]}{\partial t}=[2(1-2\alpha)^2c^3+\alpha^2(4l-5t-6\alpha l+8\alpha t)c^2+$$
$$\alpha^4(l-2t)(2l+2\alpha l-3t)c-2t\alpha^6(l-2t)(l-t)]/$$
$$4(c+\alpha^2l-2\alpha^2t)^3$$
$$=\frac{f_3(c)}{4(c+\alpha^2l-2\alpha^2t)^3}$$

计算可得

$$\mathrm{d}f_3(c)/\mathrm{d}c=6(1-2\alpha)^2c^2+2\alpha^2(4l-5t-6\alpha l+8\alpha t)c+\alpha^4(l-2t)(2l+2\alpha l-3t)$$

当$4l-5t-6\alpha l+8\alpha t\geqslant 0$时，我们可以得到$\mathrm{d}f_3(c)/\mathrm{d}c$。当$4l-5t-6\alpha l+8\alpha t<0$或者$\alpha>\frac{4l-5t}{2(3l-4t)}$时，如果

$$48l(l-2t)\alpha^3+4(-9l^2+6lt+20t^2)\alpha^2+(12l^2+20lt-64t^2)\alpha-4l^2-2lt+11t^2>0,$$

那么

$$\frac{\mathrm{d}f_3(c)}{\mathrm{d}c} \geq 2\alpha^2 [\sqrt{6(1-2\alpha)^2(l-2t)(2l+2\alpha l-3t)} + (4l-5t-6\alpha l+8\alpha t)]c > 0$$

其中 $-9l^2+6lt+20t^2$ 随着 $l>3t$ 的增加而减少,并且比其最大值 $-9(3t)^2+6(3t)t+20t^2=-43t^2<0$ 要小。

$48l(l-2t)\alpha^3+4(-9l^2+6lt+20t^2)\alpha^2+(12l^2+20lt-64t^2)\alpha-4l^2-2lt+11t^2$ 对 α 的偏导数是 $144l(l-2t)\alpha^2+8(-9l^2+6lt+20t^2)\alpha+12l^2+20lt-64t^2$,它的对称轴满足 $(9l^2-6lt-20t^2)/[36l(l-2t)]<(4l-5t)/[2(3l-4t)]$,当且仅当 $45l^3-180tl^2+216lt^2-80t^3>0$。$45l^3-180tl^2+216lt^2-80t^3$ 对 l 的偏导数 $135l^2-360tl+216t^2$ 的对称轴为 $l=4t/3$,因此 $135l^2-360tl+216t^2$ 随着 l 的增加而增加,并且比 $135(3t)^2-360t(3t)+216t^2=351t^2>0$ 大。所以,$45l^3-180tl^2+216lt^2-80t^3$ 随着 l 的增加而增加,并且比 $45(3t)^3-180t(3t)^2+216(3t)t^2-80t^3=163t^3>0$ 大。因此,$144l(l-2t)\alpha^2+8(-9l^2+6lt+20t^2)\alpha+12l^2+20lt-64t^2$ 随着 $\alpha>(4l-5t)/[2(3l-4t)]$ 的增加而增加,并且总是比 $\alpha=(4l-5t)/[2(3l-4t)]$ 时的值大,此时的值等于 $[144l(l-2t)\alpha^2+8(-9l^2+6lt+20t^2)\alpha+12l^2+20lt-64t^2]|_{\alpha=\frac{4l-5t}{2(3l-4t)}}=\frac{36(l-2t)(7l-8t)(l-t)^2}{(3l-4t)^2}>0$。

从 $144l(l-2t)\alpha^2+8(-9l^2+6lt+20t^2)\alpha+12l^2+20lt-64t^2>0$ 可以得到 $48l(l-2t)\alpha^3+4(-9l^2+6lt+20t^2)\alpha^2+(12l^2+20lt-64t^2)\alpha-4l^2-2lt+11t^2$ 随着 α 的增加而增加,因此大于 $[48l(l-2t)\alpha^3+4(-9l^2+6lt+20t^2)\alpha^2+(12l^2+20lt-64t^2)\alpha-4l^2-2lt+11t^2]|_{\alpha=\frac{4l-5t}{2(3l-4t)}}=\frac{12(l-2t)(5l-6t)(l-t)^3}{(3l-4t)^3}>0$。

我们得出结论 $\frac{\mathrm{d}f_3(c)}{\mathrm{d}c}>0$,由此得 $f_3(c)>f_3\left(c=\frac{\alpha t}{2}\right)=\frac{t(1-\alpha)\alpha^3(t+2\alpha l-4\alpha t)^2}{4}>0$。因此,$E[\pi]$ 随着 t 的增加而增加。

结论 3.3 的证明

(1) $l<3t$

我们可以计算出每家企业的均衡信息安全投资对 l 的偏导数为
$$\partial z/\partial l = 3\alpha t[3(3t-l+2\alpha l)c-\alpha^2 l^2]/[(\alpha^2 l^2+9tc)^2]>0$$

其中
$$3(3t-l+2\alpha l)c-\alpha^2 l^2 > 3(3t-l+2\alpha l)\alpha l(6t-l)/(18t)-\alpha^2 l^2$$
$$=\alpha l(3t-l)(6t-l+2\alpha l)/(6t)>0$$

我们可以计算出 $E[\pi]$ 对 l 的偏导数为

$$\frac{\partial E[\pi]}{\partial l} = \{\alpha l[2\,916(1-\alpha)t^3c^3 - 243\alpha t^2(6t^2+3lt-6\alpha lt-l^2)c^2 -$$

$$27\alpha^3 l^2 t(18t^2-tl+2\alpha lt-l^2)c + \alpha^5 l^6]\}/18t(\alpha^2 l^2+9tc)^3$$

$$>0$$

当且仅当 $2\,916(1-\alpha)t^3c^3 - 243\alpha t^2(6t^2+3lt-6\alpha lt-l^2)c^2 - 27\alpha^3 l^2 t(18t^2-tl+2\alpha lt-l^2)c + \alpha^5 l^6 > 0$ 成立。

(2) $l \geqslant 3t$

我们可以计算出每家企业的均衡信息安全投资对 l 的偏导数为

$$\partial z/\partial l = \alpha^2(2c-\alpha t)/\{2[c+\alpha^2(l-2t)]^2\} > 0$$

我们得到

$$\frac{\partial E[\pi]}{\partial l} = \frac{\alpha(2c-\alpha t)[2(1-\alpha)c^2+2\alpha^2(l-2t)c-\alpha^4 t(l-2t)]}{4(c+\alpha^2 l-2\alpha^2 t)^3}$$

因为 $2(1-\alpha)c^2+2\alpha^2(l-2t)c-\alpha^4 t(l-2t)$ 随着 c 的增加而增加,可以得到

$$2(1-\alpha)c^2+2\alpha^2(l-2t)c-\alpha^4 t(l-2t) >$$

$$[2(1-\alpha)c^2+2\alpha^2(l-2t)c-\alpha^4 t(l-2t)]|_{c=\frac{\alpha t}{2}} =$$

$$(1-\alpha)\alpha^2 t(t+2\alpha l-4\alpha t)/2 > 0$$

这表明 $E[\pi]$ 随着 l 的增加而增加。

结论 3.4 的证明

(1) $l < 3t$

我们可以得到 $E[\pi]$ 对 c 的偏导数为

$$\frac{\partial E[\pi]}{\partial c} = \frac{\alpha^2 l^2 (6t-l+2\alpha l)[27t(2t+l-2\alpha l)c+\alpha^2 l^2(18t+l-2\alpha l)]}{8(\alpha^2 l^2+9tc)^3} > 0$$

当且仅当 $27t(2t+l-2\alpha l)c + \alpha^2 l^2(18t+l-2\alpha l) > 0$ 成立。

当 $2t+l-2\alpha l \geqslant 0$ 时,$27t(2t+l-2\alpha l)c + \alpha^2 l^2(18t+l-2\alpha l) > 0$,因此 $\partial E[\pi]/\partial c > 0$。

当 $2t+l-2\alpha l < 0$ 时,我们可以得到 $27t(2t+l-2\alpha l)c + \alpha^2 l^2(18t+l-2\alpha l) > 0$,当且仅当 $c < \alpha^2 l^2(18t+l-2\alpha l)/[27t(2\alpha l-l-2t)]$ 成立。我们可以发现这种情况是成立的,原因是 $\alpha^2 l^2(18t+l-2\alpha l)/[27t(2\alpha l-l-2t)] > \alpha l(6t-l)/(18t)$,也就是 $(6t-l+2\alpha l)(6t+3l-2\alpha l) > 0$ 一直成立。

(2) $l \geqslant 3t$

计算可得

$$\frac{\partial E[\pi]}{\partial c} = \frac{\alpha^2(t+2\alpha l-4\alpha t)[(12\alpha t-6\alpha l+4l-7t)c+\alpha^2(l-2t)(4\alpha t-2\alpha l+4l-5t)]}{8(c+\alpha^2 l-2\alpha^2 t)^3}$$

$$> 0$$

当且仅当 $(12\alpha t - 6\alpha l + 4l - 7t)c + \alpha^2(l-2t)(4\alpha t - 2\alpha l + 4l - 5t) > 0$，当 $12\alpha t - 6\alpha l + 4l - 7t \geqslant 0$ 时，这总是成立。当 $12\alpha t - 6\alpha l + 4l - 7t < 0$ 时，我们可以得到 $(12\alpha t - 6\alpha l + 4l - 7t)c + \alpha^2(l - 2t)(4\alpha t - 2\alpha l + 4l - 5t) > 0 \Leftrightarrow c < \frac{\alpha^2(l-2t)(4\alpha t - 2\alpha l + 4l - 5t)}{6\alpha l - 12\alpha t - 4l + 7t}$

这种情况是成立的，这是因为 $\alpha^2(l-2t)(4\alpha t - 2\alpha l + 4l - 5t)/(6\alpha l - 12\alpha t - 4l + 7t) > \alpha t/2$ 或者 $(4l - 2\alpha l + 4\alpha t - 7t)(2\alpha l - 4\alpha t + t) > 0$ 成立，其中 $4l - 2\alpha l + 4\alpha t - 7t > (4 - 2\alpha)(3t) + 4\alpha t - 7t = (5 - 2\alpha)t > 0$。

结论 3.5 的证明

(1) 我们首先对一个完全覆盖的市场进行一些初步分析。

企业 A 和企业 B 购买的无差异的消费者位于

$$x_{\text{diff}} = \frac{v(\delta_B - \delta_A) + t(1-\delta_B) - p_A + p_B}{t(2-\delta_A-\delta_B)}$$

同时求 $\pi_A = \left[\frac{v(\delta_B-\delta_A)+t(1-\delta_B)-p_A+p_B}{t(2-\delta_A-\delta_B)}\right]p_A$ 关于 p_A 的最大值以及 $\pi_B = \left[\frac{v(\delta_A-\delta_B)+t(1-\delta_A)-p_B+p_A}{t(2-\delta_A-\delta_B)}\right]p_B$ 关于 p_B 的最大值可得

$$2p_A - p_B = v(\delta_B - \delta_A) + t(1-\delta_B), \quad 2p_B - p_A = -v(\delta_B - \delta_A) + t(1-\delta_A)$$

由此可得

$$p_A = \frac{t(1-\delta_A) + 2t(1-\delta_B) - v(\delta_A - \delta_B)}{3},$$

$$p_B = \frac{t(1-\delta_B) + 2t(1-\delta_A) - v(\delta_B - \delta_A)}{3}$$

因此可得

$$x_{\text{diff}} = \frac{v(\delta_B - \delta_A) + t(3 - \delta_A - 2\delta_B)}{3t(2-\delta_A-\delta_B)}$$

我们现在可以推导出均衡下市场被完全覆盖的条件。因为

$$u_A = (v-tx)(1-\delta_A) - p_A = 0 \Rightarrow x_A = \frac{v}{t} - \frac{p_A}{t(1-\delta_A)},$$

$$u_B = [v-t(1-x)](1-\delta_B) - p_B = 0 \Rightarrow 1-x_B = \frac{v}{t} - \frac{p_B}{t(1-\delta_B)}$$

市场被完全覆盖的条件是

$$x_A + 1 - x_B = \frac{v[6(1-\delta_A)(1-\delta_B) + (\delta_A - \delta_B)^2]}{3t(1-\delta_A)(1-\delta_B)} -$$

$$\frac{(3-\delta_A-2\delta_B)(1-\delta_B) + (3-\delta_B-2\delta_A)(1-\delta_A)}{3(1-\delta_A)(1-\delta_B)}$$

$$> 1$$

或者 $v > \frac{t(3-\delta_A-2\delta_B)(3-\delta_B-2\delta_A)}{6(1-\delta_A)(1-\delta_B) + (\delta_A-\delta_B)^2}$。因为 $\frac{t(3-\delta_A-2\delta_B)(3-\delta_B-2\delta_A)}{6(1-\delta_A)(1-\delta_B) + (\delta_A-\delta_B)^2} <$

$2t$,所以 $v > 2t$ 可以确保市场被完全覆盖。因为

$$0 < x_{\text{diff}} < 1 \Leftrightarrow \begin{cases} v(\delta_B - \delta_A) + t(3-\delta_A-2\delta_B) > 0 \\ v(\delta_B - \delta_A) - t(3-2\delta_A-\delta_B) < 0 \end{cases}$$

$$\Leftrightarrow -t(3-2\delta_A-\delta_B) < v(\delta_A-\delta_B) < t(3-\delta_A-2\delta_B)$$

可以验证当 $-t(3-2\delta_A-\delta_B) < v(\delta_A-\delta_B) < t(3-\delta_A-2\delta_B)$ 时,两家企业都有正的市场份额,企业的均衡价格和利润是

$$p_A = \frac{t(1-\delta_A) + 2t(1-\delta_B) - v(\delta_A-\delta_B)}{3},$$

$$p_B = \frac{t(1-\delta_B) + 2t(1-\delta_A) - v(\delta_B-\delta_A)}{3},$$

$$\pi_A = \frac{[t(1-\delta_A) + 2t(1-\delta_B) - v(\delta_A-\delta_B)]^2}{9t(2-\delta_A-\delta_B)},$$

$$\pi_B = \frac{[t(1-\delta_B) + 2t(1-\delta_A) - v(\delta_B-\delta_A)]^2}{9t(2-\delta_A-\delta_B)}$$

在这种情况下,δ_A 和 δ_B 具有可比性。

当一家企业(如企业 A)的消费者信息安全损失远低于其竞争对手 $[v(\delta_A - \delta_B) < -t(3-2\delta_A-\delta_B)]$ 时,企业 A 将定价 $p_A = v(\delta_B - \delta_A) - t(1-\delta_A)$ 来获得所有的消费者并得到 $v(\delta_B - \delta_A) - t(1-\delta_A)$ 的利润。

我们首先检验这样一种情况,即一家企业即使被成功攻破,也有正的市场份额,而其竞争对手则没有。在这种情况下,消费者的信息安全损失并不是很高,$\delta \leqslant$

$3t/(v+t)$,即 $v \leqslant t(3-\delta)/\delta$。显然,这个条件与市场被完全覆盖的条件是相容的,因为 $t(3-\delta)/\delta > 2t$ 总是成立的。然后,我们讨论另一种情况,即当一家企业被成功攻破,但其竞争对手没有被成功攻破时,该企业必须退出市场。当消费者信息安全损失很高时,也就是说,$\delta > 3t/(v+t)$ 时就会发生这种情况。

(2) $v \leqslant t(3-\delta)/\delta, \delta \leqslant 3t/(v+t)$

根据上面的分析,可以在第一阶段获得企业 A 的期望利润为

$$E[\pi_A] = [1-\alpha(1-z_A)][1-\alpha(1-z_B)]t/2 + \\ \alpha(1-z_A)[1-\alpha(1-z_B)][t(3-\delta)-v\delta]^2/[9t(2-\delta)] + \\ [1-\alpha(1-z_A)]\alpha(1-z_B)[t(3-2\delta)+v\delta]^2/[9t(2-\delta)] + \\ \alpha(1-z_A)\alpha(1-z_B)t(1-\delta)/2 - cz_A^2/2$$

当两家企业都被成功攻破时,当企业 A 被成功攻破但其竞争对手没有被攻破时,当企业 A 没有被成功攻破而其竞争对手被攻破时,以及当两家企业都没有成功攻破时,企业 A 的实现利润分别为 $t/2, [t(3-\delta)-v\delta]^2/[9t(2-\delta)], [t(3-\delta)+v\delta]^2/[9t(2-\delta)]$ 和 $t(1-\delta)/2$。对应的一阶条件为

$$\partial E[\pi_A]/\partial z_A = \alpha[1-\alpha(1-z_B)]t/2 - \\ \alpha[1-\alpha(1-z_B)][t(3-\delta)-v\delta]^2/[9t(2-\delta)] + \\ \alpha^2(1-z_B)[t(3-\delta)+v\delta]^2/[9t(2-\delta)] - \\ \alpha^2(1-z_B)t(1-\delta)/2 - cz_A \\ = 0$$

类似地,企业 B 的一阶条件是

$$\frac{\partial E[\pi_B]}{\partial z_B} = \alpha[1-\alpha(1-z_A)]t/2 - \\ \alpha[1-\alpha(1-z_A)][t(3-\delta)-v\delta]^2/[9t(2-\delta)] + \\ \alpha^2(1-z_A)[t(3-\delta)+v\delta]^2/[9t(2-\delta)] - \\ \alpha^2(1-z_A)t(1-\delta)/2 - cz_B \\ = 0$$

同时求解两家企业的一阶条件会得到各自的均衡信息安全投资为

$$z_A = z_B = z = \frac{\alpha[\delta(3-2\delta)t^2 + 4t(3-\delta)\delta v - 2\delta^2 v^2] + \alpha^2\delta^2(2v-t)^2}{18t(2-\delta)c + \alpha^2\delta^2(2v-t)^2}$$

我们可以发现在 $\alpha<\frac{1}{2}$ 时,如果 $v<\frac{2t(3-\delta-\alpha\delta)+3t\sqrt{2(2-\delta)(1-\alpha\delta)}}{2(1-2\alpha)\delta}$,那么 $z>0\Leftrightarrow 2(1-2\alpha)\delta^2v^2-4t(3-\delta-\alpha\delta)\delta v-(3-2\delta+\alpha\delta)\delta t^2<0$ 成立,在 $\alpha\geqslant\frac{1}{2}$ 时总是成立。

因为

$$\frac{t(3-\delta)}{\delta}<\frac{2t(3-\delta-\alpha\delta)+3t\sqrt{2(2-\delta)(1-\alpha\delta)}}{2(1-2\alpha)\delta}\Leftrightarrow\alpha\sqrt{2(2-\delta)}+\sqrt{1-\alpha\delta}>0$$

我们可以得出结论 $z>0$ 总是成立。与此同时,

$$z<1\Leftrightarrow c>\frac{\alpha[\delta(3-2\delta)t^2+4t(3-\delta)\delta v-2\delta v^2]}{18t(2-\delta)}$$

其中 $(3-2\delta)t^2+4t(3-\delta)\delta v-2\delta v^2$ 随着 v 的增加而增加,因此比 $(3-2\delta)t^2+4t(3-\delta)(2t)-2\delta(2t)^2=9(3-2\delta)t^2>0$ 更大。将均衡投资代入,我们可以得到每家企业的均衡期望利润为

$$E[\pi]=\{-324t^2(2-\delta)2[\delta^2(2v-t)2\alpha^2-2\delta(5\delta t^2+2\delta v^2-2\delta tv-9t^2)\alpha-$$
$$9t^2(2-\delta)]c^2-9(2-\delta)\delta^2t\alpha^2[\delta^2(2v-t)4\alpha^2-2\delta(2v-t)2(-15t^2+$$
$$8\delta t^2+12tv-8\delta tv+2\delta v^2)\alpha+144\delta t^3v+36\delta^2t^2v^2+156\delta t^4-36\delta^2t^4-$$
$$144t^2v^2-12\delta^2v^4-48\delta^2t^3v-72t^3v-171t^4+48\delta tv^3]c+\delta^4(2v-$$
$$t)2\alpha^4(63t^4-63\delta t^4+16\delta^2t^4+72t^3v+16\delta^2t^3v-72\delta t^3v+72\delta t^2v^2-$$
$$72t^2v^2-12\delta^2t^2v^2-8\delta^2tv^3+4\delta^2v^4)\}/18(2-\delta)t[18(2-\delta)tc+\delta^2(2v-$$
$$t)^2\alpha^2]^2$$
$$=\frac{-\delta^2(2v-t)^2\alpha^2+2\delta(5t^2\delta+2\delta v^2-2\delta tv-9t^2)\alpha+9t^2(2-\delta)}{18(2-\delta)t}+o(c)$$

其中 $o(c)$ 是关于 c 的无穷小量。

$E[\pi]$ 关于 α 的偏导数满足

$$\frac{\partial E[\pi]}{\partial\alpha}=\frac{-2\delta^2(2v-t)^2\alpha+2\delta(5t^2\delta+2\delta v^2-2\delta tv-9t^2)}{18t(2-\delta)}>0$$
$$\Leftrightarrow\alpha<\frac{2\delta v^2-2\delta tv-(9-5\delta)t^2}{\delta(2v-t)^2}$$

我们分析 $E[\pi]$ 关于 α 的变化如下:

在 $\frac{2\delta v^2-2\delta tv-(9-5\delta)t^2}{\delta(2v-t)^2}<0$,即 $v<\frac{t(\delta+3\sqrt{2\delta-\delta^2})}{2\delta}$ 时,注意到 $\frac{t(\delta+3\sqrt{2\delta-\delta^2})}{2\delta}<$

$\frac{t(3-\delta)}{\delta}$ 等同于 $(1-\delta)(2-\delta)>0$，$\frac{t(\delta+3\sqrt{2\delta-\delta^2})}{2\delta}>2t$ 等同于 $\delta<1$ 都成立。因此，当 $v<\frac{t(\delta+3\sqrt{2\delta-\delta^2})}{2\delta}$ 或者 $\delta<\frac{9t^2}{2v^2-2vt+5t^2}$ 时，$E[\pi]$ 随着 α 的增加而减少。

注意到 $\frac{2\delta v^2-2\delta tv-(9-5\delta)t^2}{\delta(2v-t)^2}<1 \Leftrightarrow 2\delta v^2-2\delta tv+(9-4\delta)t^2>0$ 总是成立，因为 $2\delta v^2-2\delta tv+(9-4\delta)t^2>2\delta(2t)^2-2\delta t(2t)+(9-4\delta)t^2=9t^2>0$。因此，在 $0<\frac{2\delta v^2-2\delta tv-(9-5\delta)t^2}{\delta(2v-t)^2}<1$，即 $v>\frac{t(\delta+3\sqrt{2\delta-\delta^2})}{2\delta}$ 或者 $\delta>\frac{9t^2}{2v^2-2vt+5t^2}$ 时，我们可以发现 $E[\pi]$ 随着 α 的增加先增加后减少。

我们可以发现当且仅当 $v<\frac{t\sqrt{\alpha(10-\alpha)\delta^2-9(1+2\alpha)\delta+18}}{2\delta\sqrt{\alpha(1-\alpha)}}$ 成立时，$\frac{\partial E[\pi]}{\partial t}=\frac{[\alpha(10-\alpha)\delta^2-9(1+2\alpha)\delta+18]t^2-4\alpha(1-\alpha)\delta^2 v^2}{18(2-\delta)t^2}>0$，这是成立的当且仅当

$$\frac{t\sqrt{\alpha(10-\alpha)\delta^2-9(1+2\alpha)\delta+18}}{2\delta\sqrt{\alpha(1-\alpha)}}<\frac{t(3-\delta)}{\delta} \Leftrightarrow (6-\delta)\alpha^2-2(3+\delta)\alpha+3<0$$

$$\Leftrightarrow \alpha<\frac{(3+\delta)+\sqrt{\delta^2+9\delta-9}}{6-\delta}$$

其中 $\delta>\frac{3(\sqrt{13}-3)}{2}\approx 0.9083$。在这种情况下，

$$\frac{\partial E[\pi]}{\partial t}>0 \Leftrightarrow t>\frac{2\delta v\sqrt{\alpha(1-\alpha)}}{\sqrt{\alpha(10-\alpha)\delta^2-9(1+2\alpha)\delta+18}}$$

当 $\delta\leq 3(\sqrt{13}-3)/2$ 时，$\partial E[\pi]/\partial t>0$ 总是成立。

$E[\pi]$ 对 δ 的偏导数满足

$$\partial E[\pi]/\partial\delta=\alpha\{\delta(4-\delta)[2(2v^2-2tv+5t^2)-\alpha(2v-t)^2]-36t^2\}/[18(2-\delta)^2 t]>0$$

$$\Leftrightarrow \delta>2-2\sqrt{1-\{9t^2/[2(2v^2-2tv+5t^2)-\alpha(2v-t)^2]\}}$$

其中右侧式子是成立的当且仅当 $2-2\sqrt{1-\{9t^2/[2(2v^2-2tv+5t^2)-\alpha(2v-t)^2]\}}<1 \Leftrightarrow \alpha<2(2v^2-2tv-t^2)/[(2v-t)^2]$。

当 $\alpha\geq 2(2v^2-2tv-t^2)/[(2v-t)^2]$ 时，$\partial E[\pi]/\partial\delta<0$ 总是成立。

(3) $v>t(3-\delta)/\delta, \delta>3t/(v+t)$

在这种情况下,未被成功攻破而竞争对手被攻破的企业收取 $v\delta-t$ 的费用并得到 $v\delta-t$ 的利润。在第一阶段,企业 A 的期望利润采取以下形式

$$E[\pi_A]=[1-\alpha(1-z_A)][1-\alpha(1-z_B)]t/2+[1-\alpha(1-z_A)]\alpha(1-z_B)(v\delta-t)+\alpha(1-z_A)\alpha(1-z_B)t(1-\delta)/2-cz_A^2/2$$

并且可以类似地获得企业 B 的期望利润。结合两家企业的一阶条件可以得出

$$z_A=z_B=z=[\alpha t+\alpha^2(2v\delta+t\delta-4t)]/[2c+\alpha^2(2v\delta+t\delta-4t)]$$

其中 $c>\alpha t/2$。因此,每家企业的均衡期望利润由下式给出

$$\begin{aligned}E[\pi]=&\{[-4(2\delta v+\delta t-4t)\alpha^2+8(\delta v-2t)\alpha+4t]c^2-\\&\alpha^2[(2\delta v+\delta t-4t)2\alpha^2-2(2\delta v-3t)(2\delta v+\delta t-4t)\alpha-t(4\delta v+4\delta t-9t)]c-\\&\alpha^4 t^2(1-\delta)(2\delta v+\delta t-4t)\}/2[2c+\alpha^2(2v\delta+t\delta-4t)]^2\\=&[-(2\delta v+\delta t-4t)\alpha^2+2(\delta v-2t)\alpha+t]/2+o(c)\end{aligned}$$

我们可以很容易地找到 $E[\pi]$ 关于 α 的对称轴为 $(\delta v-2t)/(2\delta v+\delta t-4t)$,它位于 0 和 1 之间,这意味着 $E[\pi]$ 随着 α 的增加先增加再减少。

我们可以观察到当且仅当 $\delta<(2\alpha-1)^2/(\alpha^2)$ 时,$E[\pi]$ 随着 t 增加。当且仅当 $\alpha<2v/(t+2v)$ 时,$E[\pi]$ 随着 δ 的增加而增加。

结论 3.6 的证明

与结论 3.1 的证明相似,因此此处省略。

附录 A2　第 4 章相关结论证明

引理 4.1 的证明

黑客的一阶条件为

$$\frac{\partial \pi}{\partial h_i}=\phi aL(1+\alpha)(1+h_i)^{\phi-1}v^{1+kz_i}-1=0$$

企业 i 的 Kuhn-Tucker 条件为

$$\begin{cases}\frac{\partial C_i}{\partial z_i}-\gamma_i^*=kL\ln v(1+h_i)^\phi v^{1+kz_i}+1-\theta+c-\gamma_i^*=0\\\gamma_i^*(z_i-R)=0\\\gamma_i^*\geq 0\end{cases}$$

考虑到两家公司的对称性,我们可以得到均衡解

$$z=R,\quad h=[\phi aL(1+\alpha)v^{1+kR}]^{\frac{1}{1-\phi}}-1$$

在情形 A 中,

$$\frac{1}{k\ln v}\ln\frac{(1-\theta+c)^{1-\phi}}{vL(-k\ln v)^{1-\phi}[\phi a(1+\alpha)]^{\phi}}\leqslant R$$

$$z=\frac{\ln\frac{(1-\theta+c)^{1-\phi}}{vL(-k\ln v)^{1-\phi}[\phi a(1+\alpha)]^{\phi}}}{k\ln v},\quad h=\frac{\phi a(\theta-c-1)(1+\alpha)}{k\ln v}-1$$

在情形 B 中,

$$R<\frac{1}{k\ln v}\ln\frac{(1-\theta+c)^{1-\phi}}{vL(-k\ln v)^{1-\phi}[\phi a(1+\alpha)]^{\phi}}$$

将均衡解代入,每家公司的预期成本和收益为

在情形 A 中,

$$C=(\phi a)^{\frac{\phi}{1-\phi}}[L(1+\alpha)]^{\frac{1}{1-\phi}}v^{\frac{1+kR}{1-\phi}}+[1-(\theta-c)]R$$

$$\pi=2(\phi)^{\frac{\phi}{1-\phi}}[aL(1+\alpha)]^{\frac{1}{1-\phi}}v^{\frac{1+kR}{1-\phi}}(1-\phi)+2$$

在情形 B 中,

$$C=\frac{[1-(\theta-c)]\left\{\ln\left[\frac{(1-\theta+c)^{1-\phi}}{vL(-k\ln v)^{1-\phi}[\phi a(1+\alpha)]^{\phi}}\right]-\alpha-1\right\}}{k\ln v}$$

$$\pi=\frac{2a(\theta-c-1)(1+\alpha)(1-\phi)}{k\ln v}+2$$

结论 4.1 的证明

在情形 A 中,通过引理 4.1 可得到

$$\frac{\partial z}{\partial R}=1>0,\quad \frac{\partial h}{\partial R}=\frac{k\ln v[\phi aL(1+\alpha)v^{1+kR}]^{\frac{1}{1-\phi}}}{1-\phi}<0$$

以及

$$\frac{\partial \pi}{\partial R}=2k\ln v\phi^{\frac{\phi}{1-\phi}}[aL(1+\alpha)]^{\frac{1}{1-\phi}}v^{\frac{1+kR}{1-\phi}}<0$$

此外

$$\frac{\partial C}{\partial R}=\frac{k\ln v(\phi a)^{\frac{\phi}{1-\phi}}[L(1+\alpha)]^{\frac{1}{1-\phi}}v^{\frac{1+kR}{1-\phi}}+(1-\phi)(1-\theta+c)}{1-\phi}$$

这表明,如果 $R>\frac{1}{k\ln v}\ln\frac{[(1-\theta+c)(1-\phi)]^{1-\phi}}{vL(1+\alpha)(-k\ln v)^{1-\phi}(\phi a)^{\phi}}$, $\frac{\partial C}{\partial R}>0$;否则 $\frac{\partial C}{\partial R}<0$。

此外 $\dfrac{1}{k\ln v}\ln\dfrac{[(1-\theta+c)(1-\phi)]^{1-\phi}}{vL(1+\alpha)(-k\ln v)^{1-\phi}(\phi a)^{\phi}}>\dfrac{1}{k\ln v}\ln\dfrac{(1-\theta+c)^{1-\phi}}{vL(-k\ln v)^{1-\phi}[\phi a(1+\alpha)]^{\phi}}$ 始终成立。

在情形 B 中,结论简单省略证明。

结论 4.2 的证明

在情形 A 中,结论简单省略证明。

在情形 B 中,

$$\dfrac{\partial z}{\partial c}=\dfrac{1-\phi}{k\ln v(1-\theta+c)}<0, \quad \dfrac{\partial h}{\partial c}=-\dfrac{\phi a(1+\alpha)}{k\ln v}>0, \quad \dfrac{\partial \pi}{\partial c}=-\dfrac{2a(1+\alpha)(1-\phi)}{k\ln v}>0$$

以及

$$\dfrac{\partial C}{\partial c}=\dfrac{\ln\left\{\dfrac{(1-\theta+c)^{1-\phi}}{vL(-k\ln v)^{1-\phi}[\phi a(1+\alpha)]^{\phi}}\right\}-(\alpha+\phi)}{k\ln v}>0$$

此外,θ 的结论简单省略证明。

结论 4.3 的证明

在情形 A 中,我们可以得到

$$\dfrac{\partial z}{\partial \alpha}=0, \dfrac{\partial h}{\partial \alpha}=\dfrac{(\phi aLv^{1+kR})^{\frac{1}{1-\phi}}(1+\alpha)^{\frac{\phi}{1-\phi}}}{1-\phi}>0, \dfrac{\partial \pi}{\partial \alpha}=2(aL)^{\frac{1}{1-\phi}}[\phi(1+\alpha)]^{\frac{\phi}{1-\phi}}v^{\frac{1+kR}{1-\phi}}>0$$

以及

$$\dfrac{\partial C}{\partial \alpha}=\dfrac{L^{\frac{1}{1-\phi}}[\phi a(1+\alpha)]^{\frac{\phi}{1-\phi}}v^{\frac{1+kR}{1-\phi}}}{1-\phi}>0$$

在情形 B 中,我们可以得到

$$\dfrac{\partial z}{\partial \alpha}=-\dfrac{\phi}{k\ln v(1+\alpha)}>0, \quad \dfrac{\partial h}{\partial \alpha}=\dfrac{\phi a(\theta-c-1)}{k\ln v}>0, \quad \dfrac{\partial \pi}{\partial \alpha}=\dfrac{2a(\theta-c-1)(1-\phi)}{k\ln v}>0$$

$$\dfrac{\partial C}{\partial \alpha}=\dfrac{(\theta-c-1)(\phi+\alpha+1)}{k\ln v(1+\alpha)}>0$$

结论 4.4 的证明

在情形 A 中,

$$\dfrac{\partial z}{\partial v}=0, \quad \dfrac{\partial h}{\partial v}=\dfrac{(1+kR)[\phi aL(1+\alpha)]^{\frac{1}{1-\phi}}v^{\frac{kR+\phi}{1-\phi}}}{1-\phi}>0$$

$$\frac{\partial C}{\partial v} = \frac{(1+kR)[L(1+\alpha)]^{\frac{1}{1-\phi}}(\phi a)^{\frac{\phi}{1-\phi}} v^{\frac{kR+\phi}{1-\phi}}}{1-\phi} > 0$$

以及

$$\frac{\partial \pi}{\partial v} = 2(1+kR)[aL(1+\alpha)]^{\frac{1}{1-\phi}} \phi^{\frac{\phi}{1-\phi}} v^{\frac{kR+\phi}{1-\phi}} > 0$$

在情形 B 中，对于黑客来说

$$\frac{\partial h}{\partial v} = \frac{\phi a(1-\theta+c)(1+\alpha)}{kv(\ln v)^2} > 0, \quad \frac{\partial \pi}{\partial v} = \frac{2a(1+\alpha)(1-\theta+c)(1-\phi)}{kv(\ln v)^2} > 0$$

对于各公司来说，当且仅当 $v < e^{-e^{\frac{1}{1-\phi}\ln\left\{\frac{(1-\theta+c)^{1-\phi}}{Lk^{1-\phi}[\phi a(1+\alpha)]^{\phi}}\right\}+1}}$ 时，

$$\frac{\partial z}{\partial v} = -\frac{\ln\left\{\frac{(1-\theta+c)^{1-\phi}}{Lk^{1-\phi}[\phi a(1+\alpha)]^{\phi}}\right\} + (1-\phi)[1-\ln(-\ln v)]}{kv(\ln v)^2} > 0$$

当且仅当 $v < e^{-e^{\frac{\ln\left\{\frac{(1-\theta+c)^{1-\phi}}{Lk^{1-\phi}[\phi a(1+\alpha)]^{\phi}}\right\}+\alpha-\phi}{1-\phi}}}$ 时，

$$\frac{\partial C}{\partial v} = \frac{(1-\theta+c)\left\{1+\alpha-\ln\left[\frac{(1-\theta+c)^{1-\phi}}{Lk^{1-\phi}[\phi a(1+\alpha)]^{\phi}}\right]-(1-\phi)[1-\ln(-\ln v)]\right\}}{kv(\ln v)^2} > 0$$

结论 4.5 的证明

$$\frac{\partial W}{\partial R} = \begin{cases} 0, & R < \frac{1}{k\ln v}\ln\frac{(1-\theta+c)^{1-\phi}}{vL(-k\ln v)^{1-\phi}[\phi a(1+\alpha)]^{\phi}} \\ \frac{2k\ln v[L(1+\alpha)]^{\frac{1}{1-\phi}}(\phi a)^{\frac{\phi}{1-\phi}}v^{\frac{1+kR}{1-\phi}}}{1-\phi} + 2+2c, & \\ & R \geq \frac{1}{k\ln v}\ln\frac{(1-\theta+c)^{1-\phi}}{vL(-k\ln v)^{1-\phi}[\phi a(1+\alpha)]^{\phi}} \end{cases}$$

$$\frac{2k\ln v}{1-\phi}[L(1+\alpha)]^{\frac{1}{1-\phi}}(\phi a)^{\frac{\phi}{1-\phi}}v^{\frac{1+kR}{1-\phi}} + 2+2c > 0$$

$$\Leftrightarrow R > \frac{1}{k\ln v}\ln\frac{[(c+1)(1-\phi)]^{1-\phi}}{vL(1+\alpha)(-k\ln v)^{1-\phi}(\phi a)^{\phi}}$$

注意

$$\frac{1}{k\ln v}\ln\frac{(1-\theta+c)^{1-\phi}}{vL(-k\ln v)^{1-\phi}[\phi a(1+\alpha)]^{\phi}} < \frac{1}{k\ln v}\ln\frac{[(c+1)(1-\phi)]^{1-\phi}}{vL(1+\alpha)(-k\ln v)^{1-\phi}(\phi a)^{\phi}}$$

$$\Leftrightarrow \alpha < \frac{\theta - \phi(1+c)}{1-\theta+c}$$

因此,当 $\alpha < \frac{\theta - \phi(1+c)}{1-\theta+c}$,社会最优安全标准为

$$\frac{1}{k\ln v}\ln\frac{[(c+1)(1-\phi)]^{1-\phi}}{vL(1+\alpha)(-k\ln v)^{1-\phi}(\phi a)^{\phi}}$$

否则为以下范围的任意值

$$\left[0, \frac{1}{k\ln v}\ln\frac{(1-\theta+c)^{1-\phi}}{vL(-k\ln v)^{1-\phi}[\phi a(1+\alpha)]^{\phi}}\right]$$

引理 4.2 的证明

黑客的一阶条件为

$$\frac{\partial \pi}{\partial h_i} = \phi aL(1+\alpha)(1+h_i)^{\phi-1}v^{1+kz_i} - 1 = 0$$

企业 i 的 Kuhn-Tucker 条件为

$$\begin{cases} \frac{\partial C_i}{\partial z_i} - \gamma_i^* = k\ln v(m+L)(1+h_i)^{\phi}v^{1+kz_i} + 1-\theta+c - \gamma_1^* = 0 \\ \gamma_i^*(z_i - R) = 0 \\ \gamma_i^* \geq 0 \end{cases}$$

考虑到两家公司的对称性,我们可以得到均衡解

$$z = R, \quad h = [\phi aL(1+\alpha)v^{1+kR}]^{\frac{1}{1-\phi}} - 1$$

在情形 A′ 中,

$$R \geq \frac{1}{k\ln v}\ln\frac{(1-\theta+c)^{1-\phi}}{v[-k\ln v(m+L)]^{1-\phi}[\phi aL(1+\alpha)]^{\phi}}$$

$$z = \frac{1}{k\ln v}\ln\frac{(1-\theta+c)^{1-\phi}}{v[-k\ln v(m+L)]^{1-\phi}[\phi aL(1+\alpha)]^{\phi}}, \quad h = \frac{\phi aL(1-\theta+c)(1+\alpha)}{-k\ln v(m+L)} - 1$$

在情形 B′ 中,

$$R < \frac{1}{k\ln v}\ln\frac{(1-\theta+c)^{1-\phi}}{v[-k\ln v(m+L)]^{1-\phi}[\phi aL(1+\alpha)]^{\phi}}$$

将均衡解代入,可得到每家公司的预期成本和收益为

$$C = (\phi a)^{\frac{\phi}{1-\phi}}[L(1+\alpha)]^{\frac{1}{1-\phi}}v^{\frac{1+kR}{1-\phi}} + (1-\theta+c)R$$

$$\pi = 2(\phi)^{\frac{\phi}{1-\phi}}[aL(1+\alpha)]^{\frac{1}{1-\phi}}v^{\frac{1+kR}{1-\phi}}(1-\phi) + 2$$

在情形 A' 中

$$C=\frac{1-\theta+c}{-k\ln v}\left\{\frac{L(1+\alpha)}{m+L}-\ln\frac{(1-\theta+c)^{1-\phi}}{v[-k\ln v(m+L)]^{1-\phi}[\phi aL(1+\alpha)]^{\phi}}\right\}$$

在情形 B' 中

$$\pi=\frac{2aL(1-\theta+c)(1+\alpha)(1-\phi)}{-k\ln v(m+L)}+2$$

结论 4.6 的证明

在情形 A' 中,结论简单省略证明。

在情形 B' 中,通过引理 4.2 可得到

$$\frac{\partial z}{\partial m}=\frac{1-\phi}{-k\ln v(m+L)}>0,\quad \frac{\partial h}{\partial m}=\frac{\phi aL(1-\theta+c)(1+\alpha)}{k\ln v(m+L)^2}<0$$

以及

$$\frac{\partial \pi}{\partial m}=\frac{2aL(1-\theta+c)(1-\phi)(1+\alpha)}{k\ln v(m+L)^2}<0$$

此外还可得到

$$\frac{\partial C}{\partial m}=\frac{(1-\theta+c)[(m+L)(1-\phi)-L(1+\alpha)]}{-k\ln v(m+L)^2}$$

这表明如果 $m>\frac{L(1+\alpha)}{1-\phi}-L$,$\frac{\partial C}{\partial m}>0$,否则 $\frac{\partial C}{\partial m}<0$。

结论 4.7 的证明

$$\frac{\partial W}{\partial R}=\begin{cases}0,\quad R<\dfrac{1}{k\ln v}\ln\dfrac{(1-\theta+c)^{1-\phi}}{v[-k\ln v(m+L)]^{1-\phi}[\phi aL(1+\alpha)]^{\phi}}\\[2mm]\dfrac{2k\ln v[L(1+\alpha)]^{\frac{1}{1-\phi}}(\phi a)^{\frac{\phi}{1-\phi}}v^{\frac{1+kR}{1-\phi}}}{1-\phi}+2+2c,\\[2mm]\qquad R\geq\dfrac{1}{k\ln v}\ln\dfrac{(1-\theta+c)^{1-\phi}}{v[-k\ln v(m+L)]^{1-\phi}[\phi aL(1+\alpha)]^{\phi}}\end{cases}$$

其中

$$\frac{2k\ln v[L(1+\alpha)]^{\frac{1}{1-\phi}}(\phi a)^{\frac{\phi}{1-\phi}}v^{\frac{1+kR}{1-\phi}}}{1-\phi}+2+2c>0$$

$$\Leftrightarrow R>\frac{1}{k\ln v}\ln\frac{[(c+1)(1-\phi)]^{1-\phi}}{vL(1+\alpha)(-k\ln v)^{1-\phi}(\phi a)^{\phi}}$$

注意

$$\frac{1}{k\ln v}\ln\frac{(1-\theta+c)^{1-\phi}}{v[-k\ln v(m+L)]^{1-\phi}[\phi aL(1+\alpha)]^{\phi}} < \frac{1}{k\ln v}\ln\frac{[(c+1)(1-\phi)]^{1-\phi}}{vL(1+\alpha)(-k\ln v)^{1-\phi}(\phi a)^{\phi}}$$

$$\Leftrightarrow m \geqslant \frac{L(1-\theta+c)(1+\alpha)}{(1+c)(1-\phi)} - L$$

因此,当 $m \geqslant \dfrac{L(1-\theta+c)(1+\alpha)}{(1+c)(1-\phi)} - L$ 时,社会最佳安全标准是

$$\frac{1}{k\ln v}\ln\frac{[(c+1)(1-\phi)]^{1-\phi}}{vL(1+\alpha)(-k\ln v)^{1-\phi}(\phi a)^{\phi}}$$

否则社会最佳安全标准在以下范围内任意取值

$$\left[0, \frac{1}{k\ln v}\ln\frac{(1-\theta+c)^{1-\phi}}{v[-k\ln v(m+L)]^{1-\phi}[\phi aL(1+\alpha)]^{\phi}}\right]$$

附录 A3 第 5 章相关结论证明

结论 5.1 的证明

假设 $V_1(x)$ 和 $V_2(x)$ 是企业 1 和企业 2 的价值函数,那么反馈纳什均衡解必须满足以下 Hamilton-Bellman-Jacobi 方程

$$rV_1(x) = \max_{z_1(t)} \left\{ p_1 x(t) - 0.5\gamma z_1^2(t) + \frac{\mathrm{d}V_1}{\mathrm{d}x}[w(p_2(1-x(t)) - p_1 x(t)) + \beta_1\varphi z_1(t)\sqrt{1-x(t)} - \beta_2\varphi z_2(t)\sqrt{x(t)}] \right\} \tag{A5.1}$$

$$rV_2(x) = \max_{z_2(t)} \left\{ p_2(1-x(t)) - 0.5\gamma z_2^2(t) + \frac{\mathrm{d}V_2}{\mathrm{d}x}[w(p_2(1-x(t)) - p_1 x(t)) + \beta_1\varphi z_1(t)\sqrt{1-x(t)} - \beta_2\varphi z_2(t)\sqrt{x(t)}] \right\} \tag{A5.2}$$

求最大化的一阶条件可以得到最优的信息安全投资率

$$z_1(t) = \gamma^{-1}\beta_1\varphi\sqrt{1-x(t)}\frac{\mathrm{d}V_1}{\mathrm{d}x}, \quad z_2(t) = -\gamma^{-1}\beta_2\varphi\sqrt{x(t)}\frac{\mathrm{d}V_2}{\mathrm{d}x} \tag{A5.3}$$

将式(A5.3)代入式(A5.1)和式(A5.2)中得到

$$rV_1(x) = p_1 x(t) - 0.5\gamma^{-1}\beta_1^2\varphi^2(1-x(t))\left(\frac{\mathrm{d}V_1}{\mathrm{d}x}\right)^2 +$$

$$\frac{\mathrm{d}V_1}{\mathrm{d}x}\left[w(p_2(1-x(t)) - p_1 x(t)) + \gamma^{-1}\beta_1^2\varphi^2\frac{\mathrm{d}V_1}{\mathrm{d}x}(1-x(t)) + \right.$$

$$\gamma^{-1}\beta_2^2\varphi^2 \frac{dV_2}{dx}x(t)] \tag{A5.4}$$

$$rV_2(x) = p_2(1-x(t)) - 0.5\gamma^{-1}\beta_2^2\varphi^2 \left(\frac{dV_2}{dx}\right)^2 x(t) +$$

$$\frac{dV_2}{dx}[w(p_2(1-x(t)) - p_1 x(t)) + \gamma^{-1}\beta_1^2\varphi^2 \frac{dV_1}{dx}(1-x(t)) +$$

$$\gamma^{-1}\beta_2^2\varphi^2 \frac{dV_2}{dx}x(t)] \tag{A5.5}$$

假设 $V_1(x)$ 和 $V_2(x)$ 采取线性形式

$$V_1(x) = m_1 x(t) + m_0, \quad V_2(x) = n_1 x(t) + n_0 \tag{A5.6}$$

式(A5.4)和式(A5.5)可以重写为

$$r(m_1 x(t) + m_0) = p_1 x(t) + m_1[w(p_2(1-x(t)) - p_1 x(t)) +$$
$$\gamma^{-1}\beta_1^2\varphi^2 m_1(1-x(t)) + \gamma^{-1}\beta_2^2\varphi^2 n_1 x(t)] \tag{A5.7}$$

$$r(n_1 x(t) + n_0) = p_2(1-x(t)) + n_1[w(p_2(1-x(t)) - p_1 x(t)) +$$
$$\gamma^{-1}\beta_1^2\varphi^2 m_1(1-x(t)) + \gamma^{-1}\beta_2^2\varphi^2 n_1 x(t)] \tag{A5.8}$$

通过将 $x(t)$ 的系数与式(A5.7)和式(A5.8)两侧的常数分别相等,可以得到如下式子

$$rm_1 = p_1 + m_1[-w(p_1+p_2) - \gamma^{-1}\beta_1^2\varphi^2 m_1 + \gamma^{-1}\beta_2^2\varphi^2 n_1],$$
$$rm_0 = m_1(wp_2 + \gamma^{-1}\beta_1^2\varphi^2 m_1) \tag{A5.9}$$

$$rn_1 = -p_2 + n_1[-w(p_1+p_2) - \gamma^{-1}\beta_1^2\varphi^2 m_1 + \gamma^{-1}\beta_2^2\varphi^2 n_1],$$
$$rn_0 = p_2 + n_1(wp_2 + \gamma^{-1}\beta_1^2\varphi^2 m_1) \tag{A5.10}$$

由式(A5.9)和式(A5.10),我们可以得到

$$p_1 n_1 + p_2 m_1 = 0 \tag{A5.11}$$

将式(A5.9)和式(A5.11)结合得到

$$rm_1 = p_1 + m_1[-w(p_1+p_2) - \gamma^{-1}\beta_1^2\varphi^2 m_1 - \gamma^{-1}\beta_2^2\varphi^2 p_1^{-1} p_2 m_1]$$

即

$$\gamma^{-1}\varphi^2(\beta_1^2 + p_1^{-1}p_2\beta_2^2)m_1^2 + [r+w(p_1+p_2)]m_1 - p_1 = 0$$

这表明

$$m_1 = \frac{-[r+w(p_1+p_2)] + \sqrt{[r+w(p_1+p_2)]^2 + 4\gamma^{-1}\varphi^2(p_1\beta_1^2 + p_2\beta_2^2)}}{2\gamma^{-1}\varphi^2(\beta_1^2 + p_1^{-1}p_2\beta_2^2)} > 0$$

因为 $z_1(t) = \gamma^{-1}\beta_1\varphi m_1 \sqrt{1-x(t)} > 0$,所以另一个根被排除。

类似地，将式(A5.10)和式(A5.11)结合得到
$$\gamma^{-1}\varphi^2(p_1 p_2^{-1}\beta_1^2+\beta_2^2)n_1^2-[r+w(p_1+p_2)]n_1-p_2=0$$
意味着
$$n_1=\frac{[r+w(p_1+p_2)]-\sqrt{[r+w(p_1+p_2)]^2+4\gamma^{-1}\varphi^2(p_1\beta_1^2+p_2\beta_2^2)}}{2\gamma^{-1}\varphi^2(p_1 p_2^{-1}\beta_1^2+\beta_2^2)}<0$$

因为 $z_2(t)=-\gamma^{-1}\beta_2\varphi n_1\sqrt{x(t)}>0$，所以另一个根被排除。

结论 5.2 的证明

可以得到
$$\Pi_1=\int_0^{+\infty}\mathrm{e}^{-rt}\big[(p_1+0.5\gamma^{-1}\varphi^2\beta_1^2 m_1^2)x-0.5\gamma^{-1}\varphi^2\beta_1^2 m_1^2\big]\mathrm{d}t$$
$$=\int_0^{+\infty}\bigg[(p_1+0.5\gamma^{-1}\varphi^2\beta_1^2 m_1^2)\Big(x_0+\frac{wp_2+\gamma^{-1}\beta_1^2\varphi^2 m_1}{-w(p_1+p_2)-\gamma^{-1}\beta_1^2\varphi^2 m_1+\gamma^{-1}\beta_2^2\varphi^2 n_1}\Big)\cdot$$
$$\mathrm{e}^{[-w(p_1+p_2)-\gamma^{-1}\beta_1^2\varphi^2 m_1+\gamma^{-1}\beta_2^2\varphi^2 n_1-r]t}-\frac{(p_1+0.5\gamma^{-1}\varphi^2\beta_1^2 m_1^2)(wp_2+\gamma^{-1}\beta_1^2\varphi^2 m_1)}{-w(p_1+p_2)-\gamma^{-1}\beta_1^2\varphi^2 m_1+\gamma^{-1}\beta_2^2\varphi^2 n_1}\mathrm{e}^{-rt}-$$
$$0.5\gamma^{-1}\varphi^2\beta_1^2 m_1^2\mathrm{e}^{-rt}\bigg]\mathrm{d}t$$
$$=-\Big(x_0+\frac{wp_2+\gamma^{-1}\beta_1^2\varphi^2 m_1}{-w(p_1+p_2)-\gamma^{-1}\beta_1^2\varphi^2 m_1+\gamma^{-1}\beta_2^2\varphi^2 n_1}\Big)\cdot$$
$$\frac{p_1+0.5\gamma^{-1}\varphi^2\beta_1^2 m_1^2}{-w(p_1+p_2)-\gamma^{-1}\beta_1^2\varphi^2 m_1+\gamma^{-1}\beta_2^2\varphi^2 n_1-r}+$$
$$\frac{r^{-1}(p_1+0.5\gamma^{-1}\varphi^2\beta_1^2 m_1^2)(wp_2+\gamma^{-1}\beta_1^2\varphi^2 m_1)}{-w(p_1+p_2)-\gamma^{-1}\beta_1^2\varphi^2 m_1+\gamma^{-1}\beta_2^2\varphi^2 n_1}+0.5r^{-1}\gamma^{-1}\varphi^2\beta_1^2 m_1^2$$

以及
$$\Pi_2=\int_0^{+\infty}\mathrm{e}^{-rt}\big[-(p_2+0.5\gamma^{-1}\varphi^2\beta_2^2 n_1^2)x+p_2\big]\mathrm{d}t$$
$$=\int_0^{+\infty}\bigg[-(p_2+0.5\gamma^{-1}\varphi^2\beta_2^2 n_1^2)\Big(x_0+\frac{wp_2+\gamma^{-1}\beta_1^2\varphi^2 m_1}{-w(p_1+p_2)-\gamma^{-1}\beta_1^2\varphi^2 m_1+\gamma^{-1}\beta_2^2\varphi^2 n_1}\Big)\cdot$$
$$\mathrm{e}^{[-w(p_1+p_2)-\gamma^{-1}\beta_1^2\varphi^2 m_1+\gamma^{-1}\beta_2^2\varphi^2 n_1-r]t}+\frac{(p_2+0.5\gamma^{-1}\varphi^2\beta_2^2 n_1^2)(wp_2+\gamma^{-1}\beta_1^2\varphi^2 m_1)}{-w(p_1+p_2)-\gamma^{-1}\beta_1^2\varphi^2 m_1+\gamma^{-1}\beta_2^2\varphi^2 n_1}\mathrm{e}^{-rt}-$$
$$p_2\mathrm{e}^{-rt}\bigg]\mathrm{d}t$$
$$=\Big(x_0+\frac{wp_2+\gamma^{-1}\beta_1^2\varphi^2 m_1}{-w(p_1+p_2)-\gamma^{-1}\beta_1^2\varphi^2 m_1+\gamma^{-1}\beta_2^2\varphi^2 n_1}\Big)\cdot$$

$$\frac{p_2+0.5\gamma^{-1}\varphi^2\beta_2^2 n_1^2}{-w(p_1+p_2)-\gamma^{-1}\beta_1^2\varphi^2 m_1+\gamma^{-1}\beta_2^2\varphi^2 n_1-r}+$$

$$\frac{r^{-1}(p_2+0.5\gamma^{-1}\varphi^2\beta_2^2 n_1^2)(wp_2+\gamma^{-1}\beta_1^2\varphi^2 m_1)}{-w(p_1+p_2)-\gamma^{-1}\beta_1^2\varphi^2 m_1+\gamma^{-1}\beta_2^2\varphi^2 n_1}+p_2 r^{-1}$$

结论 5.3 的证明

假设 $W_1(x,y)$ 和 $W_2(x,y)$ 是企业 1 和企业 2 的价值函数。反馈纳什均衡解的 Hamilton-Bellman-Jacobi 方程由下式给出

$$rW_1(x,y)=\max_{z_1(t)}\Big\{p_1 x(t)-p_1\delta y(t)-0.5\gamma z_1^2(t)+ \\ \frac{\partial W_1}{\partial x}[w(p_2(1-x(t))-p_1 x(t))+ \\ \beta_1\varphi z_1(t)\sqrt{1-x(t)}-\beta_2\varphi z_2(t)\sqrt{x(t)}]+ \\ \frac{\partial W_1}{\partial y}[\lambda y(t)-v\varphi(z_1^2(t)+z_2^2(t))]\Big\} \quad (A5.12)$$

$$rW_2(x,y)=\max_{z_2(t)}\Big\{p_2(1-x(t))-p_2\delta y(t)-0.5\gamma z_2^2(t)+ \\ \frac{\partial W_2}{\partial x}[w(p_2(1-x(t))-p_1 x(t))+ \\ \beta_1\varphi z_1(t)\sqrt{1-x(t)}-\beta_2\varphi z_2(t)\sqrt{x(t)}]+ \\ \frac{\partial W_2}{\partial y}[\lambda y(t)-v\varphi(z_1^2(t)+z_2^2(t))]\Big\} \quad (A5.13)$$

最优信息安全投资率为

$$z_1(t)=\frac{\frac{\partial W_1}{\partial x}\beta_1\varphi}{\gamma+2\frac{\partial W_1}{\partial y}v\varphi}\sqrt{1-x(t)}, \quad z_2(t)=-\frac{\frac{\partial W_2}{\partial x}\beta_2\varphi\sqrt{x(t)}}{\gamma+2\frac{\partial W_2}{\partial y}v\varphi} \quad (A5.14)$$

将式(A5.14)代入式(A5.12)和式(A5.13)中得到

$$rW_1=p_1 x(t)-p_1\delta y(t)-0.5\gamma\left(\frac{\frac{\partial W_1}{\partial x}\beta_1\varphi}{\gamma+2\frac{\partial W_1}{\partial y}v\varphi}\right)^2(1-x(t))+$$

$$\frac{\partial W_1}{\partial x}\Bigg\{w[p_2(1-x(t))-p_1 x(t)]+\beta_1\varphi\frac{\frac{\partial W_1}{\partial x}\beta_1\varphi}{\gamma+2\frac{\partial W_1}{\partial y}v\varphi}(1-x(t))+$$

$$\left.\beta_2\varphi\frac{\frac{\partial W_2}{\partial x}\beta_2\varphi}{\gamma+2\frac{\partial W_2}{\partial y}v\varphi}x(t)\right\}+\frac{\partial W_1}{\partial y}\left\{\lambda y(t)-v\varphi\left[\left(\frac{\frac{\partial W_1}{\partial x}\beta_1\varphi}{\gamma+2\frac{\partial W_1}{\partial y}v\varphi}\right)^2(1-x(t))+\right.\right.$$

$$\left.\left.\left(\frac{\frac{\partial W_2}{\partial x}\beta_2\varphi}{\gamma+2\frac{\partial W_2}{\partial y}v\varphi}\right)^2 x(t)\right]\right\} \tag{A5.15}$$

以及

$$rW_2 = p_2(1-x(t)) - p_2\delta y(t) - 0.5\gamma\left(\frac{\frac{\partial W_2}{\partial x}\beta_2\varphi}{\gamma+2\frac{\partial W_2}{\partial y}v\varphi}\right)^2 x(t)+$$

$$\frac{\partial W_2}{\partial x}\left\{w[p_2(1-x(t))-p_1x(t)]+\beta_1\varphi\frac{\frac{\partial W_1}{\partial x}\beta_1\varphi}{\gamma+2\frac{\partial W_1}{\partial y}v\varphi}(1-x(t))+\right.$$

$$\left.\beta_2\varphi\frac{\frac{\partial W_2}{\partial x}\beta_2\varphi}{\gamma+2\frac{\partial W_2}{\partial y}v\varphi}x(t)\right\}+\frac{\partial W_2}{\partial y}\left\{\lambda y(t)-v\varphi\left[\left(\frac{\frac{\partial W_1}{\partial x}\beta_1\varphi}{\gamma+2\frac{\partial W_1}{\partial y}v\varphi}\right)^2(1-x(t))+\right.\right.$$

$$\left.\left.\left(\frac{\frac{\partial W_2}{\partial x}\beta_2\varphi}{\gamma+2\frac{\partial W_2}{\partial y}v\varphi}\right)^2 x(t)\right]\right\} \tag{A5.16}$$

假设 $W_1(x,y)$ 和 $W_2(x,y)$ 采取线性形式

$$W_1(x,y)=s_1x(t)+t_1y(t)+c_1, \quad W_2(x,y)=s_2x(t)+t_2y(t)+c_2 \tag{A5.17}$$

式(A5.15)和式(A5.16)可以重写为

$$r(s_1x(t)+t_1y(t)+c_1)=p_1x(t)-p_1\delta y(t)-0.5\gamma\left(\frac{s_1\beta_1\varphi}{\gamma+2t_1v\varphi}\right)^2(1-x(t))+$$

$$s_1\left\{w[p_2(1-x(t))-p_1x(t)]+\beta_1\varphi\frac{s_1\beta_1\varphi}{\gamma+2t_1v\varphi}(1-x(t))+\beta_2\varphi\frac{s_2\beta_2\varphi}{\gamma+2t_2v\varphi}x(t)\right\}+$$

$$t_1\left\{\lambda y(t)-v\varphi\left[\left(\frac{s_1\beta_1\varphi}{\gamma+2t_1v\varphi}\right)^2(1-x(t))+\left(\frac{s_2\beta_2\varphi}{\gamma+2t_2v\varphi}\right)^2 x(t)\right]\right\} \tag{A5.18}$$

和

$$r(s_2x(t)+t_2y(t)+c_2)=p_2(1-x(t))-p_2\delta y(t)-0.5\gamma\left(\frac{s_2\beta_2\varphi}{\gamma+2t_2v\varphi}\right)^2 x(t)+$$

$$s_2\left\{w[p_2(1-x(t))-p_1x(t)]+\beta_1\varphi\frac{s_1\beta_1\varphi}{\gamma+2t_1v\varphi}(1-x(t))+\beta_2\varphi\frac{s_2\beta_2\varphi}{\gamma+2t_2v\varphi}x(t)\right\}+$$

$$t_2\left\{\lambda y(t)-v\varphi\left[\left(\frac{s_1\beta_1\varphi}{\gamma+2t_1v\varphi}\right)^2(1-x(t))+\left(\frac{s_2\beta_2\varphi}{\gamma+2t_2v\varphi}\right)^2 x(t)\right]\right\} \quad\text{(A5.19)}$$

将 $x(t), y(t)$ 的系数与式(A5.18)和式(A5.19)两侧的常数分别进行比较，得出

$$rs_1=p_1-s_1w(p_1+p_2)-0.5\frac{s_1^2\beta_1^2\varphi^2}{\gamma+2t_1v\varphi}+\frac{s_1s_2\beta_2^2\varphi^2}{\gamma+2t_2v\varphi}-t_1v\varphi\frac{s_2^2\beta_2^2\varphi^2}{(\gamma+2t_2v\varphi)^2}$$

(A5.20)

$$rt_1=-p_1\delta+t_1\lambda \quad\text{(A5.21)}$$

$$rc_1=s_1wp_2+0.5\frac{s_1^2\beta_1^2\varphi^2}{\gamma+2t_1v\varphi}$$

和

$$rs_2=-p_2-s_2w(p_1+p_2)+0.5\frac{s_2^2\beta_2^2\varphi^2}{\gamma+2t_2v\varphi}-\frac{s_1s_2\beta_1^2\varphi^2}{\gamma+2t_1v\varphi}+t_2v\varphi\left(\frac{s_1\beta_1\varphi}{\gamma+2t_1v\varphi}\right)^2$$

(A5.22)

$$rt_2=-p_2\delta+t_2\lambda \quad\text{(A5.23)}$$

$$rc_2=p_2+s_2wp_2+\frac{s_1s_2\beta_1^2\varphi^2}{\gamma+2t_1v\varphi}-t_2v\varphi\left(\frac{s_1\beta_1\varphi}{\gamma+2t_1v\varphi}\right)^2$$

由式(A5.21)和式(A5.23)可以求解 t_1 和 t_2

$$t_1=-\frac{p_1\delta}{r-\lambda},\quad t_2=-\frac{p_2\delta}{r-\lambda} \quad\text{(A5.24)}$$

通过将等式(A5.24)代入式(A5.20)和式(A5.22)中可进一步求解 s_1 和 s_2。

假设

$$y(t)=(y_0-\Phi-\Theta)e^{\lambda t}+\Phi e^{-\Omega t}+\Theta$$

这意味着

$$(y_0-\Phi-\Theta)\lambda e^{\lambda t}-\Phi\Delta e^{-\Omega t}=\lambda[(y_0-\Phi-\Theta)e^{\lambda t}+\Phi e^{-\Omega t}+\Theta]+$$
$$v\varphi[\Omega-w(p_1+p_2)][(x_0-\Delta)e^{-\Omega t}+\Delta]-$$

$$v\varphi^3 \frac{s_1^2\beta_1^2}{(\gamma+2t_1v\varphi)^2}$$

因此,

$$-\Phi\Omega = \lambda\Phi + v\varphi[\Omega - w(p_1+p_2)](x_0-\Delta)$$
$$0 = \lambda\Theta + v\varphi[\Omega - w(p_1+p_2)]\Delta - v\varphi^3 \frac{s_1^2\beta_1^2}{(\gamma+2t_1v\varphi)^2}$$

这可以得出 Θ 和 Φ 的表达式。

结论 5.4 的证明

可以得到

$$\Pi_1 = \int_0^{+\infty} e^{-rt} \left\{ p_1[(x_0-\Delta)e^{-\Omega t}+\Delta] - p_1\delta[(y_0-\Phi-\Theta)e^{\lambda t}+\Phi e^{-\Omega t}+\Theta] - \right.$$
$$\left. 0.5 \frac{\gamma\varphi^2 s_1^2\beta_1^2}{(\gamma+2t_1v\varphi)^2}[1-(x_0-\Delta)e^{-\Omega t}-\Delta] \right\} dt$$
$$= \int_0^{+\infty} e^{-rt} \left\{ -p_1\delta(y_0-\Phi-\Theta)e^{\lambda t} + \left[p_1(x_0-\Delta) - p_1\delta\Phi + \right.\right.$$
$$\left.\left. 0.5(x_0-\Delta)\frac{\gamma\varphi^2 s_1^2\beta_1^2}{(\gamma+2t_1v\varphi)^2}\right]e^{-\Omega t} + p_1\Delta - p_1\delta\Theta - 0.5(1-\Delta) \right\} dt$$
$$= \int_0^{+\infty} \left\{ -p_1\delta(y_0-\Phi-\Theta)e^{(\lambda-r)t} + \left[p_1(x_0-\Delta) - p_1\delta\Phi + \right.\right.$$
$$\left.\left. 0.5(x_0-\Delta)\frac{\gamma\varphi^2 s_1^2\beta_1^2}{(\gamma+2t_1v\varphi)^2}\right]e^{-(\Omega+r)t} + [p_1\Delta - p_1\delta\Theta - 0.5(1-\Delta)]e^{-rt} \right\} dt$$
$$= \frac{p_1\delta(y_0-\Phi-\Theta)}{\lambda-r} + \frac{p_1(x_0-\Delta-\delta\Phi)}{\Omega+r} + r^{-1}[p_1(\Delta-\delta\Theta) - 0.5(1-\Delta)] +$$
$$\frac{0.5(x_0-\Delta)}{\Omega+r} \frac{\gamma\varphi^2 s_1^2\beta_1^2}{(\gamma+2t_1v\varphi)^2}$$

和

$$\Pi_2 = \int_0^{+\infty} e^{-rt} \left\{ p_2[1-(x_0-\Delta)e^{-\Omega t}-\Delta] - p_2\delta[(y_0-\Phi-\Theta)e^{\lambda t}+\Phi e^{-\Omega t}+\Theta] - \right.$$
$$\left. 0.5\gamma \frac{s_2^2\beta_2^2\varphi^2}{(\gamma+2t_2v\varphi)^2}[(x_0-\Delta)e^{-\Omega t}+\Delta] \right\} dt$$
$$= \int_0^{+\infty} e^{-rt} \left\{ -p_2\delta(y_0-\Phi-\Theta)e^{\lambda t} - \left[p_2(x_0-\Delta) + p_2\delta\Phi + \right.\right.$$
$$\left.\left. 0.5\gamma(x_0-\Delta)\frac{s_2^2\beta_2^2\varphi^2}{(\gamma+2t_2v\varphi)^2}\right]e^{-\Omega t} + \right.$$

$$p_2(1-\Delta) - p_2\delta\Theta - 0.5\gamma\Delta \frac{s_2^2\beta_2^2\varphi^2}{(\gamma+2t_2 v\varphi)^2}\Big]dt$$

$$=\int_0^{+\infty}\Big\{-p_2\delta(y_0-\Phi-\Theta)e^{(\lambda-r)t} - \Big[p_2(x_0-\Delta) + p_2\delta\Phi +$$

$$0.5\gamma(x_0-\Delta)\frac{s_2^2\beta_2^2\varphi^2}{(\gamma+2t_2 v\varphi)^2}\Big]e^{-(\Omega+r)t} + \Big[p_2(1-\Delta) - p_2\delta\Theta -$$

$$0.5\gamma\Delta\frac{s_2^2\beta_2^2\varphi^2}{(\gamma+2t_2 v\varphi)^2}\Big]e^{-rt}\Big\}dt$$

$$=\frac{p_2\delta(y_0-\Phi-\Theta)}{\lambda-r} - \frac{1}{\Omega+r}\Big[p_2(x_0-\Delta) + p_2\delta\Phi +$$

$$0.5\gamma(x_0-\Delta)\frac{s_2^2\beta_2^2\varphi^2}{(\gamma+2t_2 v\varphi)^2}\Big] + r^{-1}\Big[p_2(1-\Delta) - p_2\delta\Theta -$$

$$0.5\gamma\Delta\frac{s_2^2\beta_2^2\varphi^2}{(\gamma+2t_2 v\varphi)^2}\Big]$$

$$=\frac{p_2\delta(y_0-\Phi-\Theta)}{\lambda-r} - \frac{p_2(x_0-\Delta+\delta\Phi)}{\Omega+r} + r^{-1}p_2(1-\Delta-\delta\Theta) -$$

$$\frac{0.5\gamma s_2^2\beta_2^2\varphi^2}{(\gamma+2t_2 v\varphi)^2}\Big(\frac{x_0-\Delta}{\Omega+r} + r^{-1}\Delta\Big)$$

附录 B 第三部分相关附录

附录 B1 第 6 章相关结论证明

引理 6.1 的证明

企业 i 的期望成本函数为

$$C_i^F = (1+h_i)^\phi v^{1+k(z_i+sz_j)} L + (1+h_j)^\phi v^{1+k(z_j+sz_i)} \alpha L + z_i$$

黑客的期望收益函数为

$$\pi^H = (1+h_i)^\phi v^{1+k(z_i+sz_j)} a(1+\alpha)L + (1+h_j)^\phi v^{1+k(z_j+sz_i)} a(1+\alpha)L - (1-\mu s)h_i - (1-\mu s)h_j$$

企业 i 的 Kuhn-Tucker 条件可由下式给出:

$$\begin{cases} \dfrac{\partial C_i^F}{\partial z_i} - \gamma_i^* = (1+h_i)^\phi v^{1+k(z_i+sz_j)} L_i k \ln v + \\ \qquad (1+h_j)^\phi v^{1+k(z_j+sz_i)} \alpha L_i ks \ln v + 1 - \gamma_i^* = 0 \\ \gamma_i^*(b-z_i) = 0 \\ \gamma_i^* \geqslant 0 \end{cases}$$

其中 γ_i^* 是常数。

根据黑客的期望收益函数,可得黑客的一阶条件是

$$\frac{\partial \pi^H}{\partial h_i} = (1+h_i)^{\phi-1} v^{1+k(z_i+sz_j)} \phi a(L_i + \alpha L_j) - (1-\mu s)$$

本章的模型是一个同时博弈,各企业在预算约束下选择信息安全投资,使其期望成本最小化,黑客决定攻击努力,使其期望收益最大化。结合企业 i 的 Kuhn-Tucker 条件和黑客的一阶条件,得到对称均衡解:

在 $b < \dfrac{\ln\{(1-\mu s)^\phi [\phi a(1+\alpha)]^{-\phi} L^{-1} [-k\ln v(1+\alpha s)]^{\phi-1} v^{-1}\}}{k \ln v(s+1)}$ 的情形下(情形 A):

$$z = b, \quad h = \left[\frac{1-\mu s}{a\phi L(1+\alpha) v^{1+k(b+sb)}}\right]^{\frac{1}{\phi-1}} - 1$$

在 $b \geqslant \dfrac{\ln\{(1-\mu s)^{\phi}[\phi a(1+\alpha)]^{-\phi}L^{-1}[-k\ln v(1+\alpha s)]^{\phi-1}v^{-1}\}}{k\ln v(s+1)}$ 的情形下（情形 B）：

$$z = \frac{\ln\{(1-\mu s)^{\phi}[\phi a(1+\alpha)]^{-\phi}L^{-1}[-k\ln v(1+\alpha s)]^{\phi-1}v^{-1}\}}{k\ln v(s+1)}$$

$$h = -\frac{\phi a(1+\alpha)}{k\ln v(1+\alpha s)(1-\mu s)} - 1$$

应该注意的是在情形 A 时有 $\gamma_i^* > 0$，在情形 B 时有 $\gamma_i^* = 0$。则各企业的均衡期望成本和黑客的均衡期望收益由下式给出：

在情形 A 时，

$$C^F = \left[\frac{1-\mu s}{a\phi L(1+\alpha)v^{1+k(b+sb)}}\right]^{\frac{\phi}{\phi-1}} v^{1+k(b+sb)} L(1+\alpha) + b$$

$$\pi^H = 2(1-\mu s)\left[\frac{1-\mu s}{a\phi L(1+\alpha)v^{1+k(b+sb)}}\right]^{\frac{1}{\phi-1}} \frac{1-\phi}{\phi} + 2(1-\mu s)$$

在情形 B 时，

$$C^F = \frac{-(1+\alpha)}{k\ln v(1+\alpha s)} + \frac{\ln\{(1-\mu s)^{\phi}[\phi a(1+\alpha)]^{-\phi}L^{-1}[-k\ln v(1+\alpha s)]^{\phi-1}v^{-1}\}}{k\ln v(1+s)}$$

$$\pi^H = \frac{2a(1+\alpha)(\phi-1)}{k\ln v(1+\alpha s)} + 2(1-\mu s)$$

结论 6.1 的证明

通过引理 6.1，我们可以通过求解偏导数计算得到

$$\frac{\partial z}{\partial b} = 1 > 0, \quad \frac{\partial h}{\partial b} = \left[\frac{1-\mu s}{a\phi L(1+\alpha)}\right]^{\frac{1}{\phi-1}} v^{\frac{1+k(b+sb)}{1-\phi}} \frac{k\ln v(1+s)}{1-\phi} < 0$$

以及

$$\frac{\partial \pi^H}{\partial b} = \frac{2(1-\mu s)k\ln v(1+s)}{\phi}\left[\frac{1-\mu s}{a\phi L(1+\alpha)}\right]^{\frac{1}{\phi-1}} v^{\frac{1+k(b+sb)}{1-\phi}} < 0$$

需要注意

$$\frac{\partial C^F}{\partial b} = \left[\frac{1-\mu s}{a\phi L(1+\alpha)v^{1+k(b+sb)}}\right]^{\frac{\phi}{\phi-1}} v^{1+k(b+sb)} L(1+\alpha) \ln v \frac{k(1+s)}{1-\phi} + 1$$

因为

$$\frac{\partial^2 C^F}{\partial b^2} = \left[\frac{1-\mu s}{a\phi L(1+\alpha)}\right]^{\frac{\phi}{\phi-1}} v^{\frac{1+k(b+sb)}{1-\phi}} \frac{k(1+s)}{1-\phi} L(1+\alpha) \left[\frac{k(1+s)}{1-\phi}(\ln v)^2 + \frac{1}{v}\right] > 0$$

我们可以得到当 $b<b_0$ 时,有 $\frac{\partial C^F}{\partial b}<0$,其中

$$b_0=\frac{(1-\phi)}{k\ln v(1+s)}\ln\left\{\frac{(\phi-1)}{\left[\frac{1-\mu s}{a\phi L(1+\alpha)}\right]^{\frac{\phi}{\phi-1}}L(1+\alpha)k\ln v(1+s)}\right\}-\frac{1}{k(1+s)}$$

是 $\frac{\partial C^F}{\partial b}=0$ 的根,并可以发现

$$b_0-\frac{\ln\{(1-\mu s)^{\phi}[\phi a(1+\alpha)]^{-\phi}L^{-1}[-k\ln v(1+\alpha s)]^{\phi-1}v^{-1}\}}{k\ln v(s+1)}=$$

$$\frac{(1-\phi)}{k\ln v(1+s)}\ln\frac{(1-\phi)(1+\alpha s)}{(1+\alpha)(1+s)}>0$$

这意味着 $\frac{\partial C^F}{\partial b}<0$ 在情形 A 中总是成立的。

情形 B 的证明通过求偏导也显而易见。

结论 6.2 的证明

在情形 A 中,很易获得 $\frac{\partial z}{\partial s}=0$,

$$\frac{\partial h}{\partial s}=\frac{[a\phi L(1+\alpha)v^{1+k(b+sb)}]^{\frac{1}{1-\phi}}}{1-\phi}(1-\mu s)^{\frac{2-\phi}{\phi-1}}[\mu+kb\ln v(1-\mu s)]<0\Leftrightarrow s<\frac{1}{kb\ln v}+\frac{1}{\mu}$$

$$\frac{\partial C^F}{\partial s}=\frac{(a\phi)^{\frac{\phi}{1-\phi}}}{1-\phi}v^{\frac{1+k(b+sb)}{1-\phi}}\left[\frac{L(1+\alpha)}{1-\mu s}\right]^{\frac{1}{1-\phi}}[\phi\mu+kb\ln v(1-\mu s)]<0\Leftrightarrow s<\frac{\phi}{kb\ln v}+\frac{1}{\mu}$$

此外,还可以得到

$$\frac{\partial \pi^H}{\partial s}=\frac{2}{\phi}[a\phi L(1+\alpha)]^{\frac{1}{1-\phi}}v^{\frac{1+k(b+sb)}{1-\phi}}(1-\mu s)^{\frac{1}{\phi-1}}[\phi\mu+kb\ln v(1-\mu s)]-2\mu$$

所以,当 $s<\frac{\phi}{kb\ln v}+\frac{1}{\mu}$ 时,有 $\frac{\partial \pi^H}{\partial s}<0$。同时可以注意到,当

$$a>\frac{1}{L\phi(1+\alpha)}\left\{(\phi\mu)\Big/\left[v^{\frac{1+2kb}{1-\phi}}(1-\mu)^{\frac{1}{\phi-1}}[\phi\mu+kb\ln v(1-\mu)]\right]\right\}^{1-\phi}$$

时,我们可得

$$\left.\frac{\partial \pi^H}{\partial s}\right|_{s=1}=\frac{2}{\phi}[a\phi L(1+\alpha)]^{\frac{1}{1-\phi}}v^{\frac{1+2kb}{1-\phi}}(1-\mu)^{\frac{1}{\phi-1}}[\phi\mu+kb\ln v(1-\mu)]-2\mu>0$$

根据零点存在定理,这意味着 $\frac{\partial \pi^H}{\partial s}=0$ 一定存在解,我们将这个解记为 $s^*>$

$\frac{\phi}{kb\ln v}+\frac{1}{\mu}$。此外,我们可以发现当 $s>\frac{\phi}{kb\ln v}+\frac{1}{\mu}$ 时有

$$\frac{\partial^2 \pi^H}{\partial s^2}=\frac{2[(1+\alpha)a\phi L]^{\frac{1}{1-\phi}}}{\phi}\{v^{\frac{1+k(b+sb)}{1-\phi}}\frac{(1-\mu s)^{\frac{2-\phi}{\phi-1}}}{1-\phi}[\mu+kb\ln v(1-\mu s)] \cdot$$

$$[\phi\mu+kb\ln v(1-\mu s)]-kb\ln v\mu v^{\frac{1+k(b+sb)}{1-\phi}}(1-\mu s)^{\frac{\phi}{\phi-1}}\}$$

$$>0$$

也就是说,当 $s\in\left(\frac{\phi}{kb\ln v}+\frac{1}{\mu},1\right)$ 时,$\frac{\partial \pi^H}{\partial s}$ 随着 s 的增加而增加。因此,$s^*>\frac{\phi}{kb\ln v}+\frac{1}{\mu}$ 是 $\frac{\partial \pi^H}{\partial s}=0$ 的唯一解,这意味着如果 $s<s^*$,则 $\frac{\partial \pi^H}{\partial s}<0$,否则 $\frac{\partial \pi^H}{\partial s}>0$。

当 $a<\frac{1}{L\phi(1+\alpha)}\{(\phi\mu)/[v^{\frac{1+2kb}{1-\phi}}(1-\mu)^{\frac{1}{\phi-1}}[\phi\mu+kb\ln v(1-\mu)]]\}^{1-\phi}$ 时,$\frac{\partial \pi^H}{\partial s}<0$ 总是成立。

在情形 B 中,我们可以发现

$$\frac{\partial z}{\partial s}=\frac{\left[\frac{-\phi\mu}{1-\mu s}-\frac{\alpha(1-\phi)}{1+\alpha s}\right](s+1)-\ln\{(1-\mu s)^\phi[\phi a(1+\alpha)]^{-\phi}L^{-1}[-k\ln v(1+\alpha s)]^{\phi-1}v^{-1}\}}{k\ln v(s+1)^2}$$

$$=\frac{f_1}{k\ln v(s+1)^2}$$

和 f_1 有着相反的符号。因为当 $\alpha=0$ 时,$\frac{\partial f_1}{\partial s}=\frac{-\phi\mu^2}{(1-\mu s)^2}<0$,并且此时

$f_1=\frac{-\phi\mu(s+1)}{1-\mu s}-\ln[(1-\mu s)^\phi(\phi a)^{-\phi}L^{-1}(-k\ln v)^{\phi-1}v^{-1}]$ 是随着 s 的增加而增加的,所以可令 s^{**} 是 $f_1=0$ 唯一的根,因此可得当 $s<s^{**}$ 时,有 $\frac{\partial z}{\partial s}<0$,当 $s>s^{**}$ 时,有 $\frac{\partial z}{\partial s}>0$。

由

$$\frac{\partial C^F}{\partial s}=\frac{(1+\alpha)\alpha}{k\ln v(1+\alpha s)^2}+$$

$$\frac{\left[\frac{-\phi\mu}{1-\mu s}-\frac{\alpha(1-\phi)}{1+\alpha s}\right](s+1)-\ln[(1-\mu s)^\phi[\phi a(1+\alpha)]^{-\phi}L^{-1}[-k\ln v(1+\alpha s)]^{\phi-1}v^{-1}]}{k\ln v(s+1)^2}$$

我们可得当 $\alpha=0$ 时,我们有

$$\frac{\partial C^F}{\partial s}=\frac{\dfrac{-\phi\mu(s+1)}{1-\mu s}-\ln[(1-\mu s)^{\phi}(\phi a)^{-\phi}L^{-1}(-k\ln v)^{\phi-1}v^{-1}]}{k\ln v(s+1)^2}$$

$$=\frac{f_1}{k\ln v(s+1)^2}<0 \Leftrightarrow s<s^{**}$$

最后,我们可以计算得

$$\frac{\partial h}{\partial s}=\frac{\phi a(1+\alpha)(\alpha-\mu-2\alpha\mu s)}{k\ln v[(1+\alpha s)(1-\mu s)]^2}<0 \Leftrightarrow s<\frac{\alpha-\mu}{2\alpha\mu}$$

以及

$$\frac{\partial \pi^H}{\partial s}=\frac{2a\alpha(1+\alpha)(1-\phi)}{k\ln v(1+\alpha s)^2}-2\mu<0$$

结论 6.3 的证明

在情形 A 中,我们通过求偏导可得:

$$\frac{\partial z}{\partial \alpha}=0, \quad \frac{\partial h}{\partial \alpha}=\left[\frac{1-\mu s}{a\phi L v^{1+k(b+sb)}}\right]^{\frac{1}{\phi-1}}\frac{1}{1-\phi}(1+\alpha)^{\frac{\phi}{1-\phi}}>0$$

$$\frac{\partial C^F}{\partial \alpha}=\left[\frac{1-\mu s}{a\phi L v^{1+k(b+sb)}}\right]^{\frac{\phi}{\phi-1}}v^{1+k(b+sb)}\frac{L}{1-\phi}(1+\alpha)^{\frac{\phi}{1-\phi}}>0$$

$$\frac{\partial \pi^H}{\partial \alpha}=\frac{2(1-\mu s)}{\phi}\left[\frac{1-\mu s}{a\phi L v^{1+k(b+sb)}}\right]^{\frac{1}{\phi-1}}(1+\alpha)^{\frac{\phi}{1-\phi}}>0$$

在情形 B 中,我们通过求偏导可得:

$$\frac{\partial z}{\partial \alpha}=-\left[\frac{\phi}{1+\alpha}+\frac{s(1-\phi)}{1+\alpha s}\right]\frac{1}{k\ln v(s+1)}>0, \quad \frac{\partial h}{\partial \alpha}=\frac{\phi a(s-1)}{k\ln v(1+\alpha s)^2(1-\mu s)}>0$$

$$\frac{\partial C^F}{\partial \alpha}=\frac{(s-1)}{k\ln v(1+\alpha s)^2}-\left[\frac{\phi}{1+\alpha}+\frac{s(1-\phi)}{1+\alpha s}\right]\frac{1}{k\ln v(s+1)}>0$$

$$\frac{\partial \pi^H}{\partial \alpha}=\frac{2a(\phi-1)(1-s)}{k\ln v(1+\alpha s)^2}>0$$

结论 6.4 的证明

在情形 A 中,我们计算易得:

$$\frac{\partial z}{\partial v}=0, \quad \frac{\partial h}{\partial v}=\left[\frac{1-\mu s}{a\phi L(1+\alpha)}\right]^{\frac{1}{\phi-1}}\frac{k(1+b+sb)}{1-\phi}v^{\frac{k(1+b+sb)}{1-\phi}-1}>0$$

$$\frac{\partial C^F}{\partial v}=\left[\frac{1-\mu s}{a\phi L(1+\alpha)}\right]^{\frac{\phi}{\phi-1}}\frac{kL(1+b+sb)}{1-\phi}v^{\frac{k(1+b+sb)}{1-\phi}-1}>0$$

$$\frac{\partial \pi^H}{\partial v} = 2(1-\mu s)\left[\frac{1-\mu s}{a\phi L(1+\alpha)}\right]^{\frac{1}{\phi-1}} \frac{k(1+b+sb)}{\phi} v^{\frac{k(1+b+sb)}{1-\phi}-1} > 0$$

在情形 B 中,计算可发现

$$\frac{\partial z}{\partial v} = \frac{\phi-1-\ln v - \ln\{(1-\mu s)^{\phi}[\phi a(1+\alpha)]^{-\phi} L^{-1}[-k\ln v(1+\alpha s)]^{\phi-1} v^{-1}\}}{kv(\ln v)^2(s+1)}$$

$$= \frac{f_2}{kv(\ln v)^2(s+1)}$$

和 f_2 有着相同的符号。因为 $\frac{\partial f_2}{\partial v} = \frac{1-\phi}{v\ln v} < 0$,我们可以得到 $f_2 = 0$ 的唯一根,记为

$$v^* = e^{-\frac{e}{(1-\mu s)^{\frac{\phi}{\phi-1}}[\phi a(1+\alpha)]^{-\frac{\phi}{\phi-1}} L^{\frac{1}{1-\phi}} k(1+\alpha s)}} < 1, 这意味着 \frac{\partial z}{\partial v} > 0 \Leftrightarrow v < v^*。$$

计算可得

$$\frac{\partial C^F}{\partial v} =$$

$$\frac{(1+\alpha)(1+s)+(1+\alpha s)\{\phi-1-\ln v-\ln\{(1-\mu s)^{\phi}[\phi a(1+\alpha)]^{-\phi} L^{-1}[-k\ln v(1+\alpha s)]^{\phi-1} v^{-1}}{kv(\ln v)^2(1+\alpha s)(s+1)}$$

$$= \frac{f_3}{kv(\ln v)^2(1+\alpha s)(s+1)}$$

类似地,因为 $\frac{\partial f_3}{\partial v} = \frac{(1+\alpha s)(1-\phi)}{v\ln v} < 0$,可得 $v^{**} = e^{-\frac{e^{1+\frac{(1+\alpha)(1+s)}{(1+\alpha s)(\phi-1)}}}{(1-\mu s)^{\frac{\phi}{\phi-1}}[\phi a(1+\alpha)]^{-\frac{\phi}{\phi-1}} L^{\frac{1}{1-\phi}} k(1+\alpha s)}} < 1$

是 $f_3 = 0$ 的唯一根,因此,我们有 $\frac{\partial C^F}{\partial v} > 0 \Leftrightarrow v < v^{**}$。应当注意,以上所考虑 v 的可用范围满足正的安全投资,即

$$z = \frac{\ln\{(1-\mu s)^{\phi}[\phi a(1+\alpha)]^{-\phi} L^{-1}[-k\ln v(1+\alpha s)]^{\phi-1} v^{-1}\}}{k\ln v(s+1)} > 0$$

同时易观察到 $v^* < v^{**}$ 和

$$z(v=v^{**}) = \frac{\ln\{(1-\mu s)^{\phi}[\phi a(1+\alpha)]^{-\phi} L^{-1}[-k\ln v^{**}(1+\alpha s)]^{\phi-1}(v^{**})^{-1}\}}{k\ln v^{**}(s+1)} < 0$$

这意味着可用的 v 满足 $v < v^{**}$ 并且总是保持 $\frac{\partial C^F}{\partial v} > 0$。

此外,我们计算易得

$$\frac{\partial h}{\partial v} = \frac{\phi a(1+\alpha)}{kv(\ln v)^2(1+\alpha s)(1-\mu s)} > 0, \quad \frac{\partial \pi^H}{\partial v} = \frac{2a(1+\alpha)(1-\phi)}{kv(\ln v)^2(1+\alpha s)} > 0$$

引理 6.2 的证明

补偿机制下企业 i 的期望成本函数变成了

$$C_i^F = (1+h_i)^\phi v^{1+k(z_i+sz_j)} L + (1+h_j)^\phi v^{1+k(z_j+sz_i)} \alpha L + m[(1+h_i)^\phi v^{1+k(z_i+sz_j)} - (1+h_j)^\phi v^{1+k(z_j+sz_i)}] + z_i$$

相关的一阶条件为

$$\frac{\partial C_i^F}{\partial z_i} = (1+h_i)^\phi v^{1+k(z_i+sz_j)} (L+m) k \ln v + (1+h_j)^\phi v^{1+k(z_j+sz_i)} (\alpha L - m) ks \ln v + 1$$

结合黑客期望收益的一阶条件

$$\frac{\partial \pi^H}{\partial h_i} = (1+h_i)^{\phi-1} v^{1+k(z_i+sz_j)} \phi a (1+\alpha) L - (1-\mu s)$$

可计算得均衡结果:

$$z^* = \frac{\ln\{(1-\mu s)^\phi [\phi a L(1+\alpha)]^{-\phi} [-k \ln v (L+m+L\alpha s - ms)]^{\phi-1} v^{-1}\}}{k \ln v (s+1)}$$

$$h^* = \frac{\phi a L(1+\alpha)}{-k \ln v (1-\mu s)(L+m+L\alpha s - ms)} - 1$$

$$C^{F*} = \frac{L(1+\alpha)}{-k \ln v (L+m+L\alpha s - ms)} + \frac{\ln\{(1-\mu s)^\phi [\phi a L(1+\alpha)]^{-\phi} [-k \ln v (L+m+L\alpha s - ms)]^{\phi-1} v^{-1}\}}{k \ln v (1+s)}$$

$$\pi^{H*} = \frac{2aL(1+\alpha)(\phi-1)}{k \ln v (L+m+L\alpha s - ms)} + 2(1-\mu s)$$

结论 6.5 的证明

通过引理 6.1 和引理 6.2,我们很容易计算得到

$$z^* - z = \frac{\ln\{(L+m+L\alpha s - ms)^{\phi-1} [L(1+\alpha s)]^{1-\phi}\}}{k \ln v (s+1)}$$

$$= \frac{(1-\phi)}{k \ln v (s+1)} \ln\left[\frac{L(1+\alpha s)}{L+m+L\alpha s - ms}\right] > 0$$

$$h^* - h = \frac{\phi a m (1-s)(1+\alpha)}{k \ln v (1-\mu s)(1+\alpha s)(L+m+L\alpha s - ms)} < 0$$

同时可得

$$C^{F*} - C^F = \frac{m(1-s)(1+\alpha)}{k \ln v (1+\alpha s)(L+m+L\alpha s - ms)} + \frac{(1-\phi)}{k \ln v (s+1)} \ln\left[\frac{L(1+\alpha s)}{L+m+L\alpha s - ms}\right]$$

从而有

$$\frac{\partial(C^{F*}-C^F)}{\partial m}=\frac{(1-s)[L(1+\alpha)(1+s)+(\phi-1)(L+m+L\alpha s-ms)]}{k\ln v(1+s)(L+m+L\alpha s-ms)^2}<0$$

$$\Leftrightarrow m<m^*=\frac{L[(1+s)(1+\alpha)-(1+\alpha s)(1-\phi)]}{(1-\phi)(1-s)}$$

从上式中可发现:当 $m=0$ 时,有 $C^{F*}-C^F=0$;当 $m=m^*$ 时,有 $C^{F*}-C^F<0$;当 m 足够高时,有 $C^{F*}-C^F>0$。这表明当 $0<m<m_0$ 时,有 $C^{F*}-C^F<0$;当 $m>m_0$ 时,有 $C^{F*}-C^F>0$。其中 m_0 是 $C^{F*}-C^F=0$ 的唯一正根。

同时,我们可以从 $\frac{\partial C^{F*}}{\partial m}=\frac{\partial(C^{F*}-C^F)}{\partial m}$ 中发现,当 $m<m^*$ 时,C^{F*} 随着 m 的增加而减少,当 $m>m^*$ 时,C^{F*} 随着 m 的增加而增加。

最后,计算易得 $\pi^{H*}-\pi^H=\frac{2am(1+\alpha)(1-\phi)(1-s)}{k\ln v(1+\alpha s)(L+m+L\alpha s-ms)}<0$。

结论 6.6 的证明

从结论 6.5 的证明中可知,最优补偿金额是 m^*。很容易计算得:

$$\frac{\partial m^*}{\partial L}=\frac{(1+s)(1+\alpha)-(1+\alpha s)(1-\phi)}{(1-\phi)(1-s)}>0, \quad \frac{\partial m^*}{\partial s}=\frac{L(1+\alpha)(1+\phi)}{(1-\phi)(1-s)^2}>0$$

$$\frac{\partial m^*}{\partial \alpha}=\frac{L[(1+s)-(1-\phi)s]}{(1-s)(1-\phi)}>0, \quad \frac{\partial m^*}{\partial \phi}=\frac{L(1+s)(1+\alpha)}{(1-s)(1-\phi)^2}>0$$

附录 B2　第 7 章相关结论证明

引理 7.1

微分方程

$$\dot{x}_1(t)=A_1x_1(t)+A_2x_2(t)+A, \quad x_1(0)=x_{10}$$
$$\dot{x}_2(t)=-A_1x_1(t)-A_2x_2(t)+A, \quad x_2(0)=x_{20}$$

解的形式为

$$x_1(t)=\frac{1}{(A_1-A_2)^2}[(A_1+A_2)A+(A_1-A_2)(A_1x_{10}+A_2x_{20})]e^{(A_1-A_2)t}-$$
$$\frac{2A_2A}{A_1-A_2}t-\frac{(A_1+A_2)A}{(A_1-A_2)^2}-\frac{A_2}{A_1-A_2}(x_{10}+x_{20})$$

$$x_2(t)=-\frac{1}{(A_1-A_2)^2}[(A_1+A_2)A+(A_1-A_2)(A_1x_{10}+A_2x_{20})]e^{(A_1-A_2)t}+$$

$$\frac{2A_1A}{A_1-A_2}t+\frac{(A_1+A_2)A}{(A_1-A_2)^2}+\frac{A_1}{A_1-A_2}(x_{10}+x_{20})。$$

证明：将微分方程相加得 $\dot{x}_1(t)+\dot{x}_2(t)=2A$，得

$$x_1(t)+x_2(t)=2At+x_{10}+x_{20}$$

将这个方程代入微分方程可得

$$\dot{x}_1(t)=(A_1-A_2)x_1(t)+2AA_2t+A_2(x_{10}+x_{20})+A$$
$$\dot{x}_2(t)=(A_1-A_2)x_2(t)-2AA_1t-A_1(x_{10}+x_{20})+A$$

因此，解以上两个微分方程即得引理 7.1。

结论 7.1 的证明

为了简化表达式，在可能的情况下去掉了时间的表示 t。公司 i 的价值函数形式为：

$$rV_i(x_1,x_2)=\max_{p_i,z_i,s_i}\Big\{p_i(x_i-l_idp_ix_i)-0.5\alpha z_i^2-0.5\beta s_i^2+$$

$$\frac{\partial V_i}{\partial x_i}(a_iz_i\sqrt{x_{3-i}}-a_{3-i}z_{3-i}\sqrt{x_i}+c_is_i+c_{3-i}s_{3-i}-b_ip_ix_i+b_{3-i}p_{3-i}x_{3-i})+$$

$$\frac{\partial V_i}{\partial x_{3-i}}(a_{3-i}z_{3-i}\sqrt{x_i}-a_iz_i\sqrt{x_{3-i}}+c_is_i+c_{3-i}s_{3-i}-b_{3-i}p_{3-i}x_{3-i}+b_ip_ix_i)\Big\}$$

(B7.1)

p_i,z_i 和 s_i 的一阶导数条件是

$$p_i^*=\frac{1}{2l_id}\Big[1-b_i\Big(\frac{\partial V_i}{\partial x_i}-\frac{\partial V_i}{\partial x_{3-i}}\Big)\Big],\ z_i^*=\frac{a_i}{\alpha}\Big(\frac{\partial V_i}{\partial x_i}-\frac{\partial V_i}{\partial x_{3-i}}\Big)\sqrt{x_{3-i}},\ s_i^*=\frac{c_i}{\beta}\Big(\frac{\partial V_i}{\partial x_i}+\frac{\partial V_i}{\partial x_{3-i}}\Big)$$

(B7.2)

将式(B7.2)代入式(B7.1)得

$$rV_i(x_1,x_2)=\frac{1}{4l_id}\Big[1-b_i^2\Big(\frac{\partial V_i}{\partial x_i}-\frac{\partial V_i}{\partial x_{3-i}}\Big)^2\Big]x_i-\frac{a_i^2}{2\alpha}\Big(\frac{\partial V_i}{\partial x_i}-\frac{\partial V_i}{\partial x_{3-i}}\Big)^2x_{3-i}-$$

$$\frac{c_i^2}{2\beta}\Big(\frac{\partial V_i}{\partial x_i}+\frac{\partial V_i}{\partial x_{3-i}}\Big)^2+\Big(\frac{\partial V_i}{\partial x_i}-\frac{\partial V_i}{\partial x_{3-i}}\Big)\Big\{\frac{a_i^2}{\alpha}\Big(\frac{\partial V_i}{\partial x_i}-\frac{\partial V_i}{\partial x_{3-i}}\Big)x_{3-i}-$$

$$\frac{a_{3-i}^2}{\alpha}\Big(\frac{\partial V_{3-i}}{\partial x_{3-i}}-\frac{\partial V_{3-i}}{\partial x_i}\Big)x_i+\frac{c_i^2}{\beta}\Big(\frac{\partial V_i}{\partial x_i}+\frac{\partial V_i}{\partial x_{3-i}}\Big)+\frac{c_{3-i}^2}{\beta}\Big(\frac{\partial V_{3-i}}{\partial x_{3-i}}+\frac{\partial V_{3-i}}{\partial x_i}\Big)-$$

$$\frac{b_i}{2l_id}\Big[1-b_i\Big(\frac{\partial V_i}{\partial x_i}-\frac{\partial V_i}{\partial x_{3-i}}\Big)\Big]x_i+\frac{b_{3-i}}{2l_{3-i}d}\Big[1-b_{3-i}\Big(\frac{\partial V_{3-i}}{\partial x_{3-i}}-\frac{\partial V_{3-i}}{\partial x_i}\Big)\Big]x_{3-i}\Big\}+$$

$$\left(\frac{\partial V_i}{\partial x_i}+\frac{\partial V_i}{\partial x_{3-i}}\right)\left[\frac{c_i^2}{\beta}\left(\frac{\partial V_i}{\partial x_i}+\frac{\partial V_i}{\partial x_{3-i}}\right)+\frac{c_{3-i}^2}{\beta}\left(\frac{\partial V_{3-i}}{\partial x_{3-i}}+\frac{\partial V_{3-i}}{\partial x_i}\right)\right] \tag{B7.3}$$

线性价值函数 $V_i=\alpha_i+\beta_i x_i+\gamma_i x_{3-i}$ 满足式(B7.3),这表明

$$p_i^*=\frac{1}{2l_i d}[1-b_i(\beta_i-\gamma_i)], \quad z_i^*=\frac{a_i}{\alpha}(\beta_i-\gamma_i)\sqrt{x_{3-i}}, \quad s_i^*=\frac{c_i}{\beta}(\beta_i+\gamma_i)$$
$$\tag{B7.4}$$

进一步地,

$$r(\alpha_i+\beta_i x_i+\gamma_i x_{3-i})=\frac{1}{4l_i d}[1-b_i^2(\beta_i-\gamma_i)^2]x_i-(\beta_i-\gamma_i)^2\frac{a_i^2 x_{3-i}}{2\alpha}-$$
$$(\beta_i+\gamma_i)^2\frac{c_i^2}{2\beta}+(\beta_i-\gamma_i)\left\{(\beta_i-\gamma_i)\frac{a_i^2 x_{3-i}}{\alpha}-(\beta_{3-i}-\gamma_{3-i})\frac{a_{3-i}^2 x_i}{\alpha}-\right.$$
$$\left.\frac{b_i}{2l_i d}[1-b_i(\beta_i-\gamma_i)]x_i+\frac{b_{3-i}}{2l_{3-i}d}[1-b_{3-i}(\beta_{3-i}-\gamma_{3-i})]x_{3-i}\right\}+$$
$$(\beta_i+\gamma_i)\left[\frac{c_i^2}{\beta}(\beta_i+\gamma_i)+\frac{c_{3-i}^2}{\beta}(\beta_{3-i}+\gamma_{3-i})\right] \tag{B7.5}$$

比较 x_i, x_{3-i} 的系数和式(B7.5)中的常数得

$$r\alpha_i=\frac{c_i^2}{2\beta}(\beta_i+\gamma_i)^2+\frac{c_{3-i}^2}{\beta}(\beta_i+\gamma_i)(\beta_{3-i}+\gamma_{3-i}) \tag{B7.6}$$

$$r\beta_i=-\frac{a_{3-i}^2}{\alpha}(\beta_i-\gamma_i)(\beta_{3-i}-\gamma_{3-i})+\frac{1}{4l_i d}[1-b_i(\beta_i-\gamma_i)]^2$$

$$r\gamma_i=\frac{a_i^2}{2\alpha}(\beta_i-\gamma_i)^2+\frac{b_{3-i}}{2l_{3-i}d}(\beta_i-\gamma_i)[1-b_{3-i}(\beta_{3-i}-\gamma_{3-i})] \tag{B7.7}$$

为了证明 p_i^*, z_i^* 和 s_i^* 是反馈均衡解,需要证明它们在式(B7.2)中的表达式是正的。我们可以整理式(B7.7)为

$$r\beta_1=-\frac{a_2^2}{\alpha}(\beta_1-\gamma_1)(\beta_2-\gamma_2)+\frac{1}{4l_1 d}[1-b_1(\beta_1-\gamma_1)]^2$$

$$r\gamma_1=\frac{a_1^2}{2\alpha}(\beta_1-\gamma_1)^2+\frac{b_2}{2l_2 d}(\beta_1-\gamma_1)[1-b_2(\beta_2-\gamma_2)] \tag{B7.8}$$

$$r\beta_2=-\frac{a_1^2}{\alpha}(\beta_2-\gamma_2)(\beta_1-\gamma_1)+\frac{1}{4l_2 d}[1-b_2(\beta_2-\gamma_2)]^2$$

$$r\gamma_2=\frac{a_2^2}{2\alpha}(\beta_2-\gamma_2)^2+\frac{b_1}{2l_1 d}(\beta_2-\gamma_2)[1-b_1(\beta_1-\gamma_1)] \tag{B7.9}$$

令 $\beta_1-\gamma_1=y, \beta_2-\gamma_2=z$ 并且比较式(B7.8)和式(B7.9),可以得到

$$ry = \frac{1}{4l_1d}(1-b_1y)^2 - \frac{a_2^2}{\alpha}yz - \frac{b_2}{2l_2d}y(1-b_2z) - \frac{a_1^2}{2\alpha}y^2 \quad \text{(B7.10)}$$

$$rz = \frac{1}{4l_2d}(1-b_2z)^2 - \frac{a_1^2}{\alpha}zy - \frac{b_1}{2l_1d}z(1-b_1y) - \frac{a_2^2}{2\alpha}z^2 \quad \text{(B7.11)}$$

在式(B7.10)中解 z 得

$$z = \left(\frac{b_2^2}{2l_2d} - \frac{a_2^2}{\alpha}\right)^{-1} y^{-1} \left[-\frac{1}{4l_1d} + \left(r + \frac{b_1}{2l_1d} + \frac{b_2}{2l_2d}\right)y + \left(\frac{a_1^2}{2\alpha} - \frac{b_1^2}{4l_1d}\right)y^2\right]$$

(B7.12)

将式(B7.12)代入式(B7.11)并且化简可得

$$G(y) = \frac{3}{8}\left(\frac{a_1^2}{\alpha} - \frac{b_1^2}{2l_1d}\right)^2 y^4 + \left(\frac{a_1^2}{\alpha} - \frac{b_1^2}{2l_1d}\right)\left(r + \frac{b_1}{2l_1d} + \frac{b_2}{2l_2d}\right)y^3 +$$

$$\left[\frac{1}{4l_2d}\left(\frac{a_2^2}{\alpha} - \frac{b_2^2}{2l_2d}\right) - \frac{1}{8l_1d}\left(\frac{a_1^2}{\alpha} - \frac{b_1^2}{2l_1d}\right) + \frac{1}{2}\left(r + \frac{b_1}{2l_1d} + \frac{b_2}{2l_2d}\right)^2\right]y^2 - \frac{1}{32l_1^2d^2}$$

$$= 0 \quad \text{(B7.13)}$$

遵循 Prasad 和 Sethi 给出的类似步骤,可以证明,假设条件 $\frac{a_1^2}{\alpha} - \frac{b_1^2}{2l_1d} > 0$ 成立,$G(y)$ 有一个唯一的正解 y。以类似的方式,假设条件 $\frac{a_2^2}{\alpha} - \frac{b_2^2}{2l_2d} > 0$ 成立,我们可以找到一个唯一的解 z 满足式(B7.10)和式(B7.11)。

可以证明

$$G\left(\frac{1}{b_1}\right) > \left(\frac{a_1^2}{\alpha} - \frac{b_1^2}{2l_1d}\right)\left(\frac{b_1}{2l_1d}\right)\left(\frac{1}{b_1}\right)^3 + \left[-\frac{1}{8l_1d}\left(\frac{a_1^2}{\alpha} - \frac{b_1^2}{2l_1d}\right) + \frac{b_1^2}{8l_1^2d^2}\right]\left(\frac{1}{b_1}\right)^2 - \frac{1}{32l_1^2d^2}$$

$$= \frac{1}{2l_1db_1^2}\left(\frac{a_1^2}{\alpha} - \frac{b_1^2}{2l_1d}\right) - \frac{1}{8l_1db_1^2}\left(\frac{a_1^2}{\alpha} - \frac{b_1^2}{2l_1d}\right) + \frac{1}{8l_1^2d^2} - \frac{1}{32l_1^2d^2} > 0 \quad \text{(B7.14)}$$

因为 $G(0) = -\frac{1}{32l_1^2d^2} < 0$,所以 $G(y)$ 的唯一正解为 0 和 $\frac{1}{b_1}$,表明 $p_1^* = \frac{1}{2l_1d}(1-b_1y) > 0$。类似地,$p_2^* = \frac{1}{2l_2d}(1-b_2z) > 0$。由式(B7.8)和式(B7.9)可知 $\gamma_1 > 0$ 和 $\gamma_2 > 0$,意味着 $s_1^* = \frac{c_1}{\beta}(y + 2\gamma_1) > 0$ 和 $s_2^* = \frac{c_2}{\beta}(y + 2\gamma_2) > 0$。

状态方程可以表述为

$$\dot{x}_i = -\left\{\frac{a_{3-i}^2}{\alpha}(\beta_{3-i} - \gamma_{3-i}) + \frac{b_i}{2l_id}[1 - b_i(\beta_i - \gamma_i)]\right\}x_i +$$

$$\left\{\frac{a_i^2}{\alpha}(\beta_i-\gamma_i)+\frac{b_{3-i}}{2l_{3-i}d}[1-b_{3-i}(\beta_{3-i}-\gamma_{3-i})]\right\}x_{3-i}+$$

$$\frac{c_1^2}{\beta}(\beta_1+\gamma_1)+\frac{c_2^2}{\beta}(\beta_2+\gamma_2)=-O_ix_i+O_{3-i}x_{3-i}+O \tag{B7.15}$$

这表明

$$x_i(t)=\frac{1}{(O_1+O_2)^2}[-(O_i-O_{3-i})O+(O_1+O_2)(O_ix_{10}-O_{3-i}x_{20})]e^{-(O_1+O_2)t}+$$

$$\frac{2O_{3-i}O}{O_1+O_2}t+\frac{(O_i-O_{3-i})O}{(O_1+O_2)^2}+\frac{O_{3-i}}{O_1+O_2}(x_{10}+x_{20})$$

$$=F_ie^{-(O_1+O_2)t}+G_it+H_i \tag{B7.16}$$

公司 i 的长期利润是

$$\Pi_i=\int_0^{+\infty}e^{-rt}\left\{\frac{1}{4l_id}[1-b_i^2(\beta_i-\gamma_i)^2]x_i-\frac{a_i^2}{2\alpha}(\beta_i-\gamma_i)^2x_{3-i}-\frac{c_i^2}{2\beta}(\beta_i+\gamma_i)^2\right\}dt$$

$$=\int_0^{+\infty}e^{-rt}\left\{\frac{1}{4l_id}[1-b_i^2(\beta_i-\gamma_i)^2](F_ie^{-(O_1+O_2)t}+G_it+H_i)-\right.$$

$$\left.\frac{a_i^2}{2\alpha}(\beta_i-\gamma_i)^2(F_{3-i}e^{-(O_1+O_2)t}+G_{3-i}t+H_{3-i})-\frac{c_i^2}{2\beta}(\beta_i+\gamma_i)^2\right\}dt$$

$$=\frac{1}{4l_id}[1-b_i^2(\beta_i-\gamma_i)^2]\left(\frac{F_i}{O_1+O_2+r}+\frac{G_i}{r^2}+\frac{H_i}{r}\right)-$$

$$\frac{a_i^2}{2\alpha}(\beta_i-\gamma_i)^2\left(\frac{F_{3-i}}{O_1+O_2+r}+\frac{G_{3-i}}{r^2}+\frac{H_{3-i}}{r}\right)-\frac{c_i^2}{2\beta r}(\beta_i+\gamma_i)^2 \tag{B7.17}$$

其中 $\int_0^{+\infty}te^{-rt}dt=\frac{1}{r^2}$。

结论7.2 的证明

根据式(B7.16),不存在长期均衡市场份额率。可以使用以下相对长期均衡市场份额率:

$$(\hat{x}_1,\hat{x}_2)=\left(\lim_{t\to+\infty}\frac{x_1(t)}{x_1(t)+x_2(t)},\lim_{t\to+\infty}\frac{x_2(t)}{x_1(t)+x_2(t)}\right) \tag{B7.18}$$

将式(B7.16)代入式(B7.18)得

$$\hat{x}_1=\frac{(a_1^2/\alpha)(\beta_1-\gamma_1)+[b_2/(2l_2d)][1-b_2(\beta_2-\gamma_2)]}{(a_1^2/\alpha)(\beta_1-\gamma_1)+(a_2^2/\alpha)(\beta_2-\gamma_2)+[b_1/(2l_1d)][1-b_1(\beta_1-\gamma_1)]+[b_2/(2l_2d)][1-b_2(\beta_2-\gamma_2)]}$$

$$\hat{x}_2 = \frac{(a_2^2/\alpha)(\beta_2-\gamma_2)+[b_1/(2l_1d)][1-b_1(\beta_1-\gamma_1)]}{(a_1^2/\alpha)(\beta_1-\gamma_1)+(a_2^2/\alpha)(\beta_2-\gamma_2)+[b_1/(2l_1d)][1-b_1(\beta_1-\gamma_1)]+[b_2/(2l_2d)][1-b_2(\beta_2-\gamma_2)]}$$

(B7.19)

推论 7.1 的证明

由式(B7.10)可得

$$ry = \frac{1}{4ld}(1-by)^2 - \frac{a^2}{\alpha}y^2 - \frac{b}{2ld}y(1-by) - \frac{a^2}{2\alpha}y^2 \quad (B7.20)$$

表明

$$y = \beta_C - \gamma_C = \frac{-2\alpha(b+ldr)+\sqrt{4\alpha^2(b+ldr)^2+3\alpha(2a^2ld-\alpha b^2)}}{3(2a^2ld-\alpha b^2)} \quad (B7.21)$$

无论 $2a^2ld-\alpha b^2>0$ 还是 $2a^2ld-\alpha b^2<0$,都可以很容易地发现 $y>0$ 总是成立。

由式(B7.21)可得,

$$p_C = \frac{1}{2ld}[1-b(\beta_C-\gamma_C)]$$

$$= \frac{1}{2ld}\left[1 - \frac{-2\alpha b(b+ldr)+b\sqrt{4\alpha^2(b+ldr)^2+3\alpha(2a^2ld-\alpha b^2)}}{3(2a^2ld-\alpha b^2)}\right]$$

(B7.22)

将式(B7.8)相加得,

$$\beta_C + \gamma_C = \frac{1}{4rld} - \left(\frac{b^2}{4rld}+\frac{a^2}{2r\alpha}\right)(\beta_C-\gamma_C)^2$$

$$= \frac{1}{4rld} - \left(\frac{b^2}{4rld}+\frac{a^2}{2r\alpha}\right)\frac{[-2\alpha(b+ldr)+\sqrt{4\alpha^2(b+ldr)^2+3\alpha(2a^2ld-\alpha b^2)}]^2}{9(2a^2ld-\alpha b^2)^2}$$

(B7.23)

每家公司的长期利润代入即可得到。

表 7.5 中部分结果的证明

由式(B7.10)和式(B7.11)得

$$F_1(y,z) = \left(\frac{a_1^2}{2\alpha}-\frac{b_1^2}{4l_1d}\right)y^2 + \left(\frac{a_2^2}{\alpha}-\frac{b_2^2}{2l_2d}\right)yz + \left(r+\frac{b_1}{2l_1d}+\frac{b_2}{2l_2d}\right)y - \frac{1}{4l_1d} = 0$$

(B7.24)

$$F_2(y,z)=\left(\frac{a_2^2}{2\alpha}-\frac{b_2^2}{4l_2d}\right)z^2+\left(\frac{a_1^2}{\alpha}-\frac{b_1^2}{2l_1d}\right)yz+\left(r+\frac{b_1}{2l_1d}+\frac{b_2}{2l_2d}\right)z-\frac{1}{4l_2d}=0$$

(B7.25)

将 $y=\dfrac{\alpha}{a_1\sqrt{x_2}}z_1^*\in\left(0,\dfrac{1}{b_1}\right)$ 和 $z=\dfrac{\alpha}{a_2\sqrt{x_1}}z_2^*\in\left(0,\dfrac{1}{b_2}\right)$ 代入式(B7.24)和式(B7.25)可得

$$G_1(z_1^*,z_2^*)=\left(\frac{a_1^2}{2\alpha}-\frac{b_1^2}{4l_1d}\right)\frac{\alpha^2}{a_1^2x_2}(z_1^*)^2+\left(\frac{a_2^2}{\alpha}-\frac{b_2^2}{2l_2d}\right)\frac{\alpha^2}{a_1a_2\sqrt{x_1x_2}}z_1^*z_2^*+$$
$$\left(r+\frac{b_1}{2l_1d}+\frac{b_2}{2l_2d}\right)\frac{\alpha}{a_1\sqrt{x_2}}z_1^*-\frac{1}{4l_1d}$$

(B7.26)

$$G_2(z_1^*,z_2^*)=\left(\frac{a_2^2}{2\alpha}-\frac{b_2^2}{4l_2d}\right)\frac{\alpha^2}{a_2^2x_1}(z_2^*)^2+\left(\frac{a_1^2}{\alpha}-\frac{b_1^2}{2l_1d}\right)\frac{\alpha^2}{a_1a_2\sqrt{x_1x_2}}z_1^*z_2^*+$$
$$\left(r+\frac{b_1}{2l_1d}+\frac{b_2}{2l_2d}\right)\frac{\alpha}{a_2\sqrt{x_1}}z_2^*-\frac{1}{4l_2d}$$

(B7.27)

对于任意参数 φ，由隐函数定理可得

$$\begin{pmatrix}\dfrac{\partial z_1^*}{\partial\varphi}\\[6pt]\dfrac{\partial z_2^*}{\partial\varphi}\end{pmatrix}=-\begin{pmatrix}\dfrac{\partial G_1}{\partial z_1^*}&\dfrac{\partial G_1}{\partial z_2^*}\\[6pt]\dfrac{\partial G_2}{\partial z_1^*}&\dfrac{\partial G_2}{\partial z_2^*}\end{pmatrix}^{-1}\begin{pmatrix}\dfrac{\partial G_1}{\partial\varphi}\\[6pt]\dfrac{\partial G_2}{\partial\varphi}\end{pmatrix}=-\dfrac{1}{\Delta}\begin{pmatrix}\dfrac{\partial G_2}{\partial z_2^*}&-\dfrac{\partial G_1}{\partial z_2^*}\\[6pt]-\dfrac{\partial G_2}{\partial z_1^*}&\dfrac{\partial G_1}{\partial z_1^*}\end{pmatrix}\begin{pmatrix}\dfrac{\partial G_1}{\partial\varphi}\\[6pt]\dfrac{\partial G_2}{\partial\varphi}\end{pmatrix}$$

(B7.28)

其中

$$\frac{\partial G_1}{\partial z_1^*}=\left(\frac{a_1^2}{\alpha}-\frac{b_1^2}{2l_1d}\right)\frac{\alpha^2}{a_1^2x_2}z_1^*+\left(\frac{a_2^2}{\alpha}-\frac{b_2^2}{2l_2d}\right)\frac{\alpha^2}{a_1a_2\sqrt{x_1x_2}}z_2^*+\left(r+\frac{b_1}{2l_1d}+\frac{b_2}{2l_2d}\right)\frac{\alpha}{a_1\sqrt{x_2}}$$

$$\frac{\partial G_1}{\partial z_2^*}=\left(\frac{a_2^2}{\alpha}-\frac{b_2^2}{2l_2d}\right)\frac{\alpha^2}{a_1a_2\sqrt{x_1x_2}}z_1^*,\quad\frac{\partial G_2}{\partial z_1^*}=\left(\frac{a_1^2}{\alpha}-\frac{b_1^2}{2l_1d}\right)\frac{\alpha^2}{a_1a_2\sqrt{x_1x_2}}z_2^*$$

$$\frac{\partial G_2}{\partial z_2^*}=\left(\frac{a_2^2}{\alpha}-\frac{b_2^2}{2l_2d}\right)\frac{\alpha^2}{a_2^2x_1}z_2^*+\left(\frac{a_1^2}{\alpha}-\frac{b_1^2}{2l_1d}\right)\frac{\alpha^2}{a_1a_2\sqrt{x_1x_2}}z_1^*+\left(r+\frac{b_1}{2l_1d}+\frac{b_2}{2l_2d}\right)\frac{\alpha}{a_2\sqrt{x_1}}$$

并且 $\Delta=\det\begin{pmatrix}\dfrac{\partial G_1}{\partial z_1^*}&\dfrac{\partial G_1}{\partial z_2^*}\\[6pt]\dfrac{\partial G_2}{\partial z_1^*}&\dfrac{\partial G_2}{\partial z_2^*}\end{pmatrix}>0$。

我们在这里主要分析 z_1^* 和 z_2^* 相对于参数 a_1,a_2,b_1,b_2 和 l_1,l_2 的比较静态

结果。由于对称性,我们只需要讨论 z_1^* 和 z_2^* 相对于参数 a_1,b_1 和 l_1 的结果。

① 可得

$$\frac{\partial G_2}{\partial z_2^*}\frac{\partial G_1}{\partial a_1}-\frac{\partial G_1}{\partial z_2^*}\frac{\partial G_2}{\partial a_1}=\left[\left(\frac{a_2^2}{\alpha}-\frac{b_2^2}{2l_2d}\right)\frac{\alpha^2}{a_2^2x_1}z_2^*+\left(\frac{a_1^2}{\alpha}-\frac{b_1^2}{2l_1d}\right)\frac{\alpha^2}{a_1a_2\sqrt{x_1x_2}}z_1^*+\right.$$

$$\left.\left(r+\frac{b_1}{2l_1d}+\frac{b_2}{2l_2d}\right)\frac{\alpha}{a_2\sqrt{x_1}}\right]\left[\frac{b_1^2\alpha^2}{2l_1da_1^3x_2}(z_1^*)^2-\right.$$

$$\left(\frac{a_2^2}{\alpha}-\frac{b_2^2}{2l_2d}\right)\frac{\alpha^2}{a_1^2a_2\sqrt{x_1x_2}}z_1^*z_2^*-\left(r+\frac{b_1}{2l_1d}+\frac{b_2}{2l_2d}\right)\frac{\alpha}{a_1^2\sqrt{x_2}}z_1^*\right]-$$

$$\left(\frac{a_2^2}{\alpha}-\frac{b_2^2}{2l_2d}\right)\left(\frac{a_1^2}{\alpha}+\frac{b_1^2}{2l_1d}\right)\frac{\alpha^4}{a_1^3a_2^2x_1x_2}(z_1^*)^2z_2^*<0 \tag{B7.29}$$

如果 $\frac{b_1^2\alpha^2}{2l_1da_1^3x_2}(z_1^*)^2-\left(r+\frac{b_1}{2l_1d}+\frac{b_2}{2l_2d}\right)\frac{\alpha}{a_1^2\sqrt{x_2}}z_1^*<0$,即 $\frac{b_1^2}{l_1}\frac{\alpha}{a_1\sqrt{x_2}}z_1^*-$

$\left(\frac{b_1}{l_1}+\frac{b_2}{l_2}\right)<0$,其总是成立。因为 $\frac{b_1^2}{l_1}\frac{\alpha}{a_1\sqrt{x_2}}z_1^*-\left(\frac{b_1}{l_1}+\frac{b_2}{l_2}\right)<\frac{b_1^2}{l_1}\frac{1}{b_1}-\left(\frac{b_1}{l_1}+\frac{b_2}{l_2}\right)<0$。

因此,$\frac{\partial z_1^*}{\partial a_1}>0$。

类似地,

$$-\frac{\partial G_2}{\partial z_1^*}\frac{\partial G_1}{\partial a_1}+\frac{\partial G_1}{\partial z_1^*}\frac{\partial G_2}{\partial a_1}=\frac{2\alpha}{a_1a_2\sqrt{x_1x_2}}z_1^*z_2^*\left[\left(\frac{a_2^2}{\alpha}-\frac{b_2^2}{2l_2d}\right)\frac{\alpha^2}{a_2\sqrt{x_1x_2}}z_2^*+\right.$$

$$\left.\left(r+\frac{b_1}{2l_1d}+\frac{b_2}{2l_2d}\right)\frac{\alpha}{\sqrt{x_2}}\right]+\left(\frac{a_1^2}{\alpha}-\frac{b_1^2}{2l_1d}\right)\frac{\alpha^3}{a_1^2a_2x_2\sqrt{x_1x_2}}(z_1^*)^2z_2^*>0 \tag{B7.30}$$

表明 $\frac{\partial z_2^*}{\partial a_1}<0$。

② 由一些简单的计算可得

$$\frac{\partial G_2}{\partial z_2^*}\frac{\partial G_1}{\partial b_1}-\frac{\partial G_1}{\partial z_2^*}\frac{\partial G_2}{\partial b_1}=\left[\left(\frac{a_1^2}{\alpha}-\frac{b_1^2}{2l_1d}\right)\frac{\alpha^2}{a_1a_2\sqrt{x_1x_2}}z_1^*+\left(r+\frac{b_1}{2l_1d}+\frac{b_2}{2l_2d}\right)\frac{\alpha}{a_2\sqrt{x_1}}\right]\cdot$$

$$\left[-\frac{b_1\alpha^2}{2l_1da_1^2x_2}(z_1^*)^2+\frac{\alpha}{2l_1da_1\sqrt{x_2}}z_1^*\right]+\left(\frac{a_2^2}{\alpha}-\frac{b_2^2}{2l_2d}\right)\frac{b_1\alpha^4}{2l_1da_1^2a_2^2x_1x_2}(z_1^*)^2z_2^* \tag{B7.31}$$

因为 $\frac{\alpha}{a_1\sqrt{x_2}}z_1^*<\frac{1}{b_1}$,即 $\frac{\alpha}{2l_1da_1\sqrt{x_2}}-\frac{b_1\alpha^2}{2l_1da_1^2x_2}z_1^*>0$,可以发现,

$$\frac{\partial G_2}{\partial z_2^*}\frac{\partial G_1}{\partial b_1} - \frac{\partial G_1}{\partial z_2^*}\frac{\partial G_2}{\partial b_1} > 0$$

表明 $\dfrac{\partial z_1^*}{\partial b_1} < 0$。

类似地，由一些直接计算可得

$$-\frac{\partial G_2}{\partial z_1^*}\frac{\partial G_1}{\partial b_1} + \frac{\partial G_1}{\partial z_1^*}\frac{\partial G_2}{\partial b_1} = -\left(\frac{a_1^2}{\alpha} - \frac{b_1^2}{2l_1 d}\right)\frac{b_1 \alpha^2}{2l_1 d a_1 a_2 \sqrt{x_1 x_2}}\frac{\alpha^2}{a_1^2 x_2}(z_1^*)^2 z_2^* +$$

$$\left[\left(\frac{a_2^2}{\alpha} - \frac{b_2^2}{2l_2 d}\right)\frac{\alpha^2}{a_1 a_2 \sqrt{x_1 x_2}} z_2^* + \left(r + \frac{b_1}{2l_1 d} + \frac{b_2}{2l_2 d}\right)\frac{\alpha}{a_1 \sqrt{x_2}}\right] \cdot$$

$$\left[-\frac{b_1 \alpha^2}{l_1 d a_1 a_2 \sqrt{x_1 x_2}} z_1^* z_2^* + \frac{\alpha}{2l_1 d a_2 \sqrt{x_1}} z_2^*\right] \tag{B7.32}$$

其与下式具有相同的正负性

$$-\left(\frac{a_1^2}{\alpha} - \frac{b_1^2}{2l_1 d}\right)\frac{b_1 \alpha^2}{2l_1 d a_1 a_2 \sqrt{x_1 x_2}}\frac{\alpha^2}{a_1^2 x_2}(z_1^*)^2 + \left[\left(\frac{a_2^2}{\alpha} - \frac{b_2^2}{2l_2 d}\right)\frac{\alpha^2}{a_1 a_2 \sqrt{x_1 x_2}} z_2^* +$$

$$\left(r + \frac{b_1}{2l_1 d} + \frac{b_2}{2l_2 d}\right)\frac{\alpha}{a_1 \sqrt{x_2}}\right]\left[-\frac{b_1 \alpha^2}{l_1 d a_1 a_2 \sqrt{x_1 x_2}} z_1^* + \frac{\alpha}{2l_1 d a_2 \sqrt{x_1}}\right] \tag{B7.33}$$

式(B7.33)可以被视为 $\dfrac{\alpha}{a_1 \sqrt{x_2}} z_1^* \in \left(0, \dfrac{1}{b_1}\right)$ 的二次方程，其符号无法确定。

③ 可得

$$\frac{\partial G_2}{\partial z_2^*}\frac{\partial G_1}{\partial l_1} - \frac{\partial G_1}{\partial z_2^*}\frac{\partial G_2}{\partial l_1} = \left(\frac{a_2^2}{\alpha} - \frac{b_2^2}{2l_2 d}\right)\frac{\alpha^2}{a_2^2 x_1} z_2^* \left[-\frac{b_1^2 \alpha^2}{4l_1^2 d a_1^2 x_2}(z_1^*)^2 + \frac{1}{4l_1^2 d}\right] +$$

$$\left[\left(\frac{a_1^2}{\alpha} - \frac{b_1^2}{2l_1 d}\right)\frac{\alpha^2}{a_1 a_2 \sqrt{x_1 x_2}} z_1^* + \left(r + \frac{b_1}{2l_1 d} + \frac{b_2}{2l_2 d}\right)\frac{\alpha}{a_2 \sqrt{x_1}}\right] \cdot$$

$$\left[\frac{b_1^2 \alpha^2}{4l_1^2 d a_1^2 x_2}(z_1^*)^2 - \frac{b_1 \alpha}{2l_1^2 d a_1 \sqrt{x_2}} z_1^* + \frac{1}{4l_1^2 d}\right] \tag{B7.34}$$

注意到

$$\frac{b_1^2 \alpha^2}{4l_1^2 d a_1^2 x_2}(z_1^*)^2 - \frac{b_1 \alpha}{2l_1^2 d a_1 \sqrt{x_2}} z_1^* + \frac{1}{4l_1^2 d} > \frac{b_1^2}{4l_1^2 d}\frac{1}{b_1^2} - \frac{b_1}{2l_1^2 d}\frac{1}{b_1} + \frac{1}{4l_1^2 d} = 0$$

并且

$$-\frac{b_1^2 \alpha^2}{4l_1^2 d a_1^2 x_2}(z_1^*)^2 + \frac{1}{4l_1^2 d} > -\frac{1}{4l_1^2 d} + \frac{1}{4l_1^2 d} = 0$$

可得$\dfrac{\partial G_2}{\partial z_2^*}\dfrac{\partial G_1}{\partial l_1}-\dfrac{\partial G_1}{\partial z_2^*}\dfrac{\partial G_2}{\partial l_1}>0$，表明$\dfrac{\partial z_1^*}{\partial l_1}<0$。

可以发现

$$-\frac{\partial G_2}{\partial z_1^*}\frac{\partial G_1}{\partial l_1}+\frac{\partial G_1}{\partial z_1^*}\frac{\partial G_2}{\partial l_1}=\frac{1}{4l_1^2 d}\left(\frac{a_1^2}{\alpha}-\frac{b_1^2}{2l_1 d}\right)\frac{\alpha^2}{a_1 a_2\sqrt{x_1 x_2}}z_2^*\left(\frac{b_1^2\alpha^2}{a_1^2 x_2}(z_1^*)^2-1\right)+$$

$$\frac{b_1}{2l_1^2 d}\frac{\alpha}{a_2\sqrt{x_1}}z_2^*\left(\frac{b_1\alpha}{a_1\sqrt{x_2}}z_1^*-1\right)\left[\left(\frac{a_2^2}{\alpha}-\frac{b_2^2}{2l_2 d}\right)\frac{\alpha^2}{a_1 a_2\sqrt{x_1 x_2}}z_2^*+\right.$$

$$\left.\left(r+\frac{b_1}{2l_1 d}+\frac{b_2}{2l_2 d}\right)\frac{\alpha}{a_1\sqrt{x_2}}\right]<0 \tag{B7.35}$$

因为$\dfrac{\alpha}{a_1\sqrt{x_2}}z_1^*<\dfrac{1}{b_1}$。

结论 7.3 的证明

价值函数的形式为

$$rV_i(x_1,x_2)=\max_{p_i,s_i}\Big\{p_i(x_i-l_i d p_i x_i)-0.5\alpha z_i^2-0.5\beta s_i^2+$$

$$\frac{\partial V_i}{\partial x_i}(a_i z_i\sqrt{x_{3-i}}-a_{3-i}z_{3-i}\sqrt{x_i}+c_i s_i+c_{3-i}s_{3-i}-b_i p_i x_i+b_{3-i}p_{3-i}x_{3-i})+$$

$$\frac{\partial V_i}{\partial x_{3-i}}(a_{3-i}z_{3-i}\sqrt{x_i}-a_i z_i\sqrt{x_{3-i}}+c_i s_i+c_{3-i}s_{3-i}-b_{3-i}p_{3-i}x_{3-i}+b_i p_i x_i)\Big\}$$

$$\tag{B7.36}$$

$$rV(x_1,x_2)=\max_{z_1,z_2}\Big\{p_1(x_1-l_1 d p_1 x_1)+p_2(x_2-l_2 d p_2 x_2)-0.5\alpha z_1^2-0.5\alpha z_2^2-$$

$$0.5\beta s_1^2-0.5\beta s_2^2+\frac{\partial V}{\partial x_1}(a_1 z_1\sqrt{x_2}-a_2 z_2\sqrt{x_1}+c_1 s_1+c_2 s_2-b_1 p_1 x_1+b_2 p_2 x_2)+$$

$$\frac{\partial V}{\partial x_2}(a_2 z_2\sqrt{x_1}-a_1 z_1\sqrt{x_2}+c_1 s_1+c_2 s_2-b_2 p_2 x_2+b_1 p_1 x_1)\Big\} \tag{B7.37}$$

p_i,z_i 和 s_i 的一阶导数条件为

$$p_i=\frac{1}{2l_i d}\left[1-b_i\left(\frac{\partial V_i}{\partial x_i}-\frac{\partial V_i}{\partial x_{3-i}}\right)\right],\ s_i=\frac{c_i}{\beta}\left(\frac{\partial V}{\partial x_i}+\frac{\partial V}{\partial x_{3-i}}\right),\ z_i=\left(\frac{\partial V}{\partial x_i}-\frac{\partial V}{\partial x_{3-i}}\right)\frac{a_i\sqrt{x_{3-i}}}{\alpha}$$

$$\tag{B7.38}$$

可以证明线性价值函数满足式(B7.36)和式(B7.37)。假设 $V_i=\alpha_{zi}+\beta_{zi}x_i+\gamma_{zi}x_{3-i}$ 和 $V=\kappa_0+\kappa_1 x_1+\kappa_2 x_2$。可以从式(B7.38)发现 z_1 和 z_2 中只有一个是正

的。不失一般性，假设 $\kappa_1 \geqslant \kappa_2$，因此

$$z_1 = z_{z1}^* = \max(\kappa_1 - \kappa_2, 0)\frac{a_1\sqrt{x_2}}{\alpha} = (\kappa_1 - \kappa_2)\frac{a_1\sqrt{x_2}}{\alpha}$$

$$z_2 = z_{z2}^* = \max(\kappa_2 - \kappa_1, 0)\frac{a_2\sqrt{x_1}}{\alpha} = 0$$

$$p_i = p_{zi}^* = \frac{1}{2l_id}[1 - b_i(\beta_{zi} - \gamma_{zi})], \quad s_i = s_{zi}^* = \frac{c_i}{\beta}(\beta_{zi} + \gamma_{zi}) \quad \text{(B7.39)}$$

因此，

$$p_1(1-l_1dp_1)x_1 - 0.5\alpha z_1^2 - 0.5\beta s_1^2 = \frac{1}{4l_1d}[1 - b_1^2(\beta_{z1} - \gamma_{z1})^2]x_1 -$$

$$(\kappa_1 - \kappa_2)^2\frac{a_1^2 x_2}{2\alpha} - \frac{c_1^2}{2\beta}(\beta_{z1} + \gamma_{z1})^2 p_2(1 -$$

$$l_2dp_2)x_2 - 0.5\alpha z_2^2 - 0.5\beta s_2^2$$

$$= \frac{1}{4l_2d}[1 - b_2^2(\beta_{z2} - \gamma_{z2})^2]x_2 - \frac{c_2^2}{2\beta}(\beta_{z2} + \gamma_{z2})^2 a_1 z_1 \sqrt{x_2} -$$

$$a_2 z_2 \sqrt{x_1} + c_1 s_1 + c_2 s_2 - b_1 p_1 x_1 + b_2 p_2 x_2$$

$$= \frac{a_1^2}{\alpha}(\kappa_1 - \kappa_2)x_2 + \frac{c_1^2}{\beta}(\beta_{z1} + \gamma_{z1}) + \frac{c_2^2}{\beta}(\beta_{z2} + \gamma_{z2}) -$$

$$\frac{b_1}{2l_1d}[1 - b_1(\beta_{z1} - \gamma_{z1})]x_1 + \frac{b_2}{2l_2d}[1 - b_2(\beta_{z2} - \gamma_{z2})]x_2 a_2 z_2 \sqrt{x_1} -$$

$$a_1 z_1 \sqrt{x_2} + c_1 s_1 + c_2 s_2 - b_2 p_2 x_2 + b_1 p_1 x_1$$

$$= -\frac{a_1^2}{\alpha}(\kappa_1 - \kappa_2)x_2 + \frac{c_1^2}{\beta}(\beta_{z1} + \gamma_{z1}) + \frac{c_2^2}{\beta}(\beta_{z2} + \gamma_{z2}) -$$

$$\frac{b_2}{2l_2d}[1 - b_2(\beta_{z2} - \gamma_{z2})]x_2 + \frac{b_1}{2l_1d}[1 - b_1(\beta_{z1} - \gamma_{z1})]x_1 \quad \text{(B7.40)}$$

将式(B7.40)代入式(B7.36)和式(B7.37)得

$$r(\alpha_{z1} + \beta_{z1}x_1 + \gamma_{z1}x_2) = \frac{1}{4l_1d}[1 - b_1^2(\beta_{z1} - \gamma_{z1})^2]x_1 - (\kappa_1 - \kappa_2)^2\frac{a_1^2 x_2}{2\alpha} -$$

$$\frac{c_1^2}{2\beta}(\beta_{z1} + \gamma_{z1})^2 + (\beta_{z1} - \gamma_{z1})\left\{\frac{a_1^2}{\alpha}(\kappa_1 - \kappa_2)x_2 - \frac{b_1}{2l_1d}[1 - b_1(\beta_{z1} - \gamma_{z1})]x_1 + \right.$$

$$\left. \frac{b_2}{2l_2d}[1 - b_2(\beta_{z2} - \gamma_{z2})]x_2\right\} + (\beta_{z1} + \gamma_{z1})\left[\frac{c_1^2}{\beta}(\beta_{z1} + \gamma_{z1}) + \frac{c_2^2}{\beta}(\beta_{z2} + \gamma_{z2})\right]$$

$$r(\alpha_{z2}+\beta_{z2}x_1+\gamma_{z2}x_2) = \frac{1}{4l_2d}[1-b_2^2(\beta_{z2}-\gamma_{z2})^2]x_2 - \frac{c_2^2}{2\beta}(\beta_{z2}+\gamma_{z2})^2 +$$

$$(\beta_{z2}-\gamma_{z2})\left\{\frac{a_1^2}{\alpha}(\kappa_1-\kappa_2)x_2 - \frac{b_1}{2l_1d}[1-b_1(\beta_{z1}-\gamma_{z1})]x_1 +\right.$$

$$\left.\frac{b_2}{2l_2d}[1-b_2(\beta_{z2}-\gamma_{z2})]x_2\right\} + (\beta_{z2}+\gamma_{z2})\left[\frac{c_1^2}{\beta}(\beta_{z1}+\gamma_{z1}) + \frac{c_2^2}{\beta}(\beta_{z2}+\gamma_{z2})\right]r(\kappa_0 +$$

$$\kappa_1 x_1 + \kappa_2 x_2) = \frac{1}{4l_1d}[1-b_1^2(\beta_{z1}-\gamma_{z1})^2]x_1 - (\kappa_1-\kappa_2)^2\frac{a_1^2 x_2}{2\alpha} -$$

$$\frac{c_1^2}{2\beta}(\beta_{z1}+\gamma_{z1})^2 + \frac{1}{4l_2d}[1-b_2^2(\beta_{z2}-\gamma_{z2})^2]x_2 - \frac{c_2^2}{2\beta}(\beta_{z2}+\gamma_{z2})^2 +$$

$$(\kappa_1-\kappa_2)\left\{\frac{a_1^2}{\alpha}(\kappa_1-\kappa_2)x_2 - \frac{b_1}{2l_1d}[1-b_1(\beta_{z1}-\gamma_{z1})]x_1 +\right.$$

$$\left.\frac{b_2}{2l_2d}[1-b_2(\beta_{z2}-\gamma_{z2})]x_2\right\} + (\kappa_1+\kappa_2)\left[\frac{c_1^2}{\beta}(\beta_{z1}+\gamma_{z1}) + \frac{c_2^2}{\beta}(\beta_{z2}+\gamma_{z2})\right]$$

表明

$$r\beta_{z1} = \frac{1}{4l_1d}[1-b_1(\beta_{z1}-\gamma_{z1})]^2$$

$$r\gamma_{z1} = -\frac{a_1^2}{2\alpha}(\kappa_1-\kappa_2)^2 + \frac{a_1^2}{\alpha}(\beta_{z1}-\gamma_{z1})(\kappa_1-\kappa_2) + \frac{b_2}{2l_2d}(\beta_{z1}-\gamma_{z1})[1-b_2(\beta_{z2}-\gamma_{z2})]$$

$$r\beta_{z2} = -\frac{b_1}{2l_1d}(\beta_{z2}-\gamma_{z2})[1-b_1(\beta_{z1}-\gamma_{z1})]$$

$$r\gamma_{z2} = \frac{a_1^2}{\alpha}(\beta_{z2}-\gamma_{z2})(\kappa_1-\kappa_2) + \frac{1}{4l_2d}[1-b_2(\beta_{z2}-\gamma_{z2})][1+3b_2(\beta_{z2}-\gamma_{z2})]$$

$$r\kappa_1 = \frac{1}{4l_1d}[1-b_1(\beta_{z1}-\gamma_{z1})]\{1+b_1[\beta_{z1}-\gamma_{z1}-2(\kappa_1-\kappa_2)]\}$$

$$r\kappa_2 = \frac{a_1^2}{2\alpha}(\kappa_1-\kappa_2)^2 + \frac{1}{4l_2d}[1-b_2(\beta_{z2}-\gamma_{z2})]\{1+b_2[\beta_{z2}-\gamma_{z2}+2(\kappa_1-\kappa_2)]\}$$

因为

$$\dot{x}_1 = -\frac{b_1}{2l_1d}[1-b_1(\beta_{z1}-\gamma_{z1})]x_1 + \left\{\frac{a_1^2}{\alpha}(\kappa_1-\kappa_2) + \frac{b_2}{2l_2d}[1-b_2(\beta_{z2}-\gamma_{z2})]\right\}x_2 +$$

$$\frac{c_1^2}{\beta}(\beta_{z1}+\gamma_{z1}) + \frac{c_2^2}{\beta}(\beta_{z2}+\gamma_{z2})$$

$$= -O_{z1}x_1 + O_{z2}x_2 + O_z$$

和
$$\dot{x}_2 = -O_{z2}x_2 + O_{z1}x_1 + O_z$$

所以
$$x_i(t) = F_{zi}\mathrm{e}^{-(O_1+O_2)t} + G_{zi}t + H_{zi}$$

由引理 7.1 得，其中 F_{zi}，G_{zi} 和 H_{zi} 与 F_i，G_i 和 H_i 具有相似的表达式，因此，

$$\Pi_{z1} = \int_0^{+\infty} \mathrm{e}^{-rt} \left\{ \frac{1}{4l_1 d}[1 - b_1^2(\beta_{z1} - \gamma_{z1})^2]x_1 - \frac{a_1^2}{2\alpha}(\kappa_1 - \kappa_2)^2 x_2 - \frac{c_1^2}{2\beta}(\beta_{z1} + \gamma_{z1})^2 \right\} \mathrm{d}t$$

$$= \int_0^{+\infty} \mathrm{e}^{-rt} \left\{ \frac{1}{4l_1 d}[1 - b_1^2(\beta_{z1} - \gamma_{z1})^2](F_{z1}\mathrm{e}^{-(O_{z1}+O_{z2})t} + G_{z1}t + H_{z1}) - \right.$$

$$\left. \frac{a_1^2}{2\alpha}(\kappa_1 - \kappa_2)^2 [F_{z2}\mathrm{e}^{-(O_{z1}+O_{z2})t} + G_{z2}t + H_{z2}] - \frac{c_1^2}{2\beta}(\beta_{z1} + \gamma_{z1})^2 \right\} \mathrm{d}t$$

$$= \frac{1}{4l_1 d}[1 - b_1^2(\beta_{z1} - \gamma_{z1})^2]\left(\frac{F_{z1}}{O_{z1} + O_{z2} + r} + \frac{G_{z1}}{r^2} + \frac{H_{z1}}{r}\right) -$$

$$\frac{a_1^2}{2\alpha}(\kappa_1 - \kappa_2)^2 \left(\frac{F_{z2}}{O_{z1} + O_{z2} + r} + \frac{G_{z2}}{r^2} + \frac{H_{z2}}{r}\right) - \frac{c_1^2}{2\beta r}(\beta_{z1} + \gamma_{z1})^2$$

$$\Pi_{z2} = \int_0^{+\infty} \mathrm{e}^{-rt} \left\{ \frac{1}{4l_2 d}[1 - b_2^2(\beta_{z2} - \gamma_{z2})^2]x_2 - (\beta_{z2} + \gamma_{z2})^2 \frac{c_2^2}{2\beta} \right\} \mathrm{d}t$$

$$= \int_0^{+\infty} \mathrm{e}^{-rt} \left\{ \frac{1}{4l_2 d}[1 - b_2^2(\beta_{z2} - \gamma_{z2})^2](F_{z2}\mathrm{e}^{-(O_{z1}+O_{z2})t} + G_{z2}t + H_{z2}) - \right.$$

$$\left. (\beta_{z2} + \gamma_{z2})^2 \frac{c_2^2}{2\beta} \right\} \mathrm{d}t$$

$$= \frac{1}{4l_2 d}[1 - b_2^2(\beta_{z2} - \gamma_{z2})^2]\left(\frac{F_{z2}}{O_{z1} + O_{z2} + r} + \frac{G_{z2}}{r^2} + \frac{H_{z2}}{r}\right) - \frac{c_2^2}{2\beta r}(\beta_{z2} + \gamma_{z2})^2$$

结论 7.4 的证明

价值函数可以描述为

$$rV_i(x_1, x_2) = \max_{p_i, z_i}\left\{ p_i(1 - l_i d p_i)x_i - 0.5\alpha z_i^2 - 0.5\beta s_i^2 + \right.$$

$$\frac{\partial V_i}{\partial x_i}(a_i z_i \sqrt{x_{3-i}} - a_{3-i} z_{3-i} \sqrt{x_i} + c_i s_i + c_{3-i} s_{3-i} - b_i p_i x_i + b_{3-i} p_{3-i} x_{3-i}) +$$

$$\left. \frac{\partial V_i}{\partial x_{3-i}}(a_{3-i} z_{3-i} \sqrt{x_i} - a_i z_i \sqrt{x_{3-i}} + c_i s_i + c_{3-i} s_{3-i} - b_{3-i} p_{3-i} x_{3-i} + b_i p_i x_i) \right\}$$

(B7.41)

$$rV(x_1,x_2) = \max_{s_1,s_2}\left\{p_1(1-l_1dp_1)x_1 + p_2(1-l_2dp_2)x_2 - 0.5\alpha z_1^2 - 0.5\alpha z_2^2 - \right.$$

$$0.5\beta s_1^2 - 0.5\beta s_2^2 + \frac{\partial V}{\partial x_1}(a_1z_1\sqrt{x_2} - a_2z_2\sqrt{x_1} + c_1s_1 + c_2s_2 - b_1p_1x_1 + b_2p_2x_2) +$$

$$\left.\frac{\partial V}{\partial x_2}(a_2z_2\sqrt{x_1} - a_1z_1\sqrt{x_2} + c_1s_1 + c_2s_2 - b_2p_2x_2 + b_1p_1x_1)\right\} \tag{B7.42}$$

p_i, z_i 和 s_i 的一阶导数条件为

$$p_i = \frac{1}{2l_id}\left[1 - b_i\left(\frac{\partial V_i}{\partial x_i} - \frac{\partial V_i}{\partial x_{3-i}}\right)\right], z_i = \left(\frac{\partial V_i}{\partial x_i} - \frac{\partial V_i}{\partial x_{3-i}}\right)\frac{a_i\sqrt{x_{3-i}}}{\alpha}, s_i = \frac{c_i}{\beta}\left(\frac{\partial V}{\partial x_i} + \frac{\partial V}{\partial x_{3-i}}\right)$$

(B7.43)

线性价值函数满足式(B7.41)和式(B7.42)。假设 $V_i = \alpha_{si} + \beta_{si}x_i + \gamma_{si}x_{3-i}$ 和 $V = \rho_0 + \rho_1 x_1 + \rho_2 x_2$，并且

$$p_i = p_{si}^* = \frac{1}{2l_id}[1 - b_i(\beta_{si} - \gamma_{si})], z_i = z_{si}^* = (\beta_{si} - \gamma_{si})\frac{a_i\sqrt{x_{3-i}}}{\alpha}, s_i = s_{si}^* = \frac{c_i}{\beta}(\rho_1 + \rho_2)$$

因为

$$p_i(1-l_idp_i)x_i - 0.5\alpha z_i^2 - 0.5\beta s_i^2 = \frac{1}{4l_id}[1 - b_i^2(\beta_i - \gamma_i)^2]x_i -$$

$$(\beta_{si} - \gamma_{si})^2 \frac{a_i^2 x_{3-i}}{2\alpha} - \frac{c_i^2}{2\beta}(\rho_1 + \rho_2)^2$$

$$a_iz_i\sqrt{x_{3-i}} - a_{3-i}z_{3-i}\sqrt{x_i} + c_is_i + c_{3-i}s_{3-i} - b_ip_ix_i + b_{3-i}p_{3-i}x_{3-i} =$$

$$(\beta_{si} - \gamma_{si})\frac{a_i^2 x_{3-i}}{\alpha} - (\beta_{s,3-i} - \gamma_{s,3-i})\frac{a_{3-i}^2 x_i}{\alpha} - \frac{b_i}{2l_id}[1 - b_i(\beta_{si} - \gamma_{si})]x_i +$$

$$\frac{b_{3-i}}{2l_{3-i}d}[1 - b_{3-i}(\beta_{s,3-i} - \gamma_{s,3-i})]x_{3-i} + (\rho_1 + \rho_2)\left(\frac{c_i^2}{\beta} + \frac{c_{3-i}^2}{\beta}\right)$$

所以可得

$$r(\alpha_{si} + \beta_{si}x_i + \gamma_{si}x_{3-i}) = \frac{1}{4l_id}[1 - b_i^2(\beta_i - \gamma_i)^2]x_i - (\beta_{si} - \gamma_{si})^2\frac{a_i^2 x_{3-i}}{2\alpha} -$$

$$\frac{c_i^2}{2\beta}(\rho_1 + \rho_2)^2 + (\beta_{si} - \gamma_{si})\left\{(\beta_{si} - \gamma_{si})\frac{a_i^2 x_{3-i}}{\alpha} - (\beta_{s,3-i} - \gamma_{s,3-i})\frac{a_{3-i}^2 x_i}{\alpha} - \right.$$

$$\left.\frac{b_i}{2l_id}[1 - b_i(\beta_{si} - \gamma_{si})]x_i + \frac{b_{3-i}}{2l_{3-i}d}[1 - b_{3-i}(\beta_{s,3-i} - \gamma_{s,3-i})]x_{3-i}\right\} +$$

$$(\rho_1 + \rho_2)(\beta_{si} + \gamma_{si})\left(\frac{c_i^2}{\beta} + \frac{c_{3-i}^2}{\beta}\right)$$

$$r(\rho_0+\rho_1 x_1+\rho_2 x_2)=\frac{1}{4l_1 d}[1-b_1^2(\beta_1-\gamma_1)^2]x_1+\frac{1}{4l_2 d}[1-b_2^2(\beta_2-\gamma_2)^2]x_2-$$

$$(\beta_{s1}-\gamma_{s1})^2\frac{a_1^2 x_2}{2\alpha}-(\beta_{s2}-\gamma_{s2})^2\frac{a_2^2 x_1}{2\alpha}-(\rho_1+\rho_2)\frac{c_1^2}{2\beta}-(\rho_1+\rho_2)^2\frac{c_2^2}{2\beta}+$$

$$(\rho_1-\rho_2)\left\{(\beta_{s1}-\gamma_{s1})\frac{a_1^2 x_2}{\alpha}-(\beta_{s2}-\gamma_{s2})\frac{a_2^2 x_1}{\alpha}-\frac{b_1}{2l_1 d}[1-b_1(\beta_{s1}-\gamma_{s1})]x_1+\right.$$

$$\left.\frac{b_2}{2l_2 d}[1-b_2(\beta_{s2}-\gamma_{s2})]x_2\right\}+(\rho_1+\rho_2)^2\left(\frac{c_1^2}{\beta}+\frac{c_2^2}{\beta}\right)$$

表明

$$r\beta_{si}=\frac{1}{4l_i d}[1-b_i(\beta_{si}-\gamma_{si})]^2-\frac{a_{3-i}^2}{\alpha}(\beta_{si}-\gamma_{si})(\beta_{s,3-i}-\gamma_{s,3-i})$$

$$r\gamma_{si}=\frac{a_i^2}{2\alpha}(\beta_{si}-\gamma_{si})^2+\frac{b_{3-i}}{2l_{3-i}d}(\beta_{si}-\gamma_{si})[1-b_{3-i}(\beta_{s,3-i}-\gamma_{s,3-i})]$$

$$r\rho_i=\frac{1}{4l_i d}[1-b_i(\beta_{si}-\gamma_{si})]\{1+b_i[\beta_{si}-\gamma_{si}-2(\rho_i-\rho_{3-i})]\}-$$

$$\frac{a_{3-i}^2}{2\alpha}(\beta_{s,3-i}-\gamma_{s,3-i})^2-\frac{a_{3-i}^2}{\alpha}(\rho_i-\rho_{3-i})(\beta_{s,3-i}-\gamma_{s,3-i})$$

类似地，状态方程为

$$\dot{x}_1=-\left\{\frac{a_2^2}{\alpha}(\beta_{s2}-\gamma_{s2})+\frac{b_1}{2l_1 d}[1-b_1(\beta_{s1}-\gamma_{s1})]\right\}x_1+\left\{\frac{a_1^2}{\alpha}(\beta_{s1}-\gamma_{s1})+\right.$$

$$\left.\frac{b_2}{2l_2 d}[1-b_2(\beta_{s2}-\gamma_{s2})]\right\}x_2+\frac{c_1^2}{\beta}(\rho_1+\rho_2)+\frac{c_2^2}{\beta}(\rho_1+\rho_2)$$

$$=-O_{s1}x_1+O_{s2}x_2+O_s$$

和

$$\dot{x}_2=-O_{s2}x_2+O_{s1}x_1+O_s$$

因此，得

$$x_i(t)=F_{si}\mathrm{e}^{-(O_{s1}+O_{s2})t}+G_{si}t+H_{si}$$

公司 i 的长期利润为

$$\Pi_{si}=\int_0^{+\infty}\mathrm{e}^{-rt}\left\{\frac{1}{4l_i d}[1-b_i^2(\beta_i-\gamma_i)^2]x_i-\frac{a_i^2}{2\alpha}(\beta_{si}-\gamma_{si})^2 x_{3-i}-\frac{c_i^2}{2\beta}(\rho_1+\rho_2)^2\right\}\mathrm{d}t$$

$$=\int_0^{+\infty}\mathrm{e}^{-rt}\left\{\frac{1}{4l_i d}[1-b_i^2(\beta_i-\gamma_i)^2](F_{si}\mathrm{e}^{-(O_{s1}+O_{s2})t}+G_{si}t+H_{si})-\right.$$

$$\frac{a_i^2}{2\alpha}(\beta_{si}-\gamma_{si})^2(F_{s,3-i}\mathrm{e}^{-(O_{s1}+O_{s2})t}+G_{s,3-i}t+H_{s,3-i})-\frac{c_i^2}{2\beta}(\rho_1+\rho_2)^2\Big\}\mathrm{d}t$$

$$=\frac{1}{4l_id}[1-b_i^2(\beta_i-\gamma_i)^2]\Big(\frac{F_{si}}{O_{s1}+O_{s2}+r}+\frac{G_{si}}{r^2}+\frac{H_{si}}{r}\Big)-$$

$$\frac{a_i^2}{2\alpha}(\beta_{si}-\gamma_{si})^2\Big(\frac{F_{s,3-i}}{O_{s1}+O_{s2}+r}+\frac{G_{s,3-i}}{r^2}+\frac{H_{s,3-i}}{r}\Big)-\frac{c_i^2}{2\beta r}(\rho_1+\rho_2)^2$$

结论7.5的证明

价值函数为

$$rV_i(x_1,x_2)=\max_{p_i,p_{3-i}}\Big\{p_i(1-\theta_ip_i)x_i-0.5\alpha z_i^2-0.5\beta s_i^2+$$

$$\frac{\partial V_i}{\partial x_i}(a_iz_i\sqrt{x_{3-i}}-a_{3-i}z_{3-i}\sqrt{x_i}+c_is_i+c_{3-i}s_{3-i}-b_ip_ix_i+b_{3-i}p_{3-i}x_{3-i})+$$

$$\frac{\partial V_i}{\partial x_{3-i}}(a_{3-i}z_{3-i}\sqrt{x_i}-a_iz_i\sqrt{x_{3-i}}+c_is_i+c_{3-i}s_{3-i}-b_{3-i}p_{3-i}x_{3-i}+b_ip_ix_i)\Big\}$$

(B7.44)

$$rV(x_1,x_2)=\max_{z_1,z_2,s_1,s_2}\Big\{p_1(1-l_1dp_1)x_1+p_2(1-l_2dp_2)x_2-0.5\alpha z_1^2-0.5\alpha z_2^2-$$

$$0.5\beta s_1^2-0.5\beta s_2^2+\frac{\partial V}{\partial x_1}(a_1z_1\sqrt{x_2}-a_2z_2\sqrt{x_1}+c_1s_1+c_2s_2-b_1p_1x_1+b_2p_2x_2)+$$

$$\frac{\partial V}{\partial x_2}(a_2z_2\sqrt{x_1}-a_1z_1\sqrt{x_2}+c_1s_1+c_2s_2-b_2p_2x_2+b_1p_1x_1)$$

(B7.45)

由一阶导数条件得

$$p_i=\frac{1}{2l_id}\Big[1-b_i\Big(\frac{\partial V_i}{\partial x_i}-\frac{\partial V_i}{\partial x_{3-i}}\Big)\Big],\ z_i=\Big(\frac{\partial V}{\partial x_i}-\frac{\partial V}{\partial x_{3-i}}\Big)\frac{a_i\sqrt{x_{3-i}}}{\alpha},\ s_i=\Big(\frac{\partial V}{\partial x_i}+\frac{\partial V}{\partial x_{3-i}}\Big)\frac{c_i}{\beta}$$

线性价值函数满足式(B7.44)和式(B7.45)。令 $V_i=\alpha_{bi}+\beta_{bi}x_i+\gamma_{bi}x_{3-i}$ 和 $V=\sigma_0+\sigma_1x_1+\sigma_2x_2$。可以发现 z_1 和 z_2 中只有一个是正的。不失一般性,假设 $\sigma_1\geqslant\sigma_2$,因此

$$z_1=z_{b1}^*=\max(\sigma_1-\sigma_2,0)\frac{a_1\sqrt{x_2}}{\alpha}=(\sigma_1-\sigma_2)\frac{a_1\sqrt{x_2}}{\alpha}$$

$$z_2=z_{b2}^*=\max(\sigma_2-\sigma_1,0)\frac{a_2\sqrt{x_1}}{\alpha}=0$$

$$p_i=p_{bi}^*=\frac{1}{2l_id}[1-b_i(\beta_{bi}-\gamma_{bi})],\quad s_i=s_{bi}^*=\frac{c_i}{\beta}(\sigma_1+\sigma_2)$$

因此，

$$p_1(1-l_1dp_1)x_1-0.5\alpha z_1^2-0.5\beta s_1^2=\frac{1}{4l_1d}[1-b_1^2(\beta_{b1}-\gamma_{b1})^2]x_1-$$

$$\frac{a_1^2}{2\alpha}(\sigma_1-\sigma_2)^2x_2-\frac{c_1^2}{2\beta}(\sigma_1+\sigma_2)^2p_2(1-l_2dp_2)x_2-0.5\alpha z_2^2-0.5\beta s_2^2=$$

$$\frac{1}{4l_2d}[1-b_2^2(\beta_{b2}-\gamma_{b2})^2]x_2-\frac{c_2^2}{2\beta}(\sigma_1+\sigma_2)^2a_1z_1\sqrt{x_2}-a_2z_2\sqrt{x_1}+c_1s_1+c_2s_2-$$

$$b_1p_1x_1+b_2p_2x_2=\frac{a_1^2}{\alpha}(\sigma_1-\sigma_2)x_2-\frac{b_1}{2l_1d}[1-b_1(\beta_{b1}-\gamma_{b1})]x_1+$$

$$\frac{b_2}{2l_2d}[1-b_2(\beta_{b2}-\gamma_{b2})]x_2+(\sigma_1+\sigma_2)\left(\frac{c_1^2}{\beta}+\frac{c_2^2}{\beta}\right)$$

$$a_2z_2\sqrt{x_1}-a_1z_1\sqrt{x_2}+c_1s_1+c_2s_2-b_2p_2x_2+b_1p_1x_1=$$

$$-(\sigma_1-\sigma_2)\frac{a_1^2x_2}{\alpha}-\frac{b_2}{2l_2d}[1-b_2(\beta_{b2}-\gamma_{b2})]x_2+\frac{b_1}{2l_1d}[1-b_1(\beta_{b1}-\gamma_{b1})]x_1+$$

$$(\sigma_1+\sigma_2)\left(\frac{c_1^2}{\beta}+\frac{c_2^2}{\beta}\right)$$

价值函数为

$$r(\alpha_{b1}+\beta_{b1}x_1+\gamma_{b1}x_2)=\frac{1}{4l_1d}[1-b_1^2(\beta_{b1}-\gamma_{b1})^2]x_1-\frac{a_1^2}{2\alpha}(\sigma_1-\sigma_2)^2x_2-$$

$$\frac{c_1^2}{2\beta}(\sigma_1+\sigma_2)^2+(\beta_{b1}-\gamma_{b1})\left\{\frac{a_1^2}{\alpha}(\sigma_1-\sigma_2)x_2-\frac{b_1}{2l_1d}[1-b_1(\beta_{b1}-\gamma_{b1})]x_1+\right.$$

$$\left.\frac{b_2}{2l_2d}[1-b_2(\beta_{b2}-\gamma_{b2})]x_2\right\}+(\sigma_1+\sigma_2)(\beta_{b1}+\gamma_{b1})\left(\frac{c_1^2}{\beta}+\frac{c_2^2}{\beta}\right)$$

$$r(\alpha_{b2}+\beta_{b2}x_1+\gamma_{b2}x_2)=\frac{1}{4l_2d}[1-b_2^2(\beta_{b2}-\gamma_{b2})^2]x_2-\frac{c_2^2}{2\beta}(\sigma_1+\sigma_2)^2+$$

$$(\beta_{b2}-\gamma_{b2})\left\{\frac{a_1^2}{\alpha}(\sigma_1-\sigma_2)x_2-\frac{b_1}{2l_1d}[1-b_1(\beta_{b1}-\gamma_{b1})]x_1+\right.$$

$$\left.\frac{b_2}{2l_2d}[1-b_2(\beta_{b2}-\gamma_{b2})]x_2\right\}+(\sigma_1+\sigma_2)(\beta_{b2}+\gamma_{b2})\left(\frac{c_1^2}{\beta}+\frac{c_2^2}{\beta}\right)$$

$$r(\sigma_0+\sigma_1x_1+\sigma_2x_2)=\frac{1}{4l_1d}[1-b_1^2(\beta_{b1}-\gamma_{b1})^2]x_1-\frac{a_1^2}{2\alpha}(\sigma_1-\sigma_2)^2x_2-$$

$$\frac{c_1^2}{2\beta}(\sigma_1+\sigma_2)^2+\frac{1}{4l_2d}[1-b_2^2(\beta_{b2}-\gamma_{b2})^2]x_2-\frac{c_2^2}{2\beta}(\sigma_1+\sigma_2)^2+$$

$$(\sigma_1-\sigma_2)\left\{\frac{a_1^2}{\alpha}(\sigma_1-\sigma_2)x_2-\frac{b_1}{2l_1d}[1-b_1(\beta_{b1}-\gamma_{b1})]x_1+\right.$$
$$\left.\frac{b_2}{2l_2d}[1-b_2(\beta_{b2}-\gamma_{b2})]x_2\right\}+(\sigma_1+\sigma_2)2\left(\frac{c_1^2}{\beta}+\frac{c_2^2}{\beta}\right)$$

意味着

$$r\beta_{b1}=\frac{1}{4l_1d}[1-b_1(\beta_{b1}-\gamma_{b1})]^2$$

$$r\gamma_{b1}=-\frac{a_1^2}{2\alpha}(\sigma_1-\sigma_2)^2+\frac{a_1^2}{\alpha}(\beta_{b1}-\gamma_{b1})(\sigma_1-\sigma_2)+\frac{b_2}{2l_2d}(\beta_{b1}-\gamma_{b1})[1-b_2(\beta_{b2}-\gamma_{b2})]$$

$$r\beta_{b2}=-\frac{b_1}{2l_1d}(\beta_{b2}-\gamma_{b2})[1-b_1(\beta_{b1}-\gamma_{b1})]$$

$$r\gamma_{b2}=\frac{1}{4l_2d}[1-b_2(\beta_{b2}-\gamma_{b2})][1+3b_2(\beta_{b2}-\gamma_{b2})]+\frac{a_1^2}{\alpha}(\beta_{b2}-\gamma_{b2})(\sigma_1-\sigma_2)$$

$$r\sigma_1=\frac{1}{4l_1d}[1-b_1(\beta_{b1}-\gamma_{b1})]\{1+b_1[\beta_{b1}-\gamma_{b1}-2(\sigma_1-\sigma_2)]\}$$

$$r\sigma_2=\frac{a_1^2}{2\alpha}(\sigma_1-\sigma_2)^2+\frac{1}{4l_2d}[1-b_2(\beta_{b2}-\gamma_{b2})]\{1+b_2[\beta_{b2}-\gamma_{b2}+2(\sigma_1-\sigma_2)]\}$$

因为状态方程是

$$\dot{x}_1=-\frac{b_1}{2l_1d}[1-b_1(\beta_{b1}-\gamma_{b1})]x_1+\left\{\frac{a_1^2}{\alpha}(\sigma_1-\sigma_2)+\frac{b_2}{2l_2d}[1-b_2(\beta_{b2}-\gamma_{b2})]\right\}x_2+$$
$$(\sigma_1+\sigma_2)\left(\frac{c_1^2}{\beta}+\frac{c_2^2}{\beta}\right)$$
$$=-O_{b1}x_1+O_{b2}x_2+O_b$$

和

$$\dot{x}_2=-O_{b2}x_2+O_{b1}x_1+O_b$$

所以可得

$$x_i(t)=F_{bi}e^{-(O_{b1}+O_{b2})t}+G_{bi}t+H_{bi}$$

由引理 7.1 得，两家公司的长期利润为

$$\Pi_{b1}=\int_0^{+\infty}e^{-rt}\left\{\frac{1}{4l_1d}[1-b_1^2(\beta_{b1}-\gamma_{b1})^2]x_1-\frac{a_1^2}{2\alpha}(\sigma_1-\sigma_2)^2x_2-\frac{c_1^2}{2\beta}(\sigma_1+\sigma_2)^2\right\}dt$$
$$=\int_0^{+\infty}e^{-rt}\left\{\frac{1}{4l_1d}[1-b_1^2(\beta_{b1}-\gamma_{b1})^2](F_{b1}e^{-(O_{b1}+O_{b2})t}+G_{b1}t+H_{b1})-\right.$$

$$\frac{a_1^2}{2\alpha}(\sigma_1-\sigma_2)^2(F_{b2}\mathrm{e}^{-(O_{b1}+O_{b2})t}+G_{b2}t+H_{b2})-\frac{c_1^2}{2\beta}(\sigma_1+\sigma_2)^2\Big\}\mathrm{d}t$$

$$=\frac{1}{4l_1d}[1-b_1^2(\beta_{b1}-\gamma_{b1})^2]\Big(\frac{F_{b1}}{O_{b1}+O_{b2}+r}+\frac{G_{b1}}{r^2}+\frac{H_{b1}}{r}\Big)-$$

$$\frac{a_1^2}{2\alpha}(\sigma_1-\sigma_2)^2\Big(\frac{F_{b2}}{O_{b1}+O_{b2}+r}+\frac{G_{b2}}{r^2}+\frac{H_{b2}}{r}\Big)-\frac{c_1^2}{2\beta r}(\sigma_1+\sigma_2)^2$$

$$\Pi_{b2}=\int_0^{+\infty}\mathrm{e}^{-rt}\Big\{\frac{1}{4l_2d}[1-b_2^2(\beta_{b2}-\gamma_{b2})^2]x_2-\frac{c_2^2}{2\beta}(\sigma_1+\sigma_2)^2\Big\}\mathrm{d}t$$

$$=\int_0^{+\infty}\mathrm{e}^{-rt}\Big\{\frac{1}{4l_2d}[1-b_2^2(\beta_{b2}-\gamma_{b2})^2](F_{b2}\mathrm{e}^{-(O_{b1}+O_{b2})t}+G_{b2}t+H_{b2})-$$

$$\frac{c_2^2}{2\beta}(\sigma_1+\sigma_2)^2\Big\}\mathrm{d}t$$

$$=\frac{1}{4l_2d}[1-b_2^2(\beta_{b2}-\gamma_{b2})^2]\Big(\frac{F_{b2}}{O_{b1}+O_{b2}+r}+\frac{G_{b2}}{r^2}+\frac{H_{b2}}{r}\Big)-\frac{c_2^2}{2\beta r}(\sigma_1+\sigma_2)^2$$